世界スタジアム物語

競技場の誕生と紡がれる記憶

後藤健生［著］

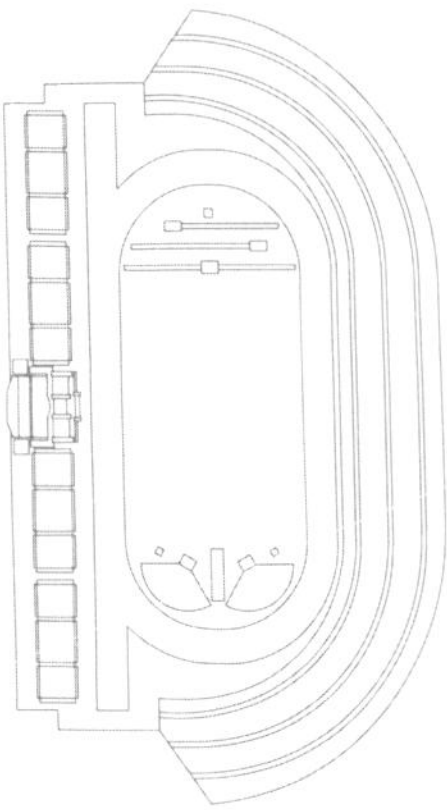

The
World's Stadia
as a
Social
Memory

ミネルヴァ書房

はしがき

数年前に、「スカパー！」の番組取材のためにイングランドを訪れた時のことだった。ロンドン・ヒースロー空港の入国審査官が「旅行の目的は？」と訊くので「フットボールの取材だ。最初はストーク・シティーに行く」と答えると、「ストークで何を取材するんだ？」と言うのでいろいろ取材計画を話した後、「昔のビクトリア・グラウンド（一八七八年完成、一九九七年閉鎖）の跡地も見に行ってみようと思っている」と呟くと、係官が「ほう、古いグラウンドに興味があるのか。それじゃ、サイモン・イングリスの本は読んだことがあるか？」と言う。

本文中でも触れたが、サイモン・イングリスはスタジアム建築を専門としているジャーナリストで、スタジアムについての本を何冊も書いている。主なものを三冊ほど紹介しておこう。

Simon Inglis, *Football Grounds of Britain*, Collins Willow, London, 1983
Simon Inglis, *The Football Grounds of Europe*, Collins Willow, London, 1990
Simon Inglis, *Engineering Archie, Archibald Leitch, football ground designer*, English Heritage, Swindon, 2005

最初の二冊はイギリスとヨーロッパの数多くのサッカー場の歴史を紹介したもので、三冊目はイギリスのサッカー場の多くを手掛けた建築家アーチボルド・リーチの業績を紹介した伝記的研究書である。僕も本書の執筆に当たってはイングリスの本を大いに参考にさせてもらった。というより、そもそも僕がスタジアム建築というテーマについて興味を持ったのも、ロンドンにあるスポーツ書籍専門店でイングリスの本に出合ってからだった。

こうして入国審査官とフットボール・グラウンドの話で盛り上がり、パスポートに入国のスタンプを捺してもらうまで五分以上話し込んでいたので、先に審査を終えていた番組関係者は外で心配していたようだが、僕は、スポーツ専門家などではない入国審査官の男性がスタジアム建築というマニアックな話題に興味を持っているという事実に驚いたし、また「これがこの国のスポーツ文化というものなのだろう」と感心もした。

日本では、二〇二〇年のオリンピックの東京開催が決まってから、新国立競技場建設を巡って大混乱が続いた。問題点は多岐にわたるが、要するにスタジアムというものがどういう社会的意味を持つ施設なのか。あるいは、オリンピック終了後にどのように活用していくべき施設なのか。あるいは、スポーツ先進国では最近どのようなスタジアムが建設されているのかといった基本的な知識や理解がなく、そのため新しく建設するスタジアムをどのようなコンセプトのものにすべきなのかを決められなかったことに問題の本質はある。

「スタジアムとは何か」という基本的な理解がないままに計画を進めようとするから、さまざまな要求をすべて詰め込んだ総花式の施設を造ろうということになり、そのため計画が巨大化していってしまったのだ。あの巨大なザハ・ハディド案とはそうした「大艦巨砲主義」を象徴した代物だった。

そうした事態を招いたのは、建設主体である日本スポーツ振興センター（ＪＳＣ）をはじめ、所管の文部科学省にも、スポーツ団体にも、「スタジアムとは何か」という共通理解、常識のようなものがなかったからなのではないか。さらに、計画をチェックする議会にも、報道するメディアにも、そうした理解を持つ人は少なかった。

スポーツ関係者ではない入国審査官の男性がスタジアムの歴史にあれだけの興味を持っており、イングリスの本のように、スタジアム建築史というマニアックなテーマの本がロングセラーとなるイギリスのようなスポーツ先進国だったら、あの新国立競技場問題のような事象は起こりえなかったのではないだろうか。

実際、二〇一二年のロンドン・オリンピックでは、ロンドン東部のかつての工場地帯の再開発という社会的課題にも目に配りながらメイン・スタジアムが建設され、しかも、オリンピック終了後のいわゆる後利用についても十分に議論が行われた。その結果、オリンピック・スタジアムはラグビー・ワールドカップ（二〇一五年）や世界陸上（二〇一七年）にも使用しながら、最終的にはプレミアリーグのウェストハム・ユナイテッドのホーム・スタジアムとして長く活用していくことが大会前から決まっていたのだ。

本書は、もともとサッカー専門誌である『サッカーダイジェスト』（日本スポーツ企画出版社）に二〇一二年から二〇一五年にかけて連載していた「スタジアムの記憶」をまとめたものだが、元の原稿を大幅に修正してテーマ別にまとめた。また連載で扱っていなかったスタジアムについても、必要に応じて新たに書き下ろした。

そうした構成の本書は、各章でまったく違った視点からスタジアムの歴史について考える構成になっているので、読者の皆様には興味のある章から読み始めていただいてもいいし、また読み飛ばしていただいてもまったくかまわない。また、コラム的な読み物なので「事項索引」や「人名索引」などは付けなかったが、巻末に本書で取り上げたスタジアムに関するデータ（完成年や収容人員など）をまとめた「スタジアム索引」を付したのでご活用いただきたい。

大変にマニアックな「スタジアム建築」というテーマについて連載をさせていただいた『サッカーダイジェスト』誌と当時の編集長だった谷沢直也さんにまず感謝したい。そして、前著の『国立競技場の100年——明治神宮外苑から見る日本の近代スポーツ』に続いて、再びこのようなマニアックな本の出版を引き受けていただいたミネルヴァ書房東京支社の東寿浩さんにも感謝したい。

まだまだ問題は山積のようだが、二〇二〇年の東京オリンピックが無事に開催され、また千駄ヶ谷に建設される新国立競技場をはじめオリンピックのために整備される諸施設が将来しっかりと活用されて、日本のスポーツの発展に貢献することを祈りたい。そして、いつかは日本にもイギリスのようなスポーツ文化が根付くことを期待したいし、本書がその一助になれば幸いである。

二〇一七年二月

後藤健生

世界スタジアム物語——競技場の誕生と紡がれる記憶　目次

はしがき

第一章　スタジアム建築の歴史……1
1　現代に残る古代のスタジアム　1
2　初期のオリンピックのメイン・スタジアム　7
3　スポーツ先進国、一九世紀のイングランド　9
4　日本人と近代的スタジアムの出会い　19

第二章　世界各地に大規模スタジアムが誕生した一九二〇年代……21
1　「世界大戦後」の世界とスポーツ　21
2　世界大戦後のオリンピック・スタジアム　23
3　サッカーの聖地ウェンブリー　28
4　南北アメリカ大陸に出現した大規模スタジアム　32
5　日本でも一九二〇年代に大規模スタジアム建設が始まった　42

第三章　スタジアムの立地——どこに造るのか？……49
1　荒地に造られたスタジアム　49
2　河川敷や湿地帯に出現した巨大スタジアム　54

3 都心からは、はるか遠隔の地に 59
4 鉄道用地跡の利用 68
5 広大な面積を占める軍用地 74
6 工場に建てられたスタジアム 83

第四章 建築としてのスタジアム――その機能とデザイン……89
1 アーチボルド・リーチのスタジアム建築 89
2 スタジアム・デザインのバリエーション 98
3 第二次世界大戦後のスタジアムの屋根の歴史 111
4 開閉式屋根とドーム型スタジアム 125

第五章 独裁者とスタジアム……141
1 スポーツの政治利用のモデルを作ったムッソリーニ 141
2 ベルリン・オリンピックとヒトラー 148
3 共産主義国が建設した都心のスタジアム 152
4 シャーの夢と将軍様の祝祭の場 161

第六章　戦争とスタジアム……167
1　スペイン内戦とスタジアムの受難　167
2　戦争に翻弄された東欧のスタジアム　173
3　空襲で破壊されたスタジアム　180
4　墓地となったスタジアム、収容所となったスタジアム　185

第七章　スタジアムの記憶――遺産としてのスタジアム……193
1　住宅街に残るスタジアムの記憶　193
2　グラウンドとして利用されているスタジアム跡地　199
3　韓国スポーツの記憶を残す記念館　202
4　日本におけるスタジアム遺産　205

第八章　スタジアムの悲劇とその近代化……215
1　繰り返される事故とスタジアムの近代化　215
2　一九八〇年代に連続した重大事故とテイラー報告　223
3　新しい世紀のスタジアム　232

第九章　日本のスタジアムの将来像……245
1　国立競技場改築問題とは何だったのか　245
2　日本のスタジアム建設の現状と未来　258

スタジアム索引

第一章　スタジアム建築の歴史

1　現代に残る古代のスタジアム

古代から蘇ったアテネのスタジアム

古代オリンピックは、ペロポネソス半島西部のオリンピアで長く行われていたゼウス神に捧げるための競技会で、紀元前七七六年に始まり、以後四年に一度ずつ開催された。そして、キリスト教を国教と定めたローマによって開催が禁止されたために本来より一年遅れて西暦紀元三九三年に開催された第二九三回大会が最後の大会となった。同様の祭典は他の都市でも行われていたが、オリンピアの祭りが最大のもので、全ギリシャから選手たちが参加した。オリンピアを訪れれば、スタディオンをはじめ各種競技場や神殿の遺跡が今も残っている。

古代オリンピックの初期の大会では競技種目は「スタディオン走」だけで、競技会は一日だけで終わった。一スタディオン（古代ギリシャの距離単位＝約一九二メートル）の距離を走る短距離競争だ。そのため競技場には一スタディオンの長さの直線走路があり、競技場は「スタディオン」と呼ばれていた。これが「スタジアム」という言葉の語源である。「スタジアム（スタディアム）」は英語だが、フランス語では「スタッド」、ドイツ語では「シュタディオン」、スペイン語では「エスタディオ」と呼ばれているし、ペルシャ語でも「エスタディヨム」、アラビア語でも「スタッド」と同様の言葉が使われている。明治期の日本人は「競技場」と訳したが、現在では「スタジアム」という外来語がごく一般に用いられている。

なお、古代オリンピックでは第一四回競技大会からスタディオン走以外に中距離走が行われるようになり、その後、円盤投げややり投げ、レスリング、ボクシング、パンクラティオン（格闘技）、戦車競走など多くの種目が実施されるようになっていった。

オリンピアのスタディオン

オリンピアと同様の祭りは古代ギリシャの各地で行われており、スタディオンも各地に存在した。現在のギリシャ共和国の首都であるアテネにもパナシナイコ・スタディオンの遺構が残っている。古代アテネのパナシナイコ祭の会場として使われたスタジアムで、紀元前五六六年に建造され、同三二九年に大理石でスタンドが再建され、西暦紀元後一四〇年頃にはすでに五万人の観客を収容できたという。

いや、パナシナイコ・スタディオンは「遺構」と呼ぶには相応しくない。なぜなら、この古代のスタジアムは近代以降にも活用されてきたからである。

一八九六年にギリシャのアテネで第一回近代オリンピックが開催された。一九世紀の後半には、オリンピックを復活させようという運動が起こっており、実際一九世紀後半のギリシャでは「オリンピック」と称する大会が何度か開かれていたが、そのうち最も成功を収め、そして現代にまで続いているのがフランス人ピエール・ド・クーベルタン男爵の提唱によって実現した一八九六年の大会だった。

そして、この大会では、なんと古代の競技場「パナシナイコ・スタディオン」が全面改修されてメイン・スタジアムとして使用されたのだ。

パナシナイコ・スタディオンは古代の競技場特有の細長い形状のままのスタジアムで、一周三三〇メートルのトラックの曲線部分はヘアピン型の急カーブになっていた。この古代のスタジアムでの最多入場者数は一九六八年に行われたバスケットボールのヨーロッパ・カップウィナーズカップ決勝、AEKアテネ対スパルタ・プラハの試合の時の八万人で、これは現在もバスケットボールの観客数の史上最高記録として残っている。

パナシナイコ・スタディオン
（World Stadiums）

ちなみに、二〇〇四年には第二八回オリンピック大会が再びアテネで開催されたが、この時はさすがにパナシナイコ・スタディオンではなく、一九八二年に完成した近代的なオリンピアコ・スタディオンがメイン・スタジアムとして使用された。だが、パナシナイコ・スタディオンも男女マラソンのゴールおよびアーチェリー会場として使用された。女子マラソンでは日本の野口みずきがトップでテープを切って金メダルを獲得し、男子アーチェリーでは四一歳の山本博が銀メダルを獲得して「中年の星」として注目を集めたが、その舞台となったのはいずれもこの古代のスタジアムだったのだ。

古代ローマのスタジアム

ギリシャ文明を受け継いだ古代ローマも大規模なスタジアム＝円形劇場を建築した。円形劇場はローマが支配した地中海周辺の各地に残っているが、その代表的なものがイタリアの首都、ローマのコロッセオ（正式名称「フラヴィウス円形闘技場」）だろう。「コロッセオ」は現代イタリア語であり、古代ローマで使われていたラテン語なら「コロセウム」である。

ローマのコロセウムは西暦紀元八〇年に完成。剣闘士同士、あるいは猛獣と人間などの凄惨な戦いが展開され、さらにアレーナ内を水で満たして模擬海戦を行うなどさまざまな競技が行われていた（アレーナ内に水を満たして模擬海戦を行うことが可能だったか否かについては諸説ある）。四万五〇〇〇人から五万人の観衆を収容できたと言われ、日除けのために布製の屋根も取り付けられており、まさに現在のスタジアムに匹敵する建造物だった。外壁の長径が一八九メートルで高さが四八メートル。競技などに使用されるアレーナは長さが八七メートルで幅が五五メートルの楕円形だから、現在の陸上競技場やフットボール・スタジアムよりはやや小ぶりといったところだ。高さ約五メートルのフェンスに囲まれ、観客席はすべて指定席で八〇の入り口から容易に座席にアクセスできたという。

コロセウム

コロセウムからも近い場所にはキルクス・マクシムス（現代イタリア語では「チルコ・マッシモ」）という娯楽施設もあった。コロセウムよりもさらに古く、ローマの王政時代つまり紀元前六世紀にはすでに存在していたスタジアムで、馬車競争や宗教行事などさまざまなイベントに使われた。古代アテネの競技場同様、縦長のフォルムを持っており、全長六二一メートル、全幅一一八メートルという巨大な競技場で、スタンドには一五万人の観客を収容できたという。

一度は途絶えたスタジアムの建設

こうして、古代には現在のスタジアムと同規模の施設がいくつも存在したが、ローマ帝国が崩壊した後は、古代ローマの円形競技場を模した闘牛場がイベリア半島で数多く造られたのを除けば、長期間にわたってこの種の建造物は造られなくなってしまう。世界のあらゆる文明圏で多くの劇場が建造されたが、競技を行うグラウンドをスタンドで囲んだスタジアム様の建築が造られることはなかった。

再びスタジアムの建築が始まるのは、時代がはるかに下った一九世紀初頭のことだ。イタリアに侵攻したフランス皇帝ナポレオン一世は、占領したミラノ市の中心スフォルツァ城北側のセンピオーネ公園内に「アレーナ」と称するスタジアムを建設しているが、これがローマ帝国崩壊後のヨーロッパで初めてのスタジアム建設だった。

ナポレオンは間違いなく古代ローマ皇帝を意識していた。スタンドはコリント式列柱が立ち並ぶ古典様式のデザインで、一八〇七年にナポレオン自身が出席して竣工式が行われた。アレーナでは競馬や軍事教練のほか各種のイベントが行われた。コロセウムと同様にアレーナ内に水を張っての模擬海戦まで行われたこともあり、また捕虜収容所としても使用された。

アレーナが建設された一九世紀初頭といえば陸上競技やフットボールなど近代スポーツのルールはまだ確立されていなかったが、アレーナは偶然にも現在の陸上競技やフットボールにも適した大きさだった。そこで一九世紀末には一周五〇〇メートルの陸上競技用のトラックが設けられたし、サッカーのイ

アレーナ（World Stadiums）

タリア代表の最初の公式国際試合も、一九一〇年五月にアレーナで行われたフランス戦だった（6対2でイタリアの勝利）。

一九〇八年三月に結成されたミラノのサッカー・クラブ「インテルナツィオナーレＦＣ（インテル）」は、ムッソリーニ政権の時代には「アンブロジアーナ・インテル」という名称で戦っていたが、一九二九年に始まった全国リーグ（現在のセリエA）の初代チャンピオンとなり、翌一九三〇年からはアレーナを本拠地として使用することになった。当時、サンシーロ（スタディオ・ジュゼッペ・メアッツァ）はＡＣミランが単独で使用していたのだ。インテルの試合を観戦するために毎週のように三万人の観客がアレーナに詰めかけてスタンドを埋め尽くし、周囲の樹木に登って観戦する人も多かったという。

インテルは一九四六／四七年シーズンまでアレーナを使用し、その後はサンシーロをミランと共同で使用するようになったが、この間陸上競技場としても使用されるなどアレーナはさまざまな目的に利用され、さらに第二次世界大戦中にはここでナチスがレジスタンス運動家を処刑したこともあった。

ルイジ・カノニカが設計したアレーナのスタンドは、陸上競技の直線走路の部分（サッカーのタッチライン沿い）もカーブした楕円形のスタンドを持っており、現代の陸上競技場と比較しても遜色のない設計となっている。今では照明設備も取り付けられ、陸上のトレーニングに勤しむ人たちでいつも賑わっているが、古典的なデザインはそのまま残されており、二〇〇年以上前の完成当時を髣髴させる。

2　初期のオリンピックのメイン・スタジアム

博覧会の一部だった初期のオリンピック

さて、一八九六年に第一回近代オリンピックを開催したギリシャ国民は、何世紀にもわたってオリンピアで開催され続けた古代の競技会と同じように近代オリンピックも恒久的にアテネで開催されるものと信じていたらしいが、近代オリンピックはその後各国の持ち回りで開かれることになり、一九〇〇年にはクーベルタン男爵の母国であるフランスのパリで第二回大会が開かれた。

しかし、この大会は折からパリで開かれていた万国博覧会の催し物の一部として開かれた。オリンピックは今日のようにそれ自身で大きな注目を集めるイベントではなかったのだ。五月から一〇月まで五か月以上かけて行われ、開会式も行われなかったので、パリ大会にはいわゆるメイン・スタジアムが存在しなかったが、メイン競技である陸上競技は、パリのサッカー・クラブ、ラシン・ド・パリ（第二章参照）の当時のホーム・スタジアム、「スタッド・クロワ・カタラン」で行われた。陸上競技のトラックはなかったので、トラック種目も芝生の上で行われたという。

近代オリンピックの第三回大会は一九〇四年に大西洋を渡ったアメリカ合衆国南部ミズーリ州のセントルイスで開催されたが、第三回のセントルイス大会も第二回大会と同様に博覧会（ルイジアナ割譲記念万国博覧会）の一部として開催された。

北アメリカ大陸中央部は一七世紀にフランス領となり、ルイ一四世にちなんで「ルイジアナ」と命名された。現在のルイジアナ州よりはるかに広大な地域だったが、一八〇三年にアメリカ合衆国がフランスから買収。その一〇〇周年を記念して開かれた博覧会だった。当初、第三回オリンピックはシカゴで開催される予定だったのだが、セントルイス市が万国博覧会の一環として別の体育大会を計画したため、オリンピックの開催地をセントルイスに移したという経緯がある。

メイン・スタジアムは、万国博覧会会場の一角に建造されたフランシス・フィールドだった。セントルイスにある私立ワシントン大学の競技場で約一万九〇〇〇人収容（現在は四〇〇〇人）。陸上競技のほかアーチェリー、馬術、フットボール、重量挙げなど多くの競技に使用された。万国博覧会会長であり、オリンピックの誘致にも力を尽くした元セントルイス市長、元ミズーリ州知事デービッド・フランシスの名前を冠したスタジアムのメインスタンドは、鉄筋コンクリートという近代的な工法を用いて建設されたものだった。

いずれにしても、万国博覧会の催し物として開催された第二回、第三回オリンピックで使用されたメイン・スタジアムはどちらも小規模なスタジアムでしかなかった。

初めての大規模スタジアム、ホワイトシティー

オリンピックのために初めて大規模なスタジアムが造られたのは一九〇八年の第四回ロンドン大会でのことだった。

第四回大会は当初はイタリアの首都ローマで開催される予定だったが、一九〇六年にナポリ近郊のヴェスビオ火山が噴火したために資金不足となり、急遽開催地がロンドンに変更された。大会はこの時も「英仏博覧会」の一環として、四月二七日から一〇月三〇日まで半年以上に渡って開催されており、オリンピック史上最も会期の長い大会となった。そして、イギリスはこの大会に合わせてロンドン西部

にホワイトシティー・スタジアムを建設した。

六万八〇〇〇人の収容力を誇り、陸上競技のトラックは一周五三六メートルで、その外側には六六〇ヤード（六〇〇メートル）の自転車競技用トラックが造られ、さらにトラック内には水泳プールも設けられていた。「五三六メートル」というのは半端な数字だが、三分の一マイルに当たる。

後に建設された大規模スタジアムの先駆となったホワイトシティー。その後、陸上競技のトラックは四四〇ヤード（約四〇〇メートル）に改装され、グレイハウンド・レース（ドッグレース）やスピードウェー（オートバイ・レース）の会場としても長く使われた。また、ホワイトシティーのすぐ南側にあるロフタス・ロードを本拠地とするサッカーのクイーンズパーク・レンジャーズ（QPR）もホワイトシティーを使用したことが何度かあり、QPRの恒久移転も検討されたが、最終的にQPRはロフタス・ロードに留まることを選択した。その他、ホワイトシティーはボクシングやラグビー・リーグにも使用され、一九六六年のサッカー・ワールドカップでもグループリーグのウルグアイ対フランス戦が開催されている。そして、一九八四年には閉鎖され、翌一九八五年に解体され、その長い歴史に幕を下ろした。

ホワイトシティー・スタジアム
（絵葉書より）

3　スポーツ先進国、一九世紀のイングランド

イギリスで生まれた近代スポーツ

世界で初めての大規模スタジアム、ホワイトシティーがイギリスのロンドンに建設されたのはもちろん偶然

ではない。イギリスは近代スポーツ発祥の地だったからである。

われわれがイギリス（英国）と呼んでいる国はイングランド、スコットランド、ウェールズ、アイルランドの四つの王国が統合されてできたもので、今でも「連合王国」と呼ばれている（現在はアイルランド南部は共和国として独立しており、北アイルランドだけが連合王国に所属）。そのうち最大の「国」がイングランドであり、他の三つの「国」から見れば、イングランドに併合されたということになる。スコットランドでは二〇一四年九月の国民投票で独立は否定されたものの今でも独立運動は盛んであり、二〇一六年にイギリスのＥＵ（欧州連合）離脱が決まったことによって独立の機運がこれから再び高まる可能性もある。

そのイギリス（連合王国）は、一九世紀には産業革命を達成して生産力を上げ、世界各地に貿易の拠点として植民地を置き、そのシーレーンを防衛するために巨大な海軍力を築き上げていた。つまり、当時のイギリスは経済的にも軍事的にも世界最強の国家だった。その大国をリードする人材を育成したのが、原則として寄宿制の「パブリックスクール」と呼ばれる中上流階級の子弟を対象とした学校だった。そして、一八世紀の末から一九世紀にかけて、その各地のパブリックスクールでスポーツが教育の一環として取り入れられたのだ。

フットボールの全国統括機関であるフットボール・アソシエーション（ＦＡ＝サッカー協会）が創設されたのは一八六三年一二月。参加したのは、パブリックスクールや大学を卒業した上中流階級の若者たちが作ったロンドンのフットボール・クラブだった。

フットボールのルールはそれぞれのパブリックスクールや大学によって異なっており、各フットボール・クラブもそれぞれ別のルールを採用していた。しかし、それでは対外試合を行う際に、いちいちルールの調整や確認を行わなければならない。そこで、統一ルールを作るためにロンドンのクラブが集まってＦＡを結成したのだった。新ルールに基づくフットボールは「アソシエーション式フットボール」と呼ばれ、「Association」を省略した「サッカー（Soccer）」という言葉も生まれた。

ただ、パブリックスクールの一つ、ラグビー校式のフットボールに親しんでいた人たちは、ボールを抱えたまま走ってボールを前に運ぶ「ランニング・イン」と呼ばれるプレーを認めるべきだと主張してＦＡには参加せず、八年後に独自の協会（ＲＦＵ＝ラグビー・フットボール・ユニオン）を結成することになった。こうしてサッカーとラグビーは分離して、別個のスポーツとして発展していくことになる。ラグビーの協会（ユニオン）が結成されたのと同じ一八七一年、ＦＡは新しいルールの普及も兼ねて、全国選手権としてＦＡチャレンジカップ（現・ＦＡカップ）を開催した。

今では世界中のあらゆる国で、各種競技の全国選手権が存在するが、一九世紀後半にはスポーツの全国的な大会の開催は画期的な出来事だった。それまでばらばらだった度量衡制度が全国で統一され、鉄道網が各都市を結び、全国標準時が制定され、電信が発達し、新聞は各地で起こったさまざまなニュースを全国に伝える……。「全国選手権の開催」とは、先進国イギリスならではの、そんな時代の流れの中での出来事だった。

最初に発展した近代スポーツ、クリケット

ＦＡの創立よりさらに半世紀以上前にルールの整備が行われ、いち早く近代スポーツとしての組織を生み出していたスポーツがあった。それが、クリケットである。日本ではあまり馴染みがないが、今でもイギリスだけでなくオーストラリアやニュージーランド、インドやパキスタン、そして西インド諸島といった旧英連邦諸国では非常に盛んなスポーツだ。

イングランドでクリケットの統一ルールを制定したり、国内外の大会を主催したりしたのは「協会」ではなく、ロンドンにあるメリルボーン・クリケットクラブ（MCC）という一つのクラブだった。一七八七年に、当時の有名選手だったトーマス・ロードがクリケット・グラウンドを開設し、そこに発足したのがMCC。グラウンドは、後にロードの名を冠して「ローズ・クリケット・グラウンド」と呼ばれるようになった。その後、MCCによってクリケットのルールが統一され、MCCはイングランド代表を選出したり、さまざまな大会を催したりするクリケットの統括機関となっていった。つまり、「ローズ・クリケット・グラウンド」こそ、イングランドにおける最初の近代的なスタジアムということができる。一七八七年に最初のグラウンドが造られ、その後移転を繰り返し、一八一四年完成の現在のグラウンドは三代目。今でもクリケットの聖地といわれている。

ローズ・クリケット・グラウンド
（World Stadiums）

すでに二〇〇年の歴史を持つこの古いスタジアムは、二〇一二年のロンドン・オリンピックの時にはアーチェリーの会場として使用された。競技中に真剣な表情で的を狙う選手たちの映像の背後に「パビリオン」と呼ばれる古典的なレンガ造りのスタンドが映っていたのをご記憶の方も多いだろう。「パビリオン」は一九世紀末の建築だが、その他のスタンドの多くは二〇世紀後半に建築されたもので、一九九九年にワールドカップが開催された時には、パビリオンのちょうど反対側のスタンドにアルミニウム製で近未来的デザインの「メディアセンター」と呼ばれる記者席が取り付けられた。現在の収容力は二万八〇〇〇人だが、さらに増築の計画があり、二〇一九年にはクリケット・ワールドカップの決勝の舞台となることが決まっている。

一九世紀には、このローズをはじめ、クリケットのグラウンドがイングランド各地に建設された。サッカーの統括団体として発足したフットボール・アソシエーション（FA）は、一八七一年に最初の全国選手権大会「FAチャレンジカップ」を開催するが、まだフットボール用の大きなグラウンドは存在しなかったので、決勝戦など多くの観客が集まる試合はクリケット・グラウンドを借用して開催された。クリケットは長径が二〇〇メートル近い楕円形のフィールドを使って行われるので（そのため、「オーヴァル（楕円）」と呼ばれる）、フットボールのピッチを設営するのに十分な大きさがあったし、クリケットは夏のスポーツだから、冬の間フットボールに使用するのに支障はなかった。

現在、世界最大のクリケット・グラウンドはオーストラリアのメルボルンにあるメルボルン・クリケット・グラウンド（MCG＝収容一〇万二四人）だ。

MCGの所有者は一八三八年創設のメルボルン・クリケット・クラブ（MCC）だ。一八五三年に、それまで使っていたグラウンドの敷地を鉄道が通ることになり、MCCはヤラ川に面したリッチモンド公園（現・ヤラ公園）内に新しいグラウンドを造り、一八五四年九月に最初の試合が行われた。それが、現在のMCGだ。

周辺にはテニスの全豪オープンの会場であるメルボルン・パークや二〇一五年のサッカー・アジアカップで使われたフットボール・スタジアム（AAMIパーク）もあって、オーストラリア・スポーツの中心地の一つとなっている。

開場当時、ＭＣＧには約六〇席の小さなクラブ会員専用スタンドがあるだけだったが、一八六一年には六〇〇〇人を収容するグランド・スタンドが完成。その後、時代とともに次々とスタンドが建設され、現在は一九九二年のクリケット・ワールドカップの前に完成した南スタンドと二〇〇六年の英連邦大会のために作られた北スタンドで囲まれており、収容力は立見を含めて一〇万人を超え、現在あらゆる競技を含めて南半球で最大のスタジアムとなっている。

夏の間はクリケットで沸くＭＣＧだが、冬のシーズンにはオーストラリアン・フットボールのメイン会場となる。

メルボルンでフットボールが最初にプレーされたのは一八五〇年代後半のことで、その後、アイルランドで盛んなゲーリック・フットボールをベースに独自のルールが発展。これが、メルボルンがあるビクトリア州最高の人気スポーツとなっているオーストラリアン・フットボールである（他の州ではラグビー人気が高い）。オーストラリアン・フットボールは、もともとクリケット・グラウンドを使うことを前提にルールが制定されたので、クリケットと同じ楕円形のピッチで行われる。

ＭＣＧは当初は「芝生が荒れる」という理由でフットボールでの使用を禁止していたが、一八六九年には初めてフットボールの試合が行われ、一八七九年にビクトリア州フットボール協会が設立されると、以後定期的にフットボールが行われるようになり、同年には最初のナイトゲームまで行われた。

その後、フットボール人気は急上昇。ＭＣＧの観客動員の最高記録は一九七〇年のＶＦＬ（ビクトリア州フットボール・リーグ）グランドファイナルの一二万一六九六人だが、クリケットでの最高記録は二〇一三年一二月の国際試合イングランド戦の九万一一一二人となっている。

一九五六年には MCGは南半球で初めて開催されたメルボルン・オリンピックのメイン会場にもなった。楕円形のフィールド中央に陸上競技のトラックが特設され、陸上競技のほか開閉会式やサッカーの決勝が開催された（MCGは二〇〇〇年のシドニー・オリンピックでもサッカー会場の一つとなった）。

一九九七年一一月、マレーシアのジョホールバルで行われたサッカーのフランス・ワールドカップ・アジア第三代表決定戦で、日本代表が延長戦の末にイランを破ってワールドカップ初出場を決め、日本中が歓喜に沸いたが、敗れたイランはオーストラリア（当時はオセアニア連盟所属）との大陸間プレーオフに回った。テヘランでの第一戦は1対1、オーストラリア・ホームの第二戦も2対2の引き分けとなったが、アウェーゴールの差でイランがフランス・ワールドカップ出場を決めた。その第二戦の舞台となったのもMCGだった。

二〇〇〇年のシドニー・オリンピックのメイン・スタジアム、スタジアム・オーストラリアが完成するまで同国最大のスタジアムだったMCG。二〇〇九年の南アフリカ・ワールドカップ最終予選のオーストラリア対日本の試合でも観客数は八万一八七二人に達した。

フットボール・グラウンドの発展

さて、一九世紀半ばのイングランドの話題に戻ろう。当時、スポーツに携わっていたのはパブリックスクールの卒業生など中上流階級（貴族や資本家）の子弟たちが中心だった。

しかし、産業革命で生産性が高まった一九世紀後半になると、工場労働者にも休日が与えられるようになり、宗教的な安息日である日曜日以外にも、当初は水曜日、後に土曜日が半休となった。そうして、余暇の時間を持つようになった労働者たちもフットボールを楽しむようになっていく。

イングランド北部の工業都市や港湾都市。あるいは、石炭や鉄鉱石を産出する鉱山都市には次々と労働者たちのフットボール・クラブが生まれていった。工場主たちも、労働者がフットボールをプレーすることは規律を学ぶための手段となると考えており、また、労働者たちの不満のはけ口にもなるので、労働者がフットボールをプレーすることを容認あるいは奨励した。

ただ、労働者たちは試合やトレーニングのために仕事を休むとその分の給料を受け取ることができなくなってしまう。そこで、所属クラブがその分を補填するようになり、フットボールをプレーすることによって報酬を得るプロフェッショナルの選手が誕生した。そして、サッカーの統括団体だったフットボール・アソシエーション（FA）はプロ選手の存在をしぶしぶではあるが認めたが、ラグビー・フットボール・ユニオンはプロの存在を認めなかった。これがきっかけとなって労働者の間ではサッカー人気が高まっていくことになる（後に、労働者たちのラグビー・クラブはユニオンとは別に、プロを認めるラグビー・リーグを結成する）。

当初は、早くから近代化したクリケット・グラウンドを借りて行われていたフットボールだったが、サッカーのプロ・リーグやプロのリーグ・ラグビーが発足して観客数が増えていくと、各クラブが競ってスタジアムを建設するようになる。

最初の頃には学校の校庭や芝生の周囲にフェンスを巡らせただけのグラウンドで試合を行っていたが、その後、オーナーやスポンサーなどのゲスト用に屋根付きの小さな木造スタンドが建てられ、ピッチの周囲には試合を見やすいように土や瓦礫、石炭殻などを盛った斜面が作られるようになっていく。この斜面は初めは「バンク」と呼ばれていたが、その後、コンクリートなどで舗装され、さらに危険防止用の柵が取り付けられて「テラス」と呼ばれる立ち見席に発展。その後テラスにも屋根が取り付けられ、スタジアムの建築様式が確立していく。

イングランドで最も有名で、最も財政力のあるビッグクラブの一つがマンチェスター・ユナイテッドで、そのホーム・スタジアムであるオールド・トラフォードは今ではイングランドでもウェンブリー・スタジアムに次ぐ収容力を誇る近代的なビッグ・スタジアムとなっている。だが、ここも最初は小さなフットボール・グラウンドだった。

オールド・トラフォード（World Stadiumus）

マンチェスター・ユナイテッドは、もともとは一八七八年にランカシャー・ヨークシャー鉄道の労働者によって結成されたクラブだった。結成当時の名称は「ニュートン・ヒース」。現在、ライバルチームのマンチェスター・シティーが本拠地としているエティハド・スタジアムからも近い地区名で、最初のスタジアムも同地区のノース・ロード、二番目のスタジアムも同地区のバンク・ストリートにあった。

その後ニュートン・ヒースは破産寸前に追い込まれてしまい、ビール醸造業者ジョン・デービスの援助を受けることになる。そして、クラブ名も「マンチェスター・ユナイテッド」と変更される。デービスは工場の煙がたなびいてくるなどコンディションの悪いバンク・ストリートを売却。五マイル（約八キロ）も離れたオールド・トラフォードに新スタジアムを建設した（一九一〇年二月完成)。

初期のグラウンドの例に漏れず、ピッチの周囲を四角く土手(バンク)で囲んで立見席とし、南側のメインスタンド中央にだけ屋根付きのスタンドが置かれるシンプルな構造だったが、約六万人と収容力が大きかったため一九一一年のFAカップ決勝再試合の会場となり、その後もFAカップ準決勝や決勝の会場として使われ続け、一九三九年の準決勝ウォルバーハンプトン・ワンダラーズ対グリムスビー・タウン戦には七万六九六二人が来場した。

第二次世界大戦中の一九四一年にはドイツ軍の爆撃でメインスタンドが破壊されたものの、戦後、オールドトラフォードは復旧され、順次スタンドが整備されていった。最初にメインスタンドの屋根が修復され、その後他の三方向のスタンドにも屋根が取り付けられた。南側メインスタンドは爆撃を受ける前の屋根を一九五一年に修復したものだったし、コーナー付近には、一九二〇年代に建設された屋根がそのまま残っていた。そして、ゴール裏には一九五九年に新しい屋根がかかり、バックスタンド(ユナイテッド・ロードスタンド)には、一九六一年に金属製で、視界を遮る柱がないキャンティレバー(片持ち梁)式の近代的な屋根が架けられる。

つまり、クラブの財政に余裕ができると、そのたびに部分的にスタンドを整備・修復することによってスタジアムは順次拡張されてきたのだ。そのため、全体としては統一されたデザインであっても、子細に見ると屋根の材質や構造が建設された時代によってまちまちになっていたのだ。

その後、一九九六年にはヨーロッパ選手権(EURO)開催を前にバックスタンドが建て替えられ、三階建てのスタンドが完成。さらに、ゴール裏やコーナー付近にも二階、三階建てのスタンドが設けられ、二〇〇六年には全座席で収容力七万六〇〇〇人以上の巨大スタジアムが完成した（九万五〇〇〇人程度への拡張計画もある）。スタンドは大拡張され、近代的な屋根にすっぽり覆われているが、スタンドの一部は一九一〇年当時のものがそのまま残っている。

こうして一九一〇年から約一世紀の歳月をかけて、オールド・トラフォードは現在のような大規模なスタジアムに発展してきたのだ。構造的にも、歴史的にもイングランドのフットボール・グラウンドの典型と見なすことができよう。

ストックホルム・スタディオン
（World Stadiumus）

4　日本人と近代的スタジアムの出会い

一九一二年に開かれた第五回ストックホルム・オリンピックでも新しくスタジアムが建設された。

開会式は、アルファベット順に選手団が入場行進し、国王グスタフ五世によって開会が宣言されるなど現在のオリンピックに近い形で行われ、クーベルタン男爵が「最も理想に近い大会」と評価したという。メイン会場のストックホルム・スタディオンは、有名な建築家トゥルベン・グルートの設計で石造りの二万人収容のスタジアムだった。当初、メインスタンド以外は木造の仮設スタンドにする計画だったが、グルートの提案でストックホルム市内北部に立派な恒久的建築物として建設された。

この大会は日本にとっては初めてのオリンピック参加となった思い出深い大会だった。日本から派遣されたのは陸上競技の三島彌彦と金栗四三《かなぐりしそう》の二名だった。初めてオリンピックに参加した日本選手たちにとって、新スタジアムは想像もできないほど立派な施設だったようで、後に東京に明治神宮外苑競技場が建設された時にも「ストックホルムのスタジアムがモデルになった」とよくいわれたものだ。たしかに塔が立ち、壁面に蔦が絡まるなど印象的に似ていないこともないが、明治神宮外苑競技場がコンクリート造りなのに対してストックホルムのスタジアムは石造りという大きな違いがあるし、ストックホルムのトラックが一周三八〇メートルだったの対して、明治神宮外苑競技場の陸上トラックは一周四〇〇メートルというように違いは大きい。ただ、それでも「ストックホルムをモデルにした」と再三いわれたのは、日本のスポーツ関係者にとってストックホルムの印象がよほど強かったからなのだろう。

ストックホルム・スタディオンのトラックは、現在は一周四〇〇メートルに改装されており、今でも陸上競技の大会に頻繁に使用されている。また、つい最近まで名門サッカー・クラブのユールゴルデンのホーム・グラウンドにもなっており、長い期間に渡って活用されてきた。

ストックホルム・オリンピックが成功し、オリンピックという大会は順調に発展していくかに思えた。だが、ヨーロッパ全土を巻き込む大戦争が勃発したため、第六回オリンピックが開かれることはなかった。大規模なスタジアムが次々と建設されるようになるのは、「世界大戦」終結後のこととなる。

第二章　世界各地に大規模スタジアムが誕生した一九二〇年代

1　「世界大戦後」の世界とスポーツ

一九一四年六月二八日、バルカン半島の一角ボスニアの首都サライェヴォで、ボスニア系セルビア人青年の放った銃弾によってオーストリア＝ハンガリー帝国の皇太子フランツ＝ヨーゼフ大公が暗殺され、この事件が大国同士の微妙な力の均衡を崩すことになった。まず、オーストリアがセルビアに対して宣戦を布告。その後、ロシア、ドイツ、フランス、イギリスなどヨーロッパの主要国が互いに戦争状態に入っていった。

もっとも、当初は各国とも長期的な全面戦争を始める意思などさらさらなく、戦争は数週間で終わって新しい秩序が生まれると思われていた。だが、紛争は各国を巻き込む大戦争に発展し、一九一八年まで続くことになる。「欧州大戦」はさらにアメリカ合衆国や日本も巻き込んで拡大し、「世界大戦」と呼ばれることになる。そして、「世界大戦」はドイツ、オーストリア側の敗戦に終わり、ロシアではボルシェビキ革命によって世界最初の社会主義政権が誕生。また、中部ヨーロッパや東ヨーロッパでも各民族が独立して民族国家を形成することになった。

戦争というものの性格も大きく変わった。

「世界大戦」は各国国民を総動員するいわゆる総力戦だった。一般国民は「民族」の名の下に動員されて兵器の製造などに駆り立てられ、あるいは徴兵されて最前線に送り込まれた。さらに、銃後の一般市民の被害も甚大なものとなり、航空機や機関銃、戦車、毒ガスなどの大量殺戮兵器が使用されたこともあって死傷者の数はそれまでの戦争とは桁違いに増え、犠牲者の数は非戦闘員も含めて二〇〇〇万人近くに達したという。

戦争終結後、戦後処理として敗戦国ドイツに対して懲罰的なヴェルサイユ条約が締結された。同時に、紛争の平和的な解決を目指して国際連盟が結成され、一九二八年には再びこのような悲惨な戦争を引き起こさないために「不戦条約（ケロッグ・ブリアン条約）」が結ばれた。この結果、各国で軍縮が実施され、真に平和な時代が訪れたかに思われた。「もう、二度と大戦争は起こらない」と人々は信じた。

平和な時代が訪れ、文化が花開いた。アールデコといわれる装飾芸術も発展した。スポーツという文化も発展していく。一九世紀の半ばまではまだ「全国選手権」という概念すらなかったが、二〇世紀に入ると各国に全国的なスポーツ統括団体が生まれ、国際競技も盛んに行われるようになる。戦争がなくなった（と思われた）国際社会において、民族と民族はスポーツの場で覇を競い合うようになった。陸上競技やサッカーなど人気種目の国際試合が行われるスタジアムで人々はナショナリズムを掻き立てられた。とくに、総合競技会であるオリンピックは国威発揚の場となっていった。そのため、ヨーロッパ各国の政府は国費を投じて選手強化に乗り出した。日本政府も世界大戦終結から二回目となる一九二四年のパリ・オリンピックの時に初めて選手団に六万円の助成金を与えている。

そして、スタジアム建築も新しい時代に入り、一九二〇年代には世界各地で大規模スタジアムが次々と建設されることになった。

2　世界大戦後のオリンピック・スタジアム

世界大戦終結後最初のオリンピックはベルギーのアントウェルペンで開催された。アントウェルペンはオランダ語表記であり、フランス語ではアンヴェルス。英語読みではアントワープである。

ベルギーは世界大戦勃発前から一九二〇年大会の招致に乗り出しており、事実上アントウェルペン開催が決まっていた。だが、ベルギーは世界大戦で最大の被害を受けた国の一つだったので、国際オリンピック委員会（ＩＯＣ）では開催地の変更も検討されたが、ベルギー側が予定通りの開催を希望したため、アントウェルペン開催が正式に決まった。甚大な被害を受けた国で戦争の直後にオリンピックを開催できたということは現代の眼から見ると不思議にも思えるが、この時代にはオリンピック開催は開催都市にとってそれほど大きな負担にはならなかったのだろう。

実際、メイン・スタジアムであるオリンピス・スタディオンは一万数千人収容の小さなスタジアムだった。

アントウェルペン大会も、戦争前の大会と同じように長期間にわたって開催された。四月のアイスホッケーを皮切りに始まった大会は八月一四日に開会式が行われ、九月一二日の閉会式で幕を閉じた。

現在のオリンピス・スタディオンは収容力が一万二七七一人。ベルギーの三部リーグに所属するアマチュア・サッカーチーム、FCOベールスホット・ウィルレイクの本拠地として使用されている。

　世界大戦後のオリンピックで初めて本格的なスタジアムが準備されたのは一九二四年のパリ大会でのことだった。

パリ・オリンピック

パリ北部のサンラザール駅から電車に乗って北西方向に三駅目、セーヌ河を渡ったところに「スタッド」という駅がある。駅前に売店と食堂があるくらいの小さな駅だ。「スタッド」とはフランス語で「スタジアム」という意味である。そして、この駅から住宅街を抜けて南西方向に一〇分ほど歩くと、そこにスタッド・オランピーク・イヴ・ドゥ・マノワールがある。現在は古い大きなメインスタンドがあるだけで、バックスタンドやゴール裏サイドスタンドはすでに取り壊され、代わりに小さな仮設スタンドが建てられているだけだが、メインスタンドの両端をよく見るとコンクリートでできたサイドスタンドの一部が残っているのが見える。

　この古いスタジアムこそ、一九二四年のパリ・オリンピックのメイン・スタジアムであり、一九三八年にはサッカーの第三回ワールドカップ決勝も行われた由緒あるスタジアムなのだ。

　パリ・オリンピック開催が決まった時、当初はパリ市内に一〇万人収容の大スタジアムを建設する計画もあったが、世界大戦後のフランスにはそれほどの財政的余裕はなかった。そこで、郊外のコロンブ市にあったこのスタジアム（当時の名称は「スタッド・ド・コロンブ」）を拡張してメイン・スタジアムとしたのだ。スタジアムは一九〇七年にパリの有力紙『ル・マタン』が競馬場跡地に建設。その後、ラシン・クルブ・ド・フランス（以下ラシン）の本拠地となっていた。

ラシンは一八八二年創設というフランス最古の総合スポーツクラブだった。ラシンのスペルは「Racing Club」。つまり、自転車レースのクラブだったのだが、他のスポーツも行う総合スポーツクラブだった。一九三二年にフランス・サッカー界がプロ化した時にはサッカー部門が独立し、第二次世界大戦前にはフランスの強豪チームとなった。また、ラグビー部門も強く、イヴ・ドゥ・マノワールはそのラグビー・チームの名スクラムハーフで、一九二三年に軍の飛行訓練中に墜落事故で亡くなり、一九二八年からスタジアムは彼の名で呼ばれることとなった。

このスタジアムは、映画の舞台にもなった。

一九八一年にアカデミー賞作品賞を受賞した英国映画「炎のランナー」（ヒュー・ハドソン監督）はこのスタジアムで行われたパリ・オリンピックでの実話に基づく物語だった（ただし、撮影はイングランドのリバプール近郊マージー河畔のベビントン・オーヴァルを使用）。また、ペレやボビー・ムーア、アルディレスなどの有名サッカー選手たちが出演して話題になった「勝利への脱出」（マイケル・ケイン、シルベスター・スタローン主演、一九八一年・米）でも、連合軍捕虜チームとドイツ代表の試合はコロンブで行われたという設定だった（撮影はハンガリーの首都ブダペストのＭＴＫスタジアム＝一九一一年完成、二〇一五年解体＝を使って行われた）。

スタッド・オランピーク・イヴ・ドゥ・マノワール（World Stadiumus）

スタジアムは一九二四年のオリンピック当時は四万五〇〇〇人収容。一九三八年のサッカーのワールドカップ前にはゴール裏スタンドが拡張され、収容力は六万人となった。一九七二年にパリ市内のパルク・デ・プランスが近代的なフットボール専用スタジアムに改装されるまではフランス最大のスタジアムであり続け、サッカーやラグビーの国際試合や国内カップ戦の決勝が何度も行われた。また、一九六九年のヨーロッパ・チャンピオンズカップのアヤックス（オランダ）対ベンフィカ（ポルトガル）戦でも使用され、六万三六三八人の観客が集まった。

しかし、パルク・デ・プランスの改装後は、コロンブはラシンの試合以外にはほとんど使用されなくなってしまう。さらに、第二次世界大戦以降はサッカーのラシン・ド・パリは低迷が続き、一九九〇年には破産して消滅（現在はアマチュアの「ラシン・クラブ・ド・フランス・フットボール・コロンブ92」がアマチュア二部リーグに所属）。一方、一時はやはり低迷したもののラグビー・チーム「ラシン・メトロ92」は現在もフランス・トップリーグに所属している。

プロ・サッカーの「ラシン・ド・パリ」の消滅をうけて、一九九三年にはスタジアムのバックスタンドとゴール裏は取り壊されてしまったが、二〇〇九年にはかつてのスタンド跡に小さなバックスタンドとゴール裏スタンドが設置され、古いメインスタンドと合わせて一万四〇〇〇人を収容できるようになり、トップリーグ所属のラグビーとアマチュア・リーグのサッカーのホーム・スタジアムとして使用されている。

アムステルダム・オリンピック　一九二八年のアムステルダム・オリンピックは、日本では陸上競技三段跳びの織田幹雄と水泳の鶴田義行が日本人として初めて優勝した大会として記憶されている。

また、この大会から女子の陸上競技も実施され、人見絹枝が八〇〇メートルで銀メダルを獲得した。

この大会のメイン・スタジアムであるオリンピス・スタディオンは、収容力三万一六〇〇人と中規模のスタジアムだったが、ヤン・ヴィルス設計の名建築だった（オリンピック開催時にはスタンド後方に仮設席も設置された）。一周四〇〇メートルの陸上競技用のトラックの外側には五〇〇メートルの自転車競技用トラックが併設され、トラックの内部はフットボールのピッチとなっており、自転車用トラック上に観客を収容することで収容力を五〇〇〇人ほど増すこともできた。

ロンドンのホワイトシティーもそうだったが、陸上のトラックの外側に自転車用のトラックを併設するというレイアウトはヨーロッパでは一般的だった。当時は多くの競技に使える多目的競技場が一般的だったのだ。また、かつては一周の距離がまちまちだった陸上競技のトラック（ホワイトシティーでは五三六メートル、ストックホルムでは三八〇メートル、コロンブでは五〇〇メートル）も、一九二〇年代後半になると一周四〇〇メートル（または四四〇ヤード）が標準となってきていた。

現在のオリンピス・スタディオン
（World Stadiums）

オリンピス・スタディオンのメインスタンドには、「マラソンタワー」と呼ばれる塔が建てられ、その上に初めての試みとして聖火が灯された（ただし、聖火リレーは一九三六年のベルリン大会から）。マラソンタワーは、一九二〇年代、一九三〇年代に建設されたスタジアムでよく見かける構造物だ。

オリンピス・スタディオンはオリンピック終了後は陸上競技やサッカー、自転車、スピードウェー（オートバイ・レース）に使用されていたが、一九三七年にスタンド上段を拡張。収容力は六万四〇〇〇人となり、アヤックス・アムステルダムの重要な試合がここで開催されるようになった。アヤックスが所有していたデ・メール・スタディオン（一九三四年完成、一九九八年解体）は収容力が一万九〇〇〇人と小さなスタジアムだったからだ。

その後、一九九六年にはアムステルダム・アレナが完成し（第四章参照）、アヤックスの本拠地となった。そこで、オリンピス・スタディオンは解体が決まったのだが、名建築の保存を求める声が上がったため、一九三七年に拡張された上段のスタンドを取り外して一九二八年完成当時の外観に復元し、さらに自転車用トラックも取り壊して陸上競技専用のスタジアムに改装された。

3 サッカーの聖地ウェンブリー

白馬の決勝戦

パリ・オリンピックの前年、一九二三年にはイギリスの首都ロンドンにも大規模スタジアムが建設された。翌一九二四年に開かれる大英帝国博覧会の関連施設としてロンドン北西のウェンブリー公園内に建設された「エンパイア（帝国）スタジアム」である。ウェンブリー公園は一九世紀末からフットボールに使われていた場所だった。

完成当時の収容力は座席と立ち見席を合わせて一二万七〇〇〇人という巨大なスタジアムだったが、「杮落とし」となった一九二三年四月のＦＡカップ決勝、ボルトン・ワンダラーズ対ウェストハム・ユナイテッドの試合にはそれをはるかに超える観衆が詰め掛けた。

当時は入場券を買うのではなく、一〇四か所の「ターンスタイル」と呼ばれる回転式の入り口で現金を払って入場するシステムだったため、主催者であるＦＡも入場者数のコントロールができず、公式入場者数は一二万六〇四七人だったが、実際の入場者数は二四万人だったとも三〇万人に達したともいわれている。そのため、スタジアム内に入った人々がピッチ上に溢れ出してしまい、試合開催は不可能かと思われた。しかし、騎馬警官隊が少しずつ群衆をタッチラインの外に誘導したおかげで試合は四五分遅れで開始され、ボルトン・ワンダラーズが優勝した。この時の騎馬警官隊巡査の一人ジョージ・スコーリーが乗っていたビリーという名の白馬が有名になったため、この時の試合は「ホワイトホース・ファイナル（白馬の決勝）」として長く語り伝えられることになり、スタジアム外の歩道橋は「ホワイトホース・ブリッジ」と名付けられた。

当初、スタジアムは博覧会終了後に取り壊される予定だったが、最終的にはFAが所有するスタジアム、つまりサッカーのナショナル・スタジアムとして存続することになり、その後はFAカップ決勝や国際試合の会場として使われるようになった。

旧ウェンブリー・スタジアム
（時事通信フォト）

ＦＡカップは一八七一年の第一回大会から決勝戦は中立地で行われることになっており、かつてはロンドンの南ケニントンにあるクリケット場、ジ・オーヴァル（一八四五年完成）あるいはクリスタル・パレスが使われていた。クリスタル・パレスはどこのクラブにも属さないグラウンドだったのだが、一九〇五年にそのクリスタル・パレスの所有者が新しくフットボール・クラブを結成しようとした時には、グラウンドが中立地ではなくなってしまうためＦＡがクラブ創設に反対。そのため、わざわざクラブとは別にスタジアム保有会社が作られたこともあった。そして、ウェンブリー完成後はFAカップ決勝戦はすべてウェンブリーで開催されることになった。

オリンピック、ワールドカップの開催

一九五二年のロンドン・オリンピックではウェンブリーに仮設の陸上競技トラックが設置されてメイン・スタジアムとなり、陸上競技、サッカー、ホッケー、馬術に使われた。また、FA創立百周年の一九六三年にはアルミニウム合金とガラスを使用した大屋根がスタンド全周にわたって取り付けられた。そして、同じくFA創立百周年を記念して開かれた一九六六年のワールドカップではイングランド代表は全試合をウェンブリーで戦い、決勝で西ドイツを破って初優勝を決めた。試合終了後、ボビー・ムーア主将以下のメンバーがメインスタンド中段のロイヤルボックスで女王エリザベス二世から優勝カップ（ジュール・リメ杯）を受け取るシーンは有名だが、ロイヤルボックスまでの三九段の階段もこのスタジアムの名物だった。

ちなみに、一九六六年のワールドカップのうちウルグアイ対フランスの試合は当初はウェンブリーで行われる予定だったが、スタジアム側が定期開催のドッグレースの中止を拒否したため、古いホワイトシティー・スタジアムに会場が変更になった。サッカーの聖地ではあったものの、ホームクラブを持たない中立地のウェンブリーではFAカップや国際試合など開催試合数が限られていた。サッカー以外でも、一九二九年以降は毎年リーグ・ラグビー（一三人制）の「チャレンジカップ」決勝も開催されていたが、それでも試合数はごくわずかだった。そこで、ウェンブリーでは毎週のようにドッグレースが開催されており、スタジアムの主な収入源となっていたのだ。当時は「世界で最も有名なドッグレース場」とも揶揄されていた。

一九九六年にはサッカーのヨーロッパ選手権（EURO）がイングランドで開催され、ウェンブリーでの決勝戦ではドイツがチェコスロバキアを破って優勝。ドイツにとっては一九九一年の統一後初の国際タイトルだった。だが、この頃になるとウェンブリーは老朽化が進んでいた。アルミニウム合金製の大屋根は柱で支える旧式の構造だったため、柱が視界を妨げたし、サッカー専用競技場がほとんどのイングランドにあって、ウェンブリーはトラックがある長円形のスタジアムだったのでピッチまでの距離も遠かった。つまり、ウェンブリーは「時代遅れ」になってしまっていたのだ。

一九九〇年代にはロンドンの名門、アーセナルによるウェンブリーの買収・改修計画もあったが、アーセナルは最終的にハイバリーのそばに新スタジアム（エミレーツ・スタジアム＝二〇〇六年完成）を建設することを決定。ウェンブリーは二〇〇二年に取り壊され、跡地に新ウェンブリー・スタジアムが建設されることとなり、新スタジアムは計画より遅れて二〇〇七年に完成した。

旧スタジアムのシンボルだったメインスタンドの巨大なツインタワーに代わって、高さ一三四メートルのアーチがシンボルとなった新スタジアム。トラックがなくなったのでドッグレースはできなくなったが、サッカー以外にもリーグ・ラグビーやアメリカン・フットボールが行われ、二〇一五年にはユニオン・ラグビーのワールドカップにも使用された。だが、今でもＦＡの子会社「ウェンブリー・スタジアム（株）」が所有しており、ウェンブリーは名実ともに「サッカーの聖地」なのである。二〇一二年のロンドン・オリンピックでも新ウェンブリーはサッカー会場として使用され、女子決勝では日本代表（なでしこジャパン）がアメリカと対戦し、敗れはしたものの銀メダルを獲得している。

4　南北アメリカ大陸に出現した大規模スタジアム

ロンドンにウェンブリー・スタジアムが完成し、「ホワイトホース・ファイナル」で盛り上がっているのとほぼ同じころ、大西洋を渡ったアメリカ合衆国最大の都市ニューヨークにも大規模スタジアムが姿を現わした。メジャーリーグ・ベースボール（MLB）、アメリカン・リーグのニューヨーク・ヤンキースが建設した「ヤンキー・スタジアム」である。

ヤンキー・スタジアム

ヤンキースは、一九一三年以来ニューヨークの中心マンハッタン島にあるポロ・グラウンド（一八九〇年完成）を同じニューヨークを本拠地とするジャイアンツ（ナショナル・リーグ所属、後にカリフォルニア州サンフランシスコに移転）と共同で使用していた。だが、両クラブの関係は悪化してしまっていた。また一九二〇年にボストン・レッドソックスからベーブ・ルースが移籍すると、ヤンキースの年間観客動員は一三〇万人に達した。そして、翌一九二一年にはリーグ初優勝を果たす。そこで、オーナーのジェイコブ・ルパートが長年の夢だった独自のスタジアム建設に乗り出したのだ。

だが、ニューヨークの中心であるマンハッタン島内には手ごろな土地は見つからず、新スタジアムはハドソン川を越えたブロンクス地区の材木置き場に建設された。ポロ・グラウンドとはハドソン川のちょうど対岸に当たる場所だった。

それまで、メジャーリーグのホーム・グラウンドは三万人規模のものが多かったが、ヤンキースの新スタジアムは完成当時の収容力が五万八〇〇〇人もあり、内野スタンドは三層式という大規模なスタジアムだった。完成後最初の試合となった一九二三年四月一八日のボストン・レッドソックス戦には七万四二一七人が入場し、さらに約二万人が入場できなかったと言われている（この数字の真偽に関しては諸説あるが、いずれにしてもベースボールという競技の観客動員記録を大幅に更新した新記録だったことは間違いない）。その後も改装を繰り返したヤンキー・スタジアム、最大時には収容力は七万人を超えた。

二〇〇六年には旧スタジアムの隣に新スタジアム建設が始まり、二〇〇八年のシーズン終了をもって旧ヤンキー・スタジアムは閉鎖され、二〇〇九年までに解体され、跡地は「ヘリテージ・フィールド」という一〇エーカーの公園として整備されている。

ヤンキー・スタジアム（時事通信フォト）

ヤンキー・スタジアムの大きな特徴は、左中間が深く、ライト側が浅い独特のレイアウトだった。

一九二三年の完成時には左中間の最も深いフェンスまでが五〇〇フィートだったのに対して右中間は四二九フィートとなっていた。アメリカの野球場では左右非対称のスタジアムは珍しくないが、ヤンキー・スタジアムのレイアウトは極端だった。その後の改装でフィールド面積自体が縮小され、左右の不均等は縮小されたが、それでも左中間が深いという特徴は最後まで残っており、そのためヤンキー・スタジアムでは左バッターが有利で、ベーブ・ルースやロジャー・マリスなど左打ちの長距離打者が数多く活躍した。二〇〇三年から七年間在籍した松井秀喜もその一人である。

フィールドが不整形になった直接の理由はライト外野スタンドの裏に鉄

道が通っていたからだったが、結果的に全体が長方形に近い形になったため、陸上競技やフットボールに使用するのには好都合だった。

実はヤンキー・スタジアムは当初は多目的スタジアムとして設計されていたのだ。内外野のフェンスに沿ってやや不整形ながら一周四〇〇メートルの陸上競技のトラックが設置されており、陸上競技やフットボールに使用する時は三塁側スタンドがいわゆるメインスタンドになった。

ベースボールはもともとイングランドで行われていた打球戯の一種であり、アメリカで改良された競技である。従って、ベースボールはイングランドにおけるクリケットと同じように夏のスポーツだった。そのため、冬期にはスタジアムは使えない。そこで、その間、冬のスポーツであるフットボールに使えばスタジアムは年間を通じて稼働させることができるわけだ。

スタジアムが完成した一九二三年一〇月には大学のアメリカン・フットボールの試合が行われ、その後もニューヨーク大学、ノートルダム大学、陸軍士官学校などがここでフットボールの試合を行っている。一九二六年には「ニューヨーク・ヤンキース」という名のプロ・フットボールチームも結成されているし、ニューヨークをフランチャイズとするNFLのジャイアンツの試合が開催されたこともあった。

サッカーでも、一九三一年にはスコットランドのセルティックが「ニューヨーク・ヤンキース（サッカー・チーム）」と対戦したことがある。スコットランド最大の工業都市グラスゴーにあるセルティックはアイルランド系労働者に支持されているチームだが、ニューヨークもアイルランド系人口の多い街なので、この試合にも多くの観客が集まった。

その後もヤンキー・スタジアムではサッカーの試合が何度も行われている。一九五三年六月にはイングランド代表がアメリカ代表を6対3で破り、一九五〇年のブラジル・ワールドカップでの敗戦（サッカー弱小国アメリカがイングランドに1対0で勝利した「世紀の番狂わせ」）の雪辱を果たしたこともあった。

一九六七年にはニューヨーク・ジェネラルズが結成され、ナショナル・プロ・サッカー・リーグおよび北米サッカー・リーグ（NASL）の試合がヤンキー・スタジアムで開催された。また、ペレやベッケンバウアーを加入させてNASL人気を牽引したニューヨーク・コスモスは、本来はアメリカン・フットボールの「ジャイアンツ・スタジアム」が本拠地だったが、ヤンキー・スタジアムで試合をしたこともある。ヤンキー・スタジアムは、一九七〇年代頃までは実際にフットボールやサッカーの試合に頻繁に使用されていたのである。

ロサンゼルス・メモリアル・コロシアム　ヤンキー・スタジアムより少し前に、アメリカ合衆国の西部カリフォルニア州ロサンゼルスでも大規模スタジアムが建設されていた。ロサンゼルス・メモリアル・コロシアムである。

一九三二年と一九八四年に夏季オリンピックを開催したメモリアル・コロシアム。これまでロンドンでは三度、パリとアテネでも二度の夏季オリンピックが開催されているが、メイン・スタジアムはそれぞれ別のスタジアムが使われた。また、二〇二〇年には二度目の東京オリンピック開催が決まっており、一九六四年大会と同じ千駄ヶ谷の国立競技場が舞台となるが、旧国立競技場は完全に解体され、新スタジアムが建設される。つまり、これまで二度のオリンピックでメイン・スタジアムとなったのは、世界でもメモリアル・コロシアムだけなのだ。

メモリアル・コロシアムは、第一次世界大戦に出征したロサンゼルス出身の兵士たちを記念して建設

ロサンゼルス・メモリアル・コロシアム
（World Stadiums）

され、一九二三年に完成したスタジアムだ。一層式のボウル状のスタジアムであり、収容力は完成当時アメリカ最大の七万五一四四人だったが、オリンピック開催が決まるとスタンドが拡張されて一〇万一五七四人収容の巨大スタジアムとなった。二つの大会で使われた聖火台は、現在も列柱の上に残されている（写真手前側）。

一九三二年大会では陸上競技のほか、フィールドホッケーや馬術もメモリアル・コロシアムで行われた（アマチュア問題から、この大会ではサッカーは開催されなかった）、陸上競技三段跳びでは南部忠平、馬術では西竹一騎兵中尉がそれぞれ優勝。また、ホッケーは参加国がわずかに三か国だったため、日本はアメリカを破って銀メダルを獲得している（これが団体球技での日本の初メダル。ちなみに、優勝はインド）。

アメリカ大陸西海岸にあるロサンゼルスはヨーロッパから距離が遠く、折からの大恐慌の影響もあってヨーロッパ諸国からの参加選手数が少なかった中で、日本からは大選手団が送り込まれた。当時、カリフォルニア州では日本人移民の急増から対日感情が悪化しており、「満州国」問題を巡って日米関係にも暗雲が立ち込めていたが、日本選手団のパフォーマンスで現地の対日感情は大幅に改善されたといわれている。とくに馬術の大障害飛越競技で優勝した西竹一中尉は英語が堪能で、男爵（バロン）の爵位を持っていたため「バロン・ニシ」として現地でも人気が高かった。

さて、このメモリアル・コロシアムは、完成以来、南カリフォルニア大学（ＵＳＣ）のフットボール・チーム、トロージャンスのホーム・スタジアムとなっている。それればかりではない。コロシアムはカリフォルニア州、ロサンゼルス郡、ロサンゼルス市の共同所有なのだが、至近距離にあるUSCがコロシアムの指定管理者となっているのだ。そして、USCのほか、カレッジ・フットボールではカリフォルニア州立大学ロサンゼルス校（UCLA）、プロ・フットボールではロサンゼルス・ラムズ、ロサンゼルス・チャージャーズなども使用した（ラムズは後にアナハイム、さらにセントルイスに移転したが、二〇一六年からロサンゼルスに戻り、新スタジアムが完成する二〇一九年までコロシアムでホームゲームを開催）。さらに、北米サッカーリーグ（NASL）のロサンゼルス・アズテクスもここを使用していた。

メモリアル・コロシアムは陸上競技のトラックの付いた楕円形のスタジアムだったが、トラック付きの多目的スタジアムではフットボールやサッカーの試合は観にくい。そこで、一九九三年には改装工事が行われ、フィールド面を一一フィート掘り下げて、トラックがあった場所に一四列の観客席を増設し、フットボール専用スタジアムに改装された。

メモリアル・コロシアムはベースボール（MLB）に使用されたこともある。

一九五八年にブルックリン・ドジャースがニューヨークからロサンゼルスに移転して来た時のことだ。一九六二年にドジャー・スタジアム（五万六〇〇〇人収容）が完成するまでの四シーズン、ドジャースはコロシアムを使用したのだ。一九五八年にはニューヨーク・ヤンキースとの間のワールドシリーズの三試合もコロシアムで行われている。

しかし、陸上競技とフットボールの兼用スタジアムを野球に使用するには無理があった。なにしろ、ホームプレートから左翼のポールまでが二五一フィート（七七メートル）、左中間が三二〇フィート（九八メートル）しかなかったのだ。これでは、レフト側への凡フライが簡単にホームランになってしまう。

だが、巨大なメモリアル・コロシアムには大勢のベースボール・ファンが詰めかけた。九万人以上の観客が入る野球場は世界中のどこにもないので、ベースボールというスポーツの観客動員記録は今でもほとんどがこのメモリアル・コロシアムで作られたものだ。一九五九年に行われたドジャースとヤンキースとのエキジビション・マッチには九万三一〇三人が集まったし、二〇〇八年にはドジャースの移転五〇周年記念のボストン・レッドソックス戦が開催され、なんと一一万五三〇〇人を動員。これはベースボールの観客動員の世界記録となっている。

エスタディオ・センテナリオ

世界のスポーツ先進国で大規模スタジアムが建設されるようになった一九二〇年代の末、南米大陸のウルグアイにも巨大なスタジアムが出現した。一九三〇年にサッカーのワールドカップの第一回大会が開催されたエスタディオ・センテナリオである。

国際サッカー連盟（ＦＩＦＡ）は一九〇四年に結成されていたが、世界選手権の開催はなかなか実現できなかった。一九二〇年代後半になってようやく世界選手権（現・ＦＩＦＡワールドカップ）開催の機運も高まってきたが、大会の開催を引き受ける国はなかなか見つからなかった。巨額の費用がかかることは確実だったし、この大会が本当に成功するかも定かではなかったのだ。

そこで、フランス人で外交官でもあったＦＩＦＡのジュール・リメ会長は一九三〇年に憲法発布百周年を迎えるウルグアイに開催を働きかけた。

第一次世界大戦の直後、ラプラタ河の両岸に位置するアルゼンチンとウルグアイはヨーロッパに向けて小麦や食肉などを輸出し、同時に工業化も進んで空前の経済発展を遂げていた。しかも、サッカーのウルグアイ代表は、オリンピックで二連覇を飾っていたのだ。ウルグアイ開催は妥当な選択だった。

一九二九年五月のＦＩＦＡ総会で大会のウルグアイ開催が正式に決まったのを受けて七月二九日には定礎式が行われたが、実際に工事が始まったのは一九三〇年一月のこと。大会開幕まで六か月を切っており、昼夜兼行の突貫工事だった。フアン・アントニオ・スカッソの設計による新スタジアムは東西南北四つに分かれた三層のスタンドが楕円形を形作るもので、収容人員は一〇万人となる予定だった。

四つのスタンドのうち東側スタンド（写真右側）は「オリンピカ」、貴賓席や記者席がある西側スタンドは「アメリカ」、北側ゴール裏が「コロンブ」、南側が「アムステルダム」と名付けられた。「コロンブ」はウルグアイが初の金メダルを獲得した一九二四年のパリ・オリンピックのメイン・スタジアムがあった街。「アムステルダム」はウルグアイがオリンピック二連覇を決めた一九二八年オリンピックの開催地である。

エスタディオ・センテナリオ
(World Stadiums)

しかし、工事は大雨のために遅れてしまう。そのため、「オリンピカ」を除いた三つのスタンドは三層目を造らずに規模を縮小し、収容力七万人に設計変更された。だが、それでも完成は間に合わず、七月一三日の記念すべき第一回ワールドカップの開幕戦、フランス対メキシコの試合はポシートス公園内のペニャロールのホーム・グラウンド（エスタディオ・ポシートス＝一九二一年完成。一九三三年までペニャロールが使用）で開催された。公式記録によれば観客はわずか四四四四人だった。

そして、その後も何試合かがポシートス公園とセントラル公園（ナシオナルのグラウンド）で行われ、新スタジアムでの最初の試合は開催国ウルグアイの初戦（対ペルー）となった。ウルグアイはこの試合に勝利すると、そのまま全勝で決勝に進出。決勝でも宿敵アルゼンチンを4対2で破ってワールドカップの初代王者となった。ちなみに、ペルー戦が行われたのは七月一八日、つまり憲法発布百周年の記念日当日だった。工事が遅れたおかげで「柿落とし」がちょうど記念の日になったのだ。新スタジアムはスペイン語で「百周年」を意味する「センテナリオ」と名付けられた。

その後、「コロンブ」、「アムステルダム」の両ゴール裏スタンドも当初の設計通り三層式に拡張されたが、エスタディオ・センテナリオは現在も一九三〇年の開場当時の姿をほぼそのままとどめており、一九八三年にＦＩＦＡから「サッカー歴史モニュメント」として指定された。

センテナリオは現在でもウルグアイ最大のスタジアムであり、一九三〇年ワールドカップの後にも四度の南米選手権（コパ・アメリカ）を開催し、一九八〇年にはＦＩＦＡ主催で第一回ワールドカップ五〇周年記念のコパ・デ・オーロも開かれた。そして、そのすべての大会で地元のウルグアイ代表が優勝している。ウルグアイ代表は、このスタジアムでは滅法強いのだ。

また、センテナリオでは南米クラブ選手権であるコパ・リベルタドーレスの決勝が何度も開催されている。このスタジアムをホームとするペニャロールは南米の強豪であり、ライバルのナシオナルとともにコパ・リベルタドーレスで何度も優勝している。ナシオナルは今でもセントラル公園のスタジアム（エスタディオ・グラン・パルケ・セントラル＝一九〇〇年完成、現在の収容力二万五〇〇〇人）をホームとしているが、スタンドが小さいのでビッグゲームではセンテナリオを使用している。

完成から八六年、これほど長きにわたって活用され続けているスタジアムは世界でも珍しい。

このように、第一次世界大戦が終わって、世界が平和を謳歌していた一九二〇年代。ヨーロッパ大陸にも、南北アメリカ大陸にも、いくつかの大規模スタジアムが建設され、それらは後の時代に建設されることになる多くの大規模スタジアムのモデルともなった。

そして、この時期に建設された大規模スタジアムは、モンテビデオのサッカー専用スタジアム、エスタディオ・センテナリオを除いて、いずれも多目的スタジアムだった。

陸上競技のトラックは、一九二〇年代にはまだ一周四〇〇メートルと決まっていなかったが、いずれにせよトラックの中には芝生のフィールドがあって、フットボール（サッカーやラグビー、アメリカン・フットボール）が行われた。また、ヨーロッパの場合、陸上競技のトラックの外側に自転車競技用のトラックが設置されていることも多かった。そして、アメリカではなんと陸上競技とフットボール、野球を同じスタジアムを使って開催することも試みられたのだ。野球場として建設されたヤンキー・スタジアムには陸上競技のトラックが設置されており、フットボールにも頻繁に使用された。一方、ロサンゼルスのメモリアル・コロシアムは陸上競技とフットボール兼用の楕円形のスタジアムだったが、メジャーリーグ・ベースボールの本拠地として使用されたこともあるのだ。

大規模スタジアムは建設費も高額になるし、メンテナンスのためのコストもかかるのでスタジアムの稼働率を上げて収入を増やす必要があり、そのためには多くの競技を開催しなければならなかった。アメリカの場合、冬の間は野球は開催されず、逆にフットボールは夏場に試合がない。そこで、夏は野球、冬はフットボールを開催すれば、年間を通してスタジアムを稼働させることができるというわけだ。

イングランドには、フットボール・クラブ（サッカー、ラグビー）が所有する中小規模の専用スタジアムが存在した。だが、フットボール・クラブ所有のスタジアムでも初期のころにはトラック付きが多く、陸上競技やオートバイ・レースのスピードウェー、グレイハウンド（ドッグレース）を開催するケースは多かった。フットボール・クラブ所有のスタジアムがトラックを撤去して完全にフットボール専用になるのは一九二〇年代から一九三〇年代にかけての戦間期のことだった。この時期、サッカー人気が高まったため、トラックを廃止してスタンドを拡張し、立ち見席に一人でも多くのサッカー・ファンを詰め込もうとしたのだ。

5　日本でも一九二〇年代に大規模スタジアム建設が始まった

甲子園野球場の誕生

こうして、各国で大規模スタジアム建設の槌音が響いていた一九二〇年代。極東の新興国だった日本でもスタジアム建設が本格的に始まった。

明治新政府は、富国強兵のために西洋の科学技術や諸制度を積極的に取り入れた。教育の分野でも西洋式教育を推し進めたが、体育教育もその一環で、「体操伝習所」という研究機関を作って体育教育の研究に当たらせた。また、科学技術や語学を教えるために新政府によって雇われて来日した外国人教師たちも、自分たちが慣れ親しんだスポーツを日本人学生たちに熱心に伝えようとした。こうして、一九世紀の末までには、学生を中心に多くの日本人がスポーツに親しむようになっていた。

中でも、後に「野球」と呼ばれることになるアメリカのスポーツ、ベースボールは、サッカーやラグビーなどのヨーロッパ生まれの球技より先に日本で普及し、強化されていく。明治の初めに多くのアメリカ人語学教師が太平洋を渡って来たからだ。そして、一八九六年に第一高等学校（一高）野球部が横浜の外国人クラブ（YC&AC）に挑戦して29対4で圧勝。この勝利が日本国民のナショナリズムを大いに刺激して、全国的に野球ブームが到来。その後、東京専門学校（後の早稲田大学）や慶應義塾などが台頭し、日本の野球界のトップリーグとなった関東大学野球（六大学連盟となったのは一九二五年）は折から始まったラジオ放送による実況中継に乗って全国的な人気を博することになる。

一九一五年には大阪朝日新聞社の主催で全国中等学校優勝野球大会（現・高校野球）が開催された。当時、各新聞社は部数拡大競争の一環としてスポーツ報道に力を入れており、自社イベントとして大会を主催することによって他紙との差別化を図ろうというのが大阪朝日新聞社の戦略だった。

完成当時の甲子園運動場

廃川跡がよく見える（『スポーツ80年史』より）

第一回大会の会場となったのは大阪府豊能《とよの》郡豊中村（現・豊中市）の豊中運動場だった。これは、箕面有馬《みのおありま》電気軌道（一九〇七年創設＝阪急電鉄の前身）が一九一三年に建設した陸上競技場だった。

当時、関西では民営鉄道会社間の競争が激化しており、各社は都心のターミナル駅に百貨店を建設し、沿線には住宅地や娯楽施設、運動場などを設けて乗客増を図ろうとしていた。たとえば、箕面有馬電気軌道の創始者、小林一三《いちぞう》は一九一三年に宝塚温泉で少女唱歌隊の公演を行い、これが現在の宝塚歌劇団に発展した。

豊中のグラウンドもやはり同社の鉄道経営の一環だった。

中等学校野球大会は、一九一七年の第三回大会からは兵庫県武庫《むこ》郡鳴尾村（現・西宮市）の鳴尾運動場に舞台を移す。こちらは阪神電気鉄道（一八九九年に摂津電気鉄道として設立）所有のグラウンドだった。

中等学校野球は人気を博し、多くの観客を集めるようになったが、豊中のグラウンドも、鳴尾運動場もスタンドは仮設のものであり、あまりにも手狭だった。そこで、大阪朝日新聞社は阪神電鉄に新スタジアムの建設を申し入れ、阪神電鉄は一九二四年に日本で初めての本格的な野球場、甲子園野球場を建設することになる。全国中等学校野球大会は第一〇回大会から甲子園に舞台を移して開催されることになり、現在では「甲子園」は高校野球の代名詞となっている。

新スタジアムは武庫川の改修によって生まれた元河川敷の土地に建設された。武庫川の氾濫を抑制するために二本の支流を締め切って、その土地を埋め立てて住宅や工場用地を造成するというのが兵庫県の改修計画だった。造成された土地の一部を阪神電鉄に売却し、売却収入が土地の整備費に充てられた。そして、そこに野球場が建設されたのである。

開場当時の収容力は公称五万人。特筆すべきは完成当時の甲子園野球場は外野のフィールド部分にトラックが設けられ、陸上競技や球技にも使える構造となっていたことだ。外野の芝生の上では中等学校チームによる日本フートボール優勝大会（ア式＝サッカーおよびラ式＝ラグビー、現在の高校サッカー、高校ラグビーの前身）も開かれた。ただし、野球場の外野を利用していたため陸上競技のトラックは長円形ではなかったし、逆に野球場としては外野のフィールドが著しく広くなっていたため、フェンスまでの距離が長く、ホームランが出にくくなってしまった。そのため、後に甲子園球場の外野にはフェンスが設けられ、このフェンス（ラッキーゾーン）を越えた打球はホームランとされた。

ニューヨークのヤンキー・スタジアムにも陸上競技のトラックが設けられており、冬場にはフットボールの試合も開催されていたが、同じような試みが甲子園球場でもなされたわけである。甲子園球場の設計に当たっては、阪神電鉄の野田誠三（後に同社社長、会長を歴任）と建築家の設楽貞雄がアメリカに渡って娯楽施設や野球場の視察を行っているから、おそらくヤンキー・スタジアムの事例も知ってこのような設計をしたのであろう。

その後、甲子園球場の南側（海側）には数多くのスポーツ施設が建設されていった。野球場完成の翌一九二五年には海水浴場が、その翌年には九面のテニスコートが開設された。テニスコートはその後も拡張され、最終的には一万人収容の観客席付きのセンターコートを含めて合計五七面も作られることになる。さらに、一九二八年には水泳プール、一九二九年五月には野球場から約一キロ南の浜甲子園に甲子園南運動場も完成した。甲子園南運動場は二万五〇〇〇人収容の総合運動場で、陸上競技やサッカー、ラグビーに使用された。陸上のトラックは一周五〇〇メートル。メインスタンド側は二〇〇メートルの直線走路になっており、トラックの内側が芝生のピッチとなっていた。トラックが一周五〇〇メートルだったので、サッカーやラグビーのために広いピッチが取れたはずだし、しかもフットボールに使う時には移動可能のスタンドまで備えられていた。

南運動場が完成してからは甲子園球場は陸上競技やフットボールに使用する必要がなくなり、野球専用スタジアムとして整備されていった。さらに周囲には動物園や遊園地も設置され、「甲子園娯楽場（後に阪神パーク）」が完成した（野球場以外は第二次世界大戦後にすべて解体）。

帝都東京のスポーツの聖地、神宮外苑

阪神電鉄という民間企業の主導で建設された関西の甲子園球場に対して、首都東京のスポーツセンターは国費を使い、民間の寄付を募って明治神宮外苑の主要施設の一つとして建設された。それが、明治神宮外苑競技場。現在の国立競技場の前身だった。

一九一二年七月に明治天皇が亡くなると、東京・代々木の南豊島《としま》御料地に明治天皇を祭る明治神宮（内苑）が造営され、千駄ヶ谷の青山練兵場跡地に明治神宮外苑が造られた。内苑は明治天皇を祀る神社であり、外苑は明治天皇を偲ぶ「聖徳記念絵画館」とその前に広がる芝生の広場を中心とした西洋式の公園だった。その一角に明治神宮外苑競技場や野球場、相撲場などのスポーツ施設が造られた。

明治神宮外苑競技場本館正面

（国立国会図書館所蔵）

神宮外苑に競技場が設けられたのは「明治天皇が尚武剛健の気風を御奨励」になっていたからであり、また、日本の神社には相撲や力比べなどを奉納する伝統もあった。

さらに、西洋式公園となる明治神宮外苑に競技場を作るのも当然のことだった。明治政府は西洋諸国に倣って都市公園作りに積極的だったが、その際、西洋式公園にはスポーツ施設が作られることが多かったのだ。政府は一八七三年に太政官布達に基づいて江戸時代から歓楽地として賑わっていた上野や飛鳥山、芝（増上寺）を公園に指定したが、芝公園にも運動場と水泳プールが作られた。また、一九〇三年に作られた日本最初の西洋式公園、日比谷公園にも運動場（トラック）が設けられている。

明治神宮外苑競技場は一九一九年に着工され、一九二四年一〇月に竣工した。一周四〇〇メートルのトラックを持つ陸上競技場で、トラック西側には長さ二三〇メートルの鉄筋コンクリート製メインスタンド（一万五〇〇〇人収容）が建設され、スタンドの南北の端に石造りの塔が建てられ、北側の塔は時計塔になっていた。スタンド前は二〇〇メートルの直線走路になっていて、中央のフィールドはサッカーやラグビーなどに使われた。そして、メインスタンド以外の三方向は約二万人収容の芝生席となっていたが、芝生席は競技場東側の地盤と競技場西側の低地との間の自然の傾斜を利用したものだった。

競技場完成直後の一九二四年秋には第一回明治神宮競技大会が開催された。現在の国民体育大会のような総合競技大会で、明治神宮外苑競技場では陸上競技のほか、サッカー、ラグビー、ホッケーはもちろん、バレーボールやバスケットボールも開催された。つまり、この競技場は典型的な多目的スタジアムだったのだ。明治神宮体育大会が毎年秋に開かれるほか、秋から冬にかけてはラグビーやサッカーの大学リーグ戦が行われ、夏季には陸上競技の大きな大会も開かれ、いずれの競技でも一万人を超える観客が集まることもたびたびあった。また、陸上競技やサッカー、ラグビーの国際試合も行われた。

明治神宮外苑競技場の設計は明治神宮造営局技師の小林政一《まさかず》によるものだったが、小林は先進国のスタジアムを調査して、最新仕様のスタジアムを設計した。

一九二〇年代前半には陸上競技のトラックの大きさはまだ決まっておらず、たとえばロンドンのホワイトシティーのトラックは五三六メートル（三分の一マイル）、パリのコロンブのトラックは五〇〇メートルだった。また、ヨーロッパには陸上用の外側に自転車競技用のトラックが付設されているスタジアムも多かったし、フィールド内全面に陸上用の諸施設が設けられている場合やプールが設置されている場合も多かった。

だが、明治神宮外苑競技場は、四〇〇メートルの陸上競技トラックの内側に芝生のピッチを配するという最先端の設計となっており、このレイアウトは、その後世界のスタジアムの標準となっていった。

小林には「今後はフットボールが重要なスポーツになる」という認識もあったようで、報告書の中でも「一般の興味は個人的競技を離れて、団体競技に向はんとしつつあるは、独り我国のみならず世界各国に於ける傾向にして、我国に於いても（中略）フットボール専用競技場の建造せらるるは遠きに非ざるべしと信ず」と述べていた。多目的スタジアムか、専用スタジアムかというのは、スタジアム建築における永遠のテーマだが、明治神宮外苑競技場を設計した小林にはその点についての明確な認識もあったようである。

なお、明治神宮外苑競技場の建設に関しては、拙著『国立競技場の１００年——明治神宮外苑から見る日本の近代スポーツ』（ミネルヴァ書房）を参照してほしい。

第三章　スタジアムの立地——どこに造るのか？

1　荒地に造られたスタジアム

都市周辺に広大な空き地を探せ

二〇〇〇年の夏季オリンピックはシドニーで開催された。オーストラリアの東南部ニューサウスウェールズ州の州都で同国最大の都市である。オーストラリア大陸の一角に深く切れ込んだシドニー湾に面し、都心のビジネス街からでも数分歩けば入り江を眺めることができ、また市内の随所に広大な公園が広がる美しい街だ。シドニー湾の南北を結ぶ鋼鉄製のアーチ橋ハーバーブリッジ（一九三二年完成）の重厚な姿や白く輝く軽やかなオペラハウス（一九七三年完成）もランドマークになっている。

そのシドニー・オリンピックのメイン・スタジアムとして建設されたのが「スタジアム・オーストラリア」だった。

スタジアムはシドニー湾の奥、パラマタ川に面したホームブッシュベイ地区のオリンピック・パーク内に建設された。シドニー中心部から西に約一五キロの距離で市内からは地下鉄で行ける。パーク内には、メインスタジアムのほか水泳プール、体育館、野球場、テニスセンター、選手村なども建設された（野球場はオリンピック終了後オーストラリアン・フットボール専用スタジアムに改装された）。オリンピック終了後にはオフィスビルや住宅などが建設されて同パークの総面積は全体で六四〇平方キロメートルに渡っている。

スタジアム・オーストラリア

(World Stadiums)

オーストラリアは広大な国だ。都市部を離れれば「ブッシュ」と呼ばれる無人の乾燥した荒野が広がっている。しかし、そんなオーストラリアでも、大都市シドニー周辺に広大な面積の土地を見つけることは簡単ではなかったようで、オリンピック・パークは産業廃棄物処理場やレンガ工場、食肉処理場などの跡地に建設された。そのため、用地の一部では着工前に汚染された土壌の浄化まで行わなければならなかった。たとえば、スタジアム・オーストラリアが建設されている辺りはかつて食肉処理場そばの牛の集積場だったという。

スタジアムを建設するには、広大な面積の用地を探すことが第一歩になる。しかも、多くの観客を集めるためには都市部から簡単にアクセスできる場所でなければならない。そこで、本章では世界のスタジアムがどのような場所に立地しているのかを見てみたい。

日本が初めて国際的なスポーツ大会を開催したのは一九一七（大正六）年の第三回極東選手権大会だった。

この大会は、当時アメリカ領になっていたフィリピンのＹＭＣＡ（キリスト教青年会）の体育主事だったアメリカ人、エルウッド・ブラウンが提唱して一九一三年に始まった総合競技大会で、参加国はフィリピンと中国と日本。一九三〇年代には英領インドやオランダ領東インド（現・インドネシア）などが出場したこともある。だが、大日本体育協会の嘉納治五郎会長が極東選手権大会参加に消極的だったため、一九一三年の第一回大会（マニラ）、一九一五年の第二回大会（上海）には大日本体育協会としては参加せず、日本からはごく一部の選手が参加しただけだった。

一九一七年五月に、第三回極東選手権が開かれたのは東京・芝浦の、明治の末から大正の初めにかけて造成されたばかりの埋立地だった（現・東京都港区海岸二丁目）。埋立地は当時まだまったく開発されておらず、東京湾沿いの松林のかなたには房総半島が遠望できたという。そこに、陸上競技場や野球場などが造られた。もっとも、すべてが仮設の施設で、スタジアムと呼べるような大きな構造物が建設されたわけではない。

第二章ですでに紹介したように、一九二四年に完成した甲子園野球場も兵庫県を流れる武庫川の支流の枝川と申川という二本の川を廃川として、その跡地を埋め立てた造成地の一部を阪神電鉄が売却を受けて建設したものだ。海面の埋立地だった芝浦と違って、こちらは河川を埋め立てた造成地だった。

幕末横浜のスポーツ・グラウンド

極東選手権から、さらに時代を遡って、江戸時代末期から明治初めの横浜の外国人居留地を見てみよう。ここでも、スポーツのためのグラウンドはやはり未開発の土地に造成されている。

徳川幕府は一八五八（安政五）年にアメリカをはじめとする欧米列強との間に修好通商条約を締結し、神奈川など五港の開港を約束した。本来なら東海道の宿場町でもある神奈川を開港しなければならなかったのだが、幕府は江戸に近く、しかも東海道の宿場町という交通の要衝である神奈川に外国人が定住することでてトラブルが発生するのを嫌って、入り江の対岸にある寂れた漁村、横浜村を開発して開港場と外国人居留地を建設した。こうして一八五九年に開港した横浜にはイギリス人貿易商など多くの外国人が居を構えた。スポーツ好きのイギリス人たちの要求に従って、幕府は居留地の南の根岸の丘に競馬場を建設（現・根岸森林公園）。また、居留地内でも射撃大会やクリケットやボートレース、フットボール、ホッケーなどのスポーツが盛んに行われた。

居留地内で最初にグラウンドとして使われたのは、山手の丘の上にあったイギリス軍駐屯地だった。幕末期の日本は治安が悪く、実際、一八六二年には神奈川宿のそばの生麦《なまむぎ》（現・横浜市鶴見区）でイギリス人が薩摩藩士に殺傷される「生麦事件」が起こっていた。そのため、イギリスは同年中に自国民保護と称して、幕府の許可を得ることもなく一方的に陸軍や海軍陸戦隊（海兵隊）を派遣。その駐屯地でスポーツが行われたのだ。現在、港の見える丘公園やインターナショナル・スクールなどになっている場所だ。

居留地の裏手に造られたのは「スワンプ（沼地）」と呼ばれるグラウンドだった。横浜は山下方面から北西に伸びる砂州の上に作られた町で、町の南側は入り江や沼地となっていた。その沼地を埋め立てた小さな土地を使ってスポーツが行われたのだ。元が沼地だったため、排水には苦労したという。

大岡川河口の陸戦隊基地のそばにも「ターフ（芝地）」または「ザ・ヴァレー（渓谷）」と呼ばれるグラウンドがあった。港の見える丘公園から急坂を降りたところにある大岡川のそばの三角形の土地で、かなりの傾斜があるが、多少の傾斜があってもスポーツはできる。今でもイギリスを旅行していると傾斜した土地にフットボールのゴールポストが立っているのをよく見かける。

しかし、明治新政府発足後には「スワンプ」での都市開発が決まり、また一八七五年にはイギリス軍も撤退することが決まったので駐屯地も使えなくなる。そこで、新しいグラウンドが必要となり、横浜の中心、本町通り（現・日本大通り）南側のやはり埋立地で、かつて遊郭があった土地に公園を建設することが決まった。遊郭が火事で焼失した後は空き地になっていたのだ。早速スコットランド人技師リチャード・ブラントンが公園を設計したものの、明治政府の資金難のためなかなか着工できなかった。すると、横浜クリケット・クラブ（ＹＣＣ）が一八七一年に独自に整地して芝生を植え付け、費用の「五百七拾両三分弐朱」の半額を日本政府に請求してきたという。

横浜スタジアム

こうして一八七六年に「横浜彼我《ひが》公園」が完成（「彼我」とは、日本人と外国人という意味）。その中央部には芝生のクリケット・グラウンドが作られ、クリケットのほかフットボール、ベースボールなどさまざまな競技に使われた。また、野球、サッカー、ラグビーなどの日本人学生チームもここで外国人チームに挑戦して腕を磨いた。

一八九九年に居留地が返還された際に「彼我公園」は「横浜公園」となり、横浜公園野球場も造られた。一九二三年の関東大震災の後、一九二九年には新しい野球場（後の「横浜公園平和野球場」）が完成。さらに、一九七八年には全面改装されて横浜スタジアムとなり、現在はプロ野球セントラル・リーグの横浜ＤｅＮＡベイスターズの本拠地となっている。

2　河川敷や湿地帯に出現した巨大スタジアム

湿地や河川敷のワールドカップ・スタジアム

最近のスタジアムでも、荒地や河川敷に建設される例は多い。たとえば、二〇〇二年の日韓共同開催となったワールドカップの準決勝の会場となった埼玉スタジアム2〇〇2や同じく決勝の会場となった横浜国際総合競技場（日産スタジアム）がそうだ。

埼玉スタジアムが建っている場所はかつて湿地帯だった。

埼玉県が老朽化した県営大宮サッカー場（現・さいたま市営＝NACK5スタジアム大宮）に代わる新しいサッカー場建設を決めたのは一九九二年のこと。浦和市（現・さいたま市）がJリーグに加盟する三菱自動車（現・浦和レッズ）のホームタウンとなることが決まったのがきっかけだった。そして、同年九月に埼玉県は二〇〇二年ワールドカップ開催地として立候補。第一次構想では「四万人規模」となっていたが、後に決勝戦開催を視野に入れて「六万人規模」の計画に変更され、最終的には国内の球技専用スタジアムでは最大となる六万三七〇〇人収容の大規模スタジアムとなった。

埼玉県がサッカー場建設に積極的だったのは、県庁所在地の浦和が「サッカーの街」だったからだ。一九〇八年に東京高等師範学校（現・筑波大学）出身の細木志朗が埼玉師範（現・埼玉大学教育学部）の教師として着任し、同校に蹴球部を作ったのが始まりで、当時埼玉師範の校舎があった場所にある現在のさいたま市役所には「発祥の地」の碑が建っている。

新スタジアムの候補地はいくつかあったが、広い面積が確保できることや東京都内からの地下鉄延伸の計画（現・埼玉高速鉄道）があったことから、浦和市東部に決定した。

埼玉県東部一帯はかつて湿地帯だった。利根川は、現在は埼玉県久喜市の辺りから東に流れて千葉県銚子市で太平洋に注いでいるが、一七世紀に江戸幕府が流路変更の大工事を行うまでは江戸湾に向けて南流しており、その流域一帯が湿地帯だったのだ。用水や排水のための施設を整備して湿地帯が農地として開発されたのは江戸時代になってからのことで、その一部は未開発のままだった。広大な土地が残っていたのはそのためだった。

埼玉スタジアム

スタジアム予定地の辺りは大宮台地と安行《あんぎょう》台地の狭間の湿地帯で、かつては正月のおせち料理に欠かせないクワイ（慈姑）を栽培する泥田が広がっていた。そのため地盤が軟弱だったので、スタジアム建設の際には地下三〇メートルの地盤に届くように千本以上の杭を打ち込み、地盤改良を行いながらの難工事となった。

一方、横浜国際総合競技場が建設されたのは河川敷だった。一九九〇年、建設省（現・国土交通省）は鶴見川が鳥山川と合流するこの地に多目的遊水地を整備することを決めた。「遊水地」というのは台風などで大雨が降ったときに、意図的に河川を氾濫させることで洪水を防ぐための施設で、川が氾濫した時以外は何もない空き地となる。

日産スタジアム

そこで、横浜市はこの遊水地をスポーツ公園「新横浜公園」として整備し、一九九八年に開かれる神奈川国体のメイン会場となる陸上競技場の建設を計画していた。しかし、その後二〇〇二年ワールドカップ開催地として立候補するため、横浜市は計画を大規模化し、日本最大のスタジアムが完成した。スタジアムは日韓両国の二〇会場のうち最大の観客を収容できたので、決勝戦の会場となり、その後もJリーグの横浜F・マリノスのホームとして活用されている。ただし、メイン、バック両スタンドが陸上トラックと平行の直線状になっているため、コーナー付近でサッカーのピッチまでの距離が非常に遠く、また一層目スタンドの傾斜が一七度と緩やかなので試合が見にくい構造となってしまった。

遊水地であるということは、大雨の時には新横浜公園全体が鶴見川の水に浸るということになる。そのため、スタジアムの諸施設はすべて人工地盤の「二階」以上に建設されており、ピッチ面は三階に当たる。ピッチの下は緊急用駐車場になっていて、大雨のときにはこの駐車場は浸水する。実際、二〇〇四年一〇月には、台風二二号の接近による鶴見川の増水でスタジアムの地下駐車場などがすべて水没したことがある。

河川を巡る地形とスタジアム

愛知県豊田市にある豊田スタジアムはフットボール専用スタジアムで、横浜のスタジアムとは逆にスタンドの傾斜が最大で三八度もあるため、ピッチを俯瞰的に見ることができ、非常に試合が見やすい。建築家、黒川紀章の設計による近未来的なデザインと周囲の田園風景とのコントラストが印象的だが、何より目を引くのは屋根を吊る高さ九〇メートルの四本の太いマストだ。

豊田スタジアムは、市内を南北に流れる矢作《やはぎ》川の東岸に建設された。豊田市は、ここに整備する中央公園の中心的な施設としてスタジアムを計画したのだが、周囲を川や道路に囲まれていて面積に限りがあるため、スタンドや屋根を支える構造物をスタジアム本体の敷地外に建設することができないという大きな制約があった。そこで、東西南北四つに分けたスタンドとスタンドの間に空間を設け、そこに四本の太いマストを立てて、ケーブルで屋根を吊ることにしたのだ。つまり、スタジアムのデザインを特徴づけるマストも、そしてスタンドの急傾斜も、いずれも敷地の制約を克服するためのものだったのだ。

豊田市はもともと「挙母《ころも》」という町だったが、一九三七年にトヨタ自動車工業の本社や工場が建設され、その後、一九五一年に「挙母市」として市制が施行され、一九五九年に市名を「豊田市」と変更した。そして、二〇〇一年の「市制五〇周年」を記念してスタジアム建設が計画されたのだ。

ところが、ちょうどその頃二〇〇二年ワールドカップ開催都市に立候補を計画していた名古屋市がスタジアム建設を断念。代わって愛知県が招致に乗り出し、豊田市が計画中のスタジアムが会場として選ばれたのだ。豊田市は準決勝開催を目指して六万二三〇〇人収容の大規模スタジアム建設の計画を決定していたが、大会が韓国との共同開催のなったために豊田市が開催地から外されてしまったので、スタジアムの規模は四万五〇〇〇人に縮小された。

ところで、歴史的に見ると河川の流路というのはかなり変化をする。今のように川が一本の直線に近い流れとなっているのは近世以降の河川改修の結果であり、かつて自然の川は平野部では曲がりくねって、また分岐したり合流したりを繰り返して網の目状に流れていたものだ。氾濫によって自然に流路が変わることもしばしばあったし、利根川の例のように、人為的に流路が付け替えられることもあった。

川の流路が変わることによって、都市と都市の境界、県と県の境界が変更となることもある。

面白い例が神奈川県川崎市中原区にある等々力《とどろき》陸上競技場である。二〇一五年には新しい二層式のメインスタンドが完成して、すっかり近代的なスタジアムに変身した。

等々力陸上競技場

「等々力」という地名は実は多摩川の対岸、東京都世田谷区側にもある。多摩川は明治以降は東京府（東京都）と神奈川県の境界となっているが、かつては今と違って南北に大きく蛇行していた。そして、等々力の辺りでは多摩川は南に大きく蛇行し、現在東京都側にある等々力と神奈川県側の等々力は地続きの一つの村だったのだ。だが、一八世紀に流れがより直線的に変えられ、その結果、等々力村の一部が多摩川の南岸に飛地として取り残された。それが現在は川崎市の一部になっている等々力なのだ。

つまり、スタジアムがある等々力緑地はかつて多摩川が蛇行していた河道跡であり、そのため一九三〇年代にはここで川砂利の採掘が行われており、その採掘場跡に水が溜まって現在は大きな「釣池」となっている。一九四一年には公園に指定されたが、実際に公園として整備されたのは戦後になってからのことで、競技場は一九六六年に完成。他に野球場やテニスコートなどのスポーツ施設も建設された。

一九九七年には等々力陸上競技場と同じ川崎市中原区に本店を置く富士通が母体になって川崎フロンターレが発足、地道なホームタウン活動を通じてフロンターレ人気は広く川崎市民に浸透。観客数も着実に増加し、等々力陸上競技場も進化を続けてきた。

Jリーグが始まってすぐの一九九〇年代前半、ヴェルディ川崎のホーム・スタジアムとなった頃には剝げた芝生を隠すために緑に着色した砂が撒かれたことさえあったが、二〇〇一年にピッチを全面改修。今では等々力の芝生は日本最高レベルのものとなった。二〇〇七年にはアメリカン・フットボールのワールドカップも開かれ、陸上競技でも大きな大会が開かれている。二層式の新しいメインスタンドの上層は急傾斜で試合が俯瞰的に見られるようになっており、また屋根もフラットで雨の吹き込みを抑えるなどの工夫がされている。まだ正式決定ではないが、バックスタンドとサイドスタンドの改装または新築の計画もあり、それが実現すれば収容力三万五〇〇〇人程度のスタジアムになるはずだ。

3　都心からは、はるか遠隔の地に

最初は不便な場所だったサンティアゴ・ベルナベウ

サッカー観戦のためにヨーロッパを訪れると、スタジアムまでの交通アクセスの良さに驚くことが多い。あらゆる意味で使い勝手が良いのがイングランドのスタジアムだ。試合終了後スタンドから外に出ると、目の前にシャトルバスが並んでいる。あるいは、利用可能な地下鉄駅がいくつもあるスタジアムも多い。観客はそれぞれの都合で別の路線を利用することになるから、乗車人数が分散されて車内はそれほど混みあわず、ゆっくり座って帰宅することができる。

マンチェスター・ユナイテッドの本拠地オールド・トラフォードのメインスタンド下にはマンチェスターとリバプールを結ぶ幹線鉄道が走っており、試合の日には臨時駅が開業し、ここから列車に乗れば、そのままマンチェスターの中央駅であるピカデリー駅まで行けるのだ。

ある時、試合後の記者会見を終えてスタジアムを出たら、辺りはもう閑散としていた。試合終了から約一時間後のことだった。すると「最終列車が出るぞ」と臨時駅の方から声が聞こえたので走って列車に飛び乗った。だが、もう乗客はほとんど乗っておらず、警備の警察官が市内の警察署に帰るところだったようで、数頭の警察犬を連れて乗ってきた。それほど交通の便が良いのである。

ヨーロッパ大陸でもスタジアムが市内の便利な場所に造られているのに驚くことは多い。

レアル・マドリードの本拠地であるエスタディオ・サンティアゴ・ベルナベウなどはその代表例だろう。

スタジアムは市内を南北に走る目抜き通りであるカステジャーナ大通りに面しており、周囲には国防省など政府の建物や博物館、オフィスビル、高級ホテルなどが点在している。スペインの首都マドリードの中でも一等地といっていいロケーションなのだ。その光景を見ただけでも、レアル・マドリードというクラブがいかに特別なクラブなのか、その社会的地位の高さを想像することができる。

しかし、歴史を紐解いてみれば、これは大いなる誤解なのだ。一九二四年にレアル・マドリードが初めてチャマルティン地区に移ってきた当時、一帯は今のように便利な場所ではなかったのである。

一九〇二年の創立以来、マドリード市東部のいくつかのグラウンドを転々としていたレアル・マドリード（一九二〇年までの名称は「マドリードＦＣ」）は、一九二三年に郊外のリネアル地区に自転車競技場を改装した八〇〇〇人収容のスタジアムを建設した。だが、路面電車やバスを乗り継いで行かなければならなかったので、サポーターから不評を買ってしまう。そこで、翌年、再びスタジアムを移転した。それが、チャマルティン地区のカステジャーナ競馬場の北側の土地だった。

一九二四年五月に一万五〇〇〇人収容（後に二万二五〇〇人収容に改装）のエスタディオ・チャマルティンが完成。移転の際には、クラブのメンバーが力を合わせて工事を手伝ったのだが、その中はサンティアゴ・ベルナベウという名の若手選手がいたという。

エスタディオ・サンティアゴ・ベルナベウ
（World Stadiums）

場所は現在のスタジアムのすぐ東隣で、リネアル地区よりはましだとしても、サポーターたちにはそれほど便利な土地だとは感じられなかった。当時、カステジャーナ大通りはまだ競馬場までしか完成しておらず、サポーターは路面電車の終点から一・五キロほど歩かなければならなかったからだ。

一二年後の一九三六年には左派人民戦線政府に対して保守派の軍部が反乱を起こして悲惨なスペイン内戦が始まり、スポーツどころではなくなってしまう。内戦の間、エスタディオ・チャマルティンのスタンドは共和国軍の手によって解体されてしまった。そして、一九三九年に内戦が終結すると、レアルは破壊されたスタジアムを修理して使っていたが、一九四三年には就任したばかりの新会長サンティアゴ・ベルナベウが新スタジアムの建設を決定する。

一九四七年一二月に完成した新スタジアムは一九五五年一月に会長の功績を称えて「エスタディオ・サンティアゴ・ベルナベウ」と改称され、その後チャンピオンズカップ（現・チャンピオンズリーグ）決勝が四度も開催され、一九八二年にはワールドカップ決勝の舞台ともなった。世界のサッカー・スタジアムの中で最も有名なスタジアムの一つといっていいだろう。

チャマルティン地区に旧スタジアムが建設された一九二四年当時、競馬場より北の地域の開発計画はまだ決まっていなかったらしい。だが、後にカステジャーナ大通（フランコ総統の独裁時代は「総統大通」と呼ばれた）は北に延伸され、チャマルティン地区が新都心として発展したことによってレアル・マドリードの威信は大いに高まり、上流階級や権力に近い人々のサポートを受けるようになったのだ。

一方、レアルの永遠のライバルであるアトレティコ・マドリードは一九六六年にマンサナーレス川沿いの工場地帯のガス工場跡地に移転したため、それ以後は、庶民のクラブと見なされるようになっていった。つまり、スタジアムの立地が、マドリードの二つのクラブのイメージを決めたのである。

砂漠の中の豪華スタジアム

「街から遠い」。リネアル地区に移転した時、サポーターたちはそう感じたらしい。そこで、レアル・マドリードはチャマルティンに移動することになるわけだが、実際、都心から遠く離れたスタジアムで観戦すると、とくにそれが夜間試合だった場合には帰りがとても不便に感ずるものだ。とくに、スペインの場合は試合開始時間が遅いから帰宅が大変だったことだろう。

筆者は、一九九七年にサッカーのフランス・ワールドカップ予選を観戦取材するために、日本代表を追って広大なアジア大陸を飛び回っていた。そして、アラブ首長国連邦（ＵＡＥ）の首都アブダビでのＵＡＥ戦の前の週にサウジアラビア対クウェート戦があったので、サウジアラビアの首都リヤドを訪れた。九月中旬のリヤドはまだ猛暑で、昼間の気温は五〇度ほどあり、湿度は一〇％もなく、洗濯したものはろくに絞りもせずにホテルの部屋に吊るしておけばたちまち乾いてしまった。

そんな気候だから、試合開始は夜の八時三〇分だった（それでも、気温三五度、湿度一五％）。試合が終わり、記者会見が終わって外に出る頃には、時計の針はとうに一一時を回っていた。

外に出て周囲を見回してみると、何もないまるで砂漠の真ん中のようなところである。「さて、どうしたものか……。スタジアムに戻って、役員か警備の警官にでも泣きついてみようか」と思っていたら、ちょうど一台のタクシーがやって来たので助かった。どうやら、運転手が試合を観戦に来ていたようだ。

キング・ファハド・インターナショナル・スタジアム
（World Stadiums）

キング・ファハド・インターナショナル・スタジアムは一九八七年に完成（第四章参照）。王族が使用する貴賓席を含むメインスタンド側の諸施設には大理石がふんだんに使われており、世界で最も豪華なスタジアムといわれているが、そんな砂漠の中のようなところに造られたスタジアムだったのだ（ただし、最近の写真を見ると、周囲もだいぶ開発されてきているようではあるが……）。

大使館街も近い便利な北京の体育場

中国の首都・北京にある工人体育場は、サンティアゴ・ベルナベウと同じように今では繁華街の中にある便利なスタジアムだ。二〇〇八年の北京オリンピックを前に、新しい国家体育場（通称「鳥の巣」）が完成したが、サッカーのスーパーリーグ（超級聯賽）所属の北京国安は都心から遠い「鳥の巣」への移転はせず、今でも工人体育場をホーム・スタジアムとして使用している。その他の競技会やコンサートなども工人体育場で開催されることが多く、稼働率は工人体育場の方が「鳥の巣」よりもはるかに高い。

工人体育場
（World Stadiums）

なにしろ、工人体育場はかつて北京の旧市街を囲っていた城壁の東側の門である「朝陽門」のすぐ外側にあり、交通もきわめて便利だし、外国公館が集まる三里屯地区にも近いので周囲には外国人向けの洒落たレストランやバーが建ち並んでいる。さらに、体育場のバックスタンド内に（写真手前側）には、「A・ホテル」（旧名・工体運動酒店）というホテルまで入っている。立派なビジネスホテルで設備も申し分ない。

つまり、工人体育場は立地も設備もとても便利なスタジアムであり、たしかに北京国安がここを離れたくないと思う気持ちがよく理解できる。

だが、完成当時の航空写真を見るとスタジアムの周囲には低層の集合住宅が見えるくらいで他には何もない場所だったことが分かる。工人体育場は一九五九年に中華人民共和国建国一〇周年を記念して建設されたもので、当時は「北京十大建築」のひとつと称された（「十大建築」には、他に天安門広場にある人民大会堂や歴史博物館、北京駅などが含まれる）。近代化以前の中国らしく、大型建設機材はあまり使われず、もっぱら人力による建設工事だったが、着工から一年足らずの工期で完成したという。

一方、一九四九年の中華人民共和国建国後、新政府はそれまで都心部にあった各国大使館を三里屯地区に移転させていた（日本大使館も同地区にある）。こうして、スタジアム完成後に北京市が大きく発展したため、現在では工人体育場は繁華街に位置することとなり、市民からは「工体」と呼ばれて親しまれ続けているのだ。

完成直後の一九五九年に第一回全国運動会が開かれるなど「工体」は中国スポーツ界の聖地となり、一九九三年九月の第七回全国運動会では王軍霞が女子三〇〇〇メートルと一万メートルで世界記録を樹立したことで世界的な注目が集まったこともある。王軍霞は馬俊仁コーチが率いた「馬軍団」のエースだったが、二〇一六年にはドーピング疑惑を自ら認めたことで話題になった。工人体育場は、そのほか一九九〇年の北京アジア大会のメイン・スタジアムとなり、また二〇〇八年の北京オリンピックでも女子の決勝、男子の準決勝などのサッカー競技に使用され、隣接する工人体育館はボクシング会場となった。ジーコ監督率いる日本代表が中国を破って優勝を決めた二〇〇四年のアジアカップ決勝戦の舞台でもあった。


大阪郊外の自然公園だった長居スタジアム　二〇〇二年の日韓ワールドカップの会場の一つとなった大阪の長居スタジアムは日本の大規模スタジアムの中では最も交通の便が良い。大阪の繁華街を南北に貫く地下鉄御堂筋線の長居駅で降りればそこがもう長居公園の入口だし、関西国際空港からなら長居スタジアム最寄りの鶴が丘駅までＪＲ阪和線一本で来ることができる。鶴が丘駅は、大阪の天王寺からもたったの四駅だ。

だが、ここが公園として指定された当時は、大阪の市街地からはるかに遠い郊外だった。

一九二五年に大阪市は周辺の郡部を編入して市域を従来の三倍以上に拡大した。その結果、大阪市は面積一八一万平方キロメートル、人口二一一万人という、日本最大、世界でも第六位という大都市となった。そして、それまでの大阪が人口過密に悩まされていたので、市は編入した郊外に大規模公園をいくつか計画した。その一つが長居だったのだ。

当時は、一六三五年創建の古刹の名をとって「臨南寺公園」と呼ばれていたが、当時の新聞によれば「樫、椎、楠など樹齢数百年にも達する巨木が枝を交へて春には時鳥《ほととぎす》が訪れる。森の一角を占める竹藪からは良質の筍がとれて『筍めし』はこの寺（臨南寺）の名物」だったそうだ。ちなみに、曹洞宗・臨南寺は現在もスタジアムのすぐ西側に存在する。

公園指定後も市の財源難のためすぐには整備はされなかったが、公園予定地として定められていたため、一九二九年の阪和鉄道（現・JR阪和線）開通後に周囲が急速に都市化する中でも長居の自然はそのまま残された。

第二次世界大戦末期の一九四四年には正式に長居公園が開園したが、一部は食糧増産のための農園となり、さらに空襲に備えた高射砲陣地や兵舎も置かれていた。戦争が終わると、復興資金調達のため長居公園には競馬場と競輪場が設置され、とくに競輪の人気は高かったが、公営ギャンブルに対する批判が高まったこともあって一九六二年までにはどちらも廃止され、一九六四年に競輪場跡地に陸上競技場が完成する。当時の収容人数は二万三〇〇〇人で、スタンドはメインとバックだけで両ゴール裏にまったくスタンドがないのが特徴だった。

一九六四年一〇月には新競技場の「柿落とし」として東京オリンピックのサッカーの五、六位決定戦「大阪トーナメント」が長居で開催された。準々決勝敗退四チームを長居に集めてトーナメントが行われたのだ。この大会の初戦で日本はユーゴスラビアに1対6と大敗しているが、後に日本代表監督となるユーゴのイビツァ・オシムが二ゴールを決めている。一方、日本の唯一の得点は釜本邦茂だった。

その後、日本サッカー・リーグ（JSL）が開幕すると、長居陸上競技場はヤンマーディーゼル（現・セレッソ大阪）のホーム・スタジアムとなり、釜本やブラジル出身のネルソン吉村を擁するヤンマーの試合で大いに賑わった。そして、一九九六年には、二〇〇二年ワールドカップ開催一〇会場の中で最初に改装工事が完了。同年八月にはウルグアイとの親善試合が行われ、当時二〇歳のアルバロ・レコバが二ゴールを決めている。一九九七年には大阪で開かれた「なみはや国体」のメイン会場となり、二〇〇七年には「世界陸上」も開催された。

長居スタジアム

長居スタジアムのスタンドは勾配がかなり急で、陸上競技場としてはサッカーの試合も見やすいスタジアムであり、高さ四五メートルのスタンド外周を一〇〇本の直線的な列柱が支えるモニュメント性溢れるデザインも印象的だ。サブ・グラウンドである第二陸上競技場（約一万五〇〇〇人収容＝一九九三年竣工）も一周四〇〇メートル九レーンのトラックを備えた第一種陸上競技場で、長居球技場（キンチョウスタジアム＝一九八七年竣工）は日本初の全面人工芝の球技場だったが、セレッソ大阪が天然芝に張替えて、二〇一〇年八月以降はセレッソのホームゲームに使われている。つまり、長居公園には第一種陸上競技場が二つ、Jリーグやラグビーのトップリーグを開催できるスタジアムが三つも並んでいるのだ。まさに西日本を代表する運動公園と言える。

4 鉄道用地跡の利用

鉄道と近代スポーツの親和性

なんとかして都市内または都市近郊にスタジアム建設用地を見つけたい。そこで、考えられるのは、何らかの用途で広大な土地を使っていた施設が廃止または移転した跡地の利用である。

たとえば、鉄道用地である。鉄道はクリケットや陸上競技、フットボールをはじめとする近代スポーツが形作られたのと同じ一九世紀のイギリスで発達した交通機関である。それまで、イギリスでは物資の大量輸送には運河を利用した水運が使われていた。イギリス国内を旅行していると、内陸部にまで運河網が張り巡らされているのを目にすることがある。こうした運河網はかつて物流ネットワークの中心だったのだ（江戸時代から明治初期の日本でも同様に運河や河川、そして沿岸航路が全国を結んでいた）。その運河に代わって鉄道が物流の主役になったのは、一九世紀の産業革命以降のことだった。

鉄道は物資の輸送だけではなく、それまで馬車によって担われていた乗客の移動にも利用され、各都市間の移動時間は大幅に短縮された。また、鉄道を安全に運行するために標準時が制定され、国内のすべての町が同じ時刻で生活するようになり、鉄道によって新聞が運ばれるようになったおかげで各地のニュースが短時間のうちに他の都市にまで伝わるようになった。
クリケットやフットボールで「他都市のクラブと試合をしよう」とか、「全国選手権を開こう」などという考えが生まれたのも、鉄道網の発達のおかげだ。鉄道がなかったら、マンチェスターのチームがロンドンのチームと試合をすることはかなり難しかっただろう。

大平原を走るアルゼンチンの鉄道とフットボール

鉄道会社では大勢の技術者や労働者が働いていた。その労働者たちも、一九世紀後半にはフットボールを楽しんだ。ランカシャー・ヨークシャー鉄道の労働者によって結成された「ニュートン・ヒース」という名のフットボール・クラブは現在のマンチェスター・ユナイテッドの前身となった。

エスタディオ・リカルド・エチェベリ
（World Stadiums）

アルゼンチンの首都ブエノスアイレスには「フェロカリル・オエステ」（一九〇四年創立）というクラブがある。「フェロカリル」とはスペインで鉄道、「オエステ」は西。つまり、もともとはブエノスアイレスの「西部鉄道」の労働者のクラブだったのだ。そして、今でも「フェロ」のスタジアム、エスタディオ・リカルド・エチェベリのメインスタンド後方には鉄道の線路が走り、スタンドからは鉄道の車庫が眺められる。ちなみに、一九〇五年に完成したエスタディオ・リカルド・エチェベリは、アルゼンチンで現在使われているサッカー・スタジアムの中で最古のスタジアムでもある。

同じアルゼンチンの強豪、サンタフェ州ロサリオにある「ロサリオ・セントラル」は一八八九年創立という古い歴史を持つクラブだが、クラブを作っ

ゲオルギオス・カライスカキス
（World Stadiums）

たのはセントラル鉄道の技師や労働者たちだった。そして、ロサリオの鉄道会社では多くのスコットランド人技師が働いていた。

　当時、イングランドではロングボールやドリブルでボールを運ぶ戦術が主流だったが、スコットランドではショートパスをつなぐサッカーでイングランド・スタイルに対抗していた。そのスコットランドの影響を受けたロサリオでは「イングランド流のロングボールを使ったサッカーをしていたブエノスアイレスがパス・サッカーを取り入れるよりずっと早くから、ショートパスを使う美しいサッカーをしていた」というのは、今でもロサリオのサッカー人たちの自慢でもある。

港町ピレウスのスタジアム

　ギリシャの強豪オリンピアコスの本拠地「スタディオ・ゲオルギオス・カライスカキス」も、もともとは鉄道用地だった。実際にクラブがあるのは港町ピレウスだが、アテネ市内からはわずかに一〇キロ。地下鉄やバス、トラムで簡単に訪れることができる。

　最初にこの地にスタジアムが造られたのは一八九六年。第一回近代オリンピックの会場となった「ネオ・ファリロン・ベロドローム」という自転車競技場で、これは鉄道会社が無償で土地を提供し、ギリシャ五輪委員会が建設した。

　その後、一九二〇年代にベロドロームはサッカーにも使われるようになり、一九二五年にはピレウスの二つのサッカー・クラブが合併して「オリンピアコスＣＦＰ」が創設され、ベロドロームで試合が行われた。当時、南側のゴール裏スタンドは海に面していたが、その後、海面は埋め立てられた。一九六四年には全面改築されたが、約四万人収容のスタンドは陸上競技場なのに長方形という特異な構造で、スタンドからサッカーのピッチまではかなりの距離があった。改装と同時にスタジアムは「ゲオルギオス・カライスカキス」と名付けられた。カライスカキスはトルコ帝国からの独立を求めるギリシャ独立戦争の英雄で、一八二七年にスタジアムからも近い聖スピリドン礼拝堂で暗殺された軍人だった。一九六九年には陸上競技の欧州選手権も開かれている。

その後、二〇〇三年にはスタジアムの所有者であるギリシャ五輪委員会とオリンピアコスの間で合意が成立。オリンピアコスが全額を出資して近代的なサッカー専用スタジアムを建設し、二〇〇四年のアテネ五輪のサッカー会場として使用。その後、四九年間にわたってオリンピアコスに使用権が与えられるという内容だった。

「土地の記憶」と結びついた鳥栖スタジアム

鉄道会社は広い土地を持っていた。それも、都市の近郊に、である。たとえば列車の車庫。多くの列車を留め置くには並行した何本もの線路が必要で、その面積は十分にスタジアムの面積に匹敵する。また、操車場という施設はさらに面積が大きい。異なる方面から到着した複数の貨物列車を分解して行き先によって仕分けをし、改めて連結して目的地別の列車に組み替える複雑な作業を行うために、多数の留置線や仕分線が必要となるからだ。しかし、二〇世紀後半になってトラック輸送との競争が激しくなると、操車場は次々と廃止されていった。

多くの鉄道用地が不要となり、跡地はさまざまな形で利用された。たとえば東京・港区の汐留貨物駅は一九八六年に廃止され、その後三一ヘクタールにもおよぶ広大な空き地となっていたが、一九九五年に再開発が始まり、汐留シオサイトとなって超高層のオフィスビルやホテルなどが建ち並ぶ新都心が出現した。JR大阪駅の北側にあった梅田貨物駅の跡地は大阪駅北地区として再開発されているが、その西側の区域にはスタジアム建設構想もあった。二〇〇九年に日本サッカー協会が二〇一八年および二〇二二年のワールドカップ招致を視野に入れて八万人収容（うち四万人は仮設スタンド）の「梅田北ヤードスタジアム構想」を発表したのだ。だが、ワールドカップ開催地が二〇一八年はロシア、二〇二二年はカタールと決まったことによって構想はそれ以上進まなかった。

日本でも、鉄道用地は古くからスポーツに使用されている。

一九〇九年のIOC総会で、東京高等師範学校校長の嘉納治五郎がIOC委員に選出された。近代オリンピックの生みの親であるフランスのピエール・ド・クーベルタン男爵が、オリンピックに日本を参加させるために嘉納に働きかけたのだ。そして、嘉納は一九一一年に大日本体育協会を結成。早速、一九一二年に予選会を開催して、その結果短距離の三島彌彦とマラソンの金栗四三の二名が第五回ストックホルム・オリンピックに送り込まれた。その予選会が開催されたのが「東京府荏原《えばら》郡羽田村運動場」。その後、東京国際空港が建設された羽田にあった運動場だった。

運動場が造られたのは、一九〇九年に京浜電気鉄道（現・京浜急行電鉄）が所有していた干拓地の一部で、野球場（羽田球場）とテニスコートが建設され、野球場の左右両翼には数千人収容のスタンドやクラブハウスもあった。鉄道会社が運動場を建設した最初期の例だった。そして、一九一一年に自転車練習場が四〇〇メートルのトラックと競技場に改修され、オリンピック予選会に使われたのだ。

鉄道用地跡を利用して、比較的最近建設されたのが佐賀県鳥栖市の鳥栖スタジアム（ベストアメニティ・スタジアム）だ。

佐賀県東部、人口約七万人の鳥栖市はかつて鉄道交通の要衝として知られていた。一八八九年に九州鉄道（一九〇七年に国有化＝現・ＪＲ鹿児島本線）開通と同時に開業した鳥栖駅は長崎本線との分岐点に当たり、操車場や機関区が設けられていた。操車場は一九八〇年代に廃止されたものの、九州新幹線の新鳥栖駅も将来長崎新幹線が全線開通すればやはり分岐点となるはずだし、九州自動車道も鳥栖ジャンクションで長崎道、大分道と分岐しており、鳥栖市は現在も九州の陸上交通の要の位置にあり、物流の拠点となっている。

鳥栖スタジアム

そのＪＲ鹿児島本線の鳥栖駅から「虹の橋」を渡って徒歩わずか三分という便利な場所にあるのが鳥栖スタジアムである。

鳥栖スタジアムはフットボール専用で、ピッチの四辺に四角形のスタンドを設置したいわゆる「イングランド・スタイル」で、上層スタンドは日本では珍しい鉄骨を組んだだけの構造になっており、マストが立ち並ぶシャープなデザインが印象的だ。そして、スタンドの傾斜もかなり急勾配なので、おそらく日本で最も試合が見やすいスタジアムといっていい。

スタジアム建設のきっかけとなったのは静岡県浜松市に本拠地を置いていたＰＪＭフューチャーズ（旧ジャパンフットボールリーグ＝ＪＦＬ所属）が一九九四年に佐賀県に移転してきたことで、完成は一九九六年六月だった。フューチャーズは、その後破産に追い込まれてしまうのだが、存続を求める五万人の署名が集まったことで、新たにサガン鳥栖が設立され、一九九九年には新設のJ2リーグに参加した。

スタジアムはかつての国鉄操車場の跡地に建てられた。つまり、鳥栖スタジアムは「鉄道の町」鳥栖市という土地の記憶と深く結びついているということになる。しかも、鉄骨で組み上げられ、マストが並び立つ、そのシャープな姿も鉄道を思い起こさせる。その意味でも、鳥栖スタジアムは「土地の記憶」と不可分のすばらしいスタジアムということができる。

5　広大な面積を占める軍用地

練兵場跡地に造られた国立競技場

鉄道と同じように、都市の近郊に広い面積の土地を持っていたのが軍である。基地や軍需工場、演習場、飛行場、駐屯地など、軍用地は広大な面積を必要とする。その軍用地が何らかの理由で廃止されれば、そこに広大な空き地が発生する。軍用地を利用して建設されたスタジアムの代表的な例が東京・千駄ヶ谷の国立競技場の前身である明治神宮外苑競技場だろう。

一九一二年七月三〇日に明治天皇が崩御。九月一三日には東京の青山練兵場跡地に設けられた仮設の葬場殿で大喪の儀が行われた。

阪谷芳郎東京市長と東京財界の有志は「明治天皇を祀る神宮の創建」を提案。その結果、東京府下

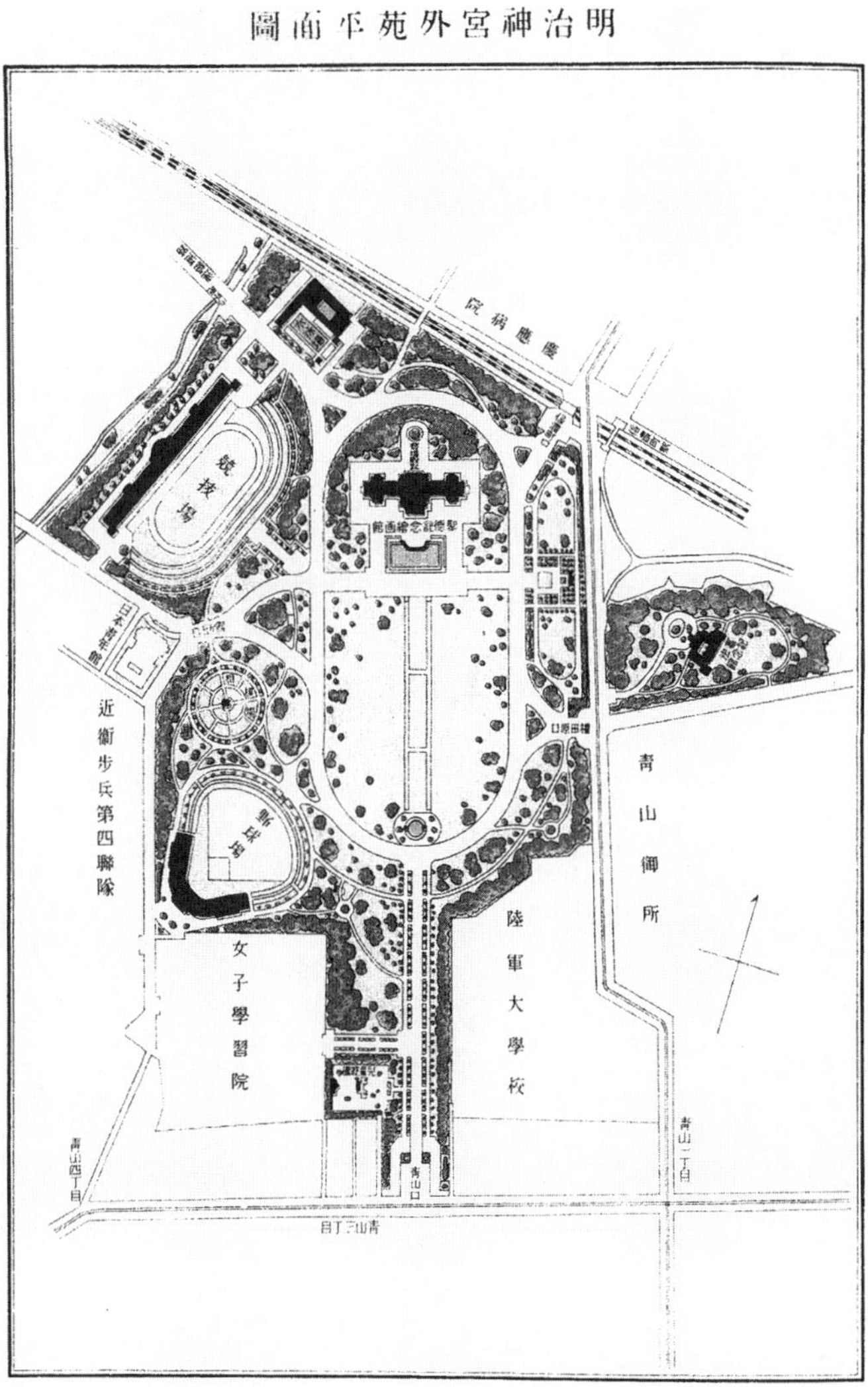

完成当時の明治神宮外苑平面図（『明治神宮外苑概要報告』より）

代々幡村大字代々木の南豊島御料地に明治神宮の「内苑」が造営され、約一二万本の樹木が植樹されて鬱蒼とした人工の森が作られた。一方、千駄ヶ谷の青山練兵場跡地には「外苑」が造られた。こちらは西洋式の公園であり、葬場殿記念建造物、聖徳記念絵画館、憲法記念館とともに競技場が設けられることになった。

青山練兵場というのは、一八八八年に設置された陸軍の演習用施設だった。近衛師団や第一師団の演習場として使われていたが、日露戦争後には代々木により広い練兵場が新しく作られ、青山練兵場は一九〇九年に廃止され、大きな空地となっていた。

現在の青山あたりは江戸の市外ではあったが、江戸時代にすでに市街地化しており、練兵場となった土地は下級役人用の組屋敷や町人の町屋、寺院などが建ち並ぶ町だった。また、現在、国立競技場が置かれている場所には、幕府の焔硝蔵（火薬庫）が置かれていた。現在の新宿御苑を源流とする渋谷川が流れ、その渋谷川に面した場所が窪地になっていることを利用したものだ。焔硝蔵は明治維新後は陸軍火薬庫となり、その後周辺の土地を政府が買い上げる形で練兵場が整備された。

明治神宮外苑の施設の一部として建設された明治神宮外苑競技場は一九二四年に完成。また、競技場の南側には野球界の強い要望によって一九二六年に明治神宮野球場も完成。明治神宮外苑は日本のスポーツの中心地となっていった。

練兵場跡地に造られたスポーツ施設の系譜

ちなみに、青山練兵場が廃止された後に移転した代々木の練兵場は、第二次世界大戦後は駐留米軍の宿舎「ワシントンハイツ」となっており、一九六四年開催の東京オリンピックの前に返還されてオリンピック選手村が建設され、その一角には丹下健三の設計による斬新なデザインの体育館二棟（国立競技場代々木競技場第一、第二体育館）が建設され、オリンピックでは水泳とバスケットボール会場として使用された。

また、ワシントンハイツを返還した米軍は、その代替地として東京都調布市の調布飛行場周辺に米軍住宅を建設。「関東村」と呼ばれていた。調布飛行場は軍用飛行場として一九四一年に完成し、戦争中には陸軍の防空基地となっていた。そして、一九四五年の敗戦とともに米軍が飛行場を接収、補助飛行場として使用されるとともに、周辺は駐留米軍に野菜を供給するための水耕農園となっていた。

代々木競技場第一体育館

しかし、飛行場および関東村は一九七四年までにすべて返還され、飛行場は東京都が運営し、現在も伊豆諸島方面への定期便など小型機の発着に使われている。そして、飛行場周辺には東京外国語大学などが誘致され、スポーツ施設「武蔵野の森」も整備され、その一角に二〇一三年に東京都の多摩地区で開催された国民体育大会のメイン会場とするためのスタジアムが建設された。「東京スタジアム」（味の素スタジアム）は二〇〇一年に完成。JリーグのFC東京と東京ヴェルディのホーム・スタジアムとしても使用されている。

敷地が飛行場に隣接しているので高さ制限を受けるため、フィールド面を地表から四メートル掘り下げるなどの工夫をして地表からの高さは三二・七メートルに抑えられた。スタンドが二層式で、屋根も低いという東京スタジアムの特徴は、こうした制限によるものだったの

東京スタジアム（味の素スタジアム）

だ。屋根は八二本のマストによるケーブル吊り構造で、全体にコンパクトで明るいスタジアムが完成した。

明治維新後最初に設けられた練兵場の跡地に造られた日比谷公園にも運動場が付設されており、その後、青山練兵場跡地には明治神宮外苑競技場、代々木練兵場跡地には代々木競技場体育館が建設され、さらに調布の「関東村」跡地には東京スタジアムが建っている。東京ではスタジアムと軍用地は切っても切れない関係にあった。

軍需工場の跡地利用

東京都北区にある西が丘サッカー場（味の素フィールド西が丘）は軍需工場の倉庫跡地に建設された。

サッカー場が完成したのは一九七二年。収容力こそ一万人弱だが、東京で初めてのサッカー専用スタジアムだったし、ゴール裏の立見席も、四つのコーナーに立つ四基の照明塔も、スタジアム完成当時にはとても物珍しかった記憶がある。

現在の西が丘三丁目（旧地名は稲付出井頭町）は、かつて「陸軍兵器補給廠」つまり周辺の兵器工場で製作された兵器の倉庫として使われていた。

一八七一年（明治四年）に明治新政府の兵部省（陸軍省、海軍省の前身）が現在の北区滝野川や赤羽に火薬製造所を設置した。赤羽は東京の西部に広がる武蔵野台地が北に張り出した地域で、東側の沖積平野との間にはかなりの高低差があり、そこを流れ落ちる石神井川水系の水力を利用することができたのだ。

その後、赤羽周辺には工兵隊や兵器工場が次々と移転し、赤羽は「軍都」と呼ばれるようになり、現在のサッカー場がある場所にも日露戦争直後の一九〇六年に兵器庫が設置された。

第二次世界大戦後、赤羽付近の旧軍用地の多くは駐留米軍に接収され「東京兵器補給廠（TOD）」として使われており、陸軍兵器補給廠のあった現在の西が丘三丁目は「TOD第一地区」と呼ばれていたが、一九五八年に返還された。跡地には電話局や国立国語研究所などが設置されたが、一九六九年には国有財産審議会がその一部約三万八〇〇〇平方メートルを特殊法人国立競技場に払い下げることを決定。ちょうどメキシコ・オリンピックでサッカー日本代表が銅メダルを獲得した直後だったのでサッカー場の建設が決まった。当初は三万人収容のサッカー場が計画されたが、予算の制約から約一万人収容と小規模化されてしまった。将来的には増築する計画があるともいわれたが、新サッカー場完成の頃には日本サッカー・リーグの観客動員も伸び悩んでいたせいか、ついに増築は実現しなかった。だが、それでも都内唯一のサッカー専用スタジアムとして西が丘サッカー場では数多くの試合が行われ、一九八〇年代までは日本代表の試合に使用されることもあった。一九八九年にはイタリア・ワールドカップ予選のインドネシア戦も行われたが、雨でピッチは泥田のような状態となり、インドネシア側から文句が出るありさまだった。

国立西が丘サッカー場

二〇〇一年にはサッカー場の南側に国立スポーツ科学センター（通称「ナショナル・トレーニング・センター」）が設置され、現在では日本のスポーツ強化の中心となっている。

湘南ベルマーレの本拠地、平塚競技場は「平凡な構造」のスタジアムといわざるを得ない。だが、約三〇万平方メートルの広大な平塚総合公園内にあり、緑に囲まれているのが特徴だ。JR東海道線の平塚駅からも徒歩圏内という便利な場所にこれだけ大規模な公園が存在するのは、ここにかつて「海軍火薬廠」が存在していたからだ。この公園も軍需工場跡地だったのだ。

日露戦争中の一九〇五年に、日本政府と英国企業との合弁で「日本火薬製造株式会社」が発足。一九一九年には海軍に買収されて「海軍火薬廠」となり、大日本帝国海軍の火薬の研究・製造拠点となった。平塚八幡宮の北側に広がる一〇〇万平方メートル以上の大規模な施設だった。

だが、火薬廠は第二次世界大戦末期の一九四五年七月に米軍の空襲で壊滅的な被害を受け、敗戦後に跡地は企業に払い下げられた。そのため、現在でも公園の周囲には横浜ゴムやパイロット万年筆などの工場が点在している。また、市役所や消防本部、博物館、美術館などもすべて火薬廠の跡地に建てられ、一部は農林省（現・農林水産省）果樹試験本場となっていたが、一九七八年に試験場（現・農業・食品産業技術総合研究機構）は茨城県の筑波研究学園都市に移転。空いた土地に平塚市市制五〇周年記念の総合公園が造られた。これが、現在の平塚公園である。

ここが湘南ベルマーレのホームとなったのは、前身のフジタ工業が一九七六年に平塚市大神地区の相模川河川敷に練習場を設けたのがきっかけだった。フジタ工業の本社は東京にあり、日本サッカー・リーグ（JSL）時代の本拠地も東京だったが、練習場設置後は平塚競技場でも試合を開催していた。

そこで、フジタ工業は平塚をホームタウンとしてJリーグ加盟を目指し、一九九三年に「ベルマーレ平塚」と名称を変えてジャパン・フットボールリーグ（旧JFL）で優勝。翌年、つまり二年目のシーズンからJリーグに加盟した。加盟決定と同時にスタジアムの改装に着工し、翌年の開幕までにバックスタンドとゴール裏サイドスタンドの立見席が完成し、メインスタンドも拡張された。なにしろ親会社が大手建設会社のフジタ工業だったから、工事は急ピッチで進んだ。

その後、平塚は一九九五年にアジア・カップウィナーズカップでも優勝。日本代表の中田英寿《ひでとし》や韓国代表の洪明甫《ホンミョンボ》も所属する強豪となったが、一九九九年にはフジタ工業が経営から撤退。以後、紆余曲折があったものの市民クラブ「湘南ベルマーレ」として見事に再建された。

空港は郊外に移転する

海外のスタジアムでも、旧軍用地に建設されたスタジアムは少なくない。たとえば、一九七二年のオリンピックのメイン・スタジアムとなり、一九七四年のワールドカップ決勝の舞台となったミュンヘン・オリンピアシュタディオンがそうだ。

総面積三八五ヘクタールのオリンピック公園の敷地は、もともと陸軍基地があったところで、一九二五年には「オーバーヴィーゼンドルフ飛行場」となっていた。だが、第二次世界大戦の間に空襲で飛行場は破壊され、戦後は瓦礫置き場として使われていた。公園内には高さ二九一メートルのテレビ塔やいくつもの競技施設が建てられ、隣接して五輪選手村も造られた。しかし、この選手村はオリンピック開催中にパレスチナ武装勢力がイスラエル選手団を人質にとって立てこもり、選手など一一人が殺害されるという悲しい事件の舞台となってしまった。

ミュンヘンには「TSV1860」と「バイエルン」のふたつの強豪サッカー・クラブが存在する。

それまで、両クラブは一九一一年に1860が建設したグリュンヴァルダーシュトラーセという古いスタジアム（現在の収容力二万一二七二人）を共同使用していたが、オリンピアシュタディオンが完成すると、ともに新スタジアムに移転した。

二〇〇六年ワールドカップは再びドイツで開催されることになったが、オリンピアシュタディオンは老朽化しており、ＦＩＦＡの基準に適合していないことは明らかだった。しかも、二一世紀に入り、ドイツ各地の陸上競技兼用スタジアムがサッカー専用に改築されている時期だった。そこで、オリンピアシュタディオンの全面改装案も策定されたのだが、設計者であるギュンター・ベーニッシュが猛反対し、結局、バイエルンと1860の両クラブが共同で専用スタジアムを建設することとなり、二〇〇五年にはアリアンツアレーナが完成。オリンピアシュタディオンは表舞台から姿を消した。

シンガポールの新ナショナル・スタジアム（World Stadiums）

ミュンヘン・オリンピアシュタディオンと同じように、シンガポールのナショナル・スタジアムも空港跡地に建設されたスタジアムだ。

シンガポール共和国が一九六五年にマレーシア連邦から分離独立した直後に建設され、一九七三年に完成した旧ナショナル・スタジアムは楕円形の一層式のスタンドが取り囲む陸上競技場で収容力は約六万人だった。屋根の付いたメインスタンド下には暴れたファンを収容するための檻まであった。

建設されたのはシンガポール最長（といっても、全長一〇キロ）のカラン川河口のカラン地区だったのでスタジアムは「カラン」とも呼ばれていた。ここは一九三七年にシンガポール最初の空港が開設された場所で、海面上には飛行艇も発着できた。空港は一九五五年に移転し、その後は空き地となっていた。新旧ナショナル・スタジアムは二〇〇七年に閉鎖され、二〇一五年に新スタジアムがオープンした。新スタジアムの特徴は「世界最大」の開閉式大屋根だ。そして、下段スタンドは可動式で陸上競技、サッカー、ラグビー、クリケットなど用途に応じて配置を変えられる。また、個席にはそれぞれ冷房装置も備え付けられており、気温が高く、雨も多いシンガポールでも観客は快適に観戦できる。

周辺にはアクアティックセンター（水泳場＝六〇〇〇人収容）やスポーツアリーナ（体育館＝三〇〇〇人収容）などのスポーツ施設や図書館、ショッピングセンターなどが併設され、全体が「シンガポール・スポーツハブ」（中国語では体育城）と呼ばれる巨大な複合施設となっている。なお、二〇一六年からスーパーラグビーに参戦した日本のサンウルブズも、このスタジアムを準本拠地としている。

6　工場に建てられたスタジアム

工場跡地はサッカーに相応しい

第二節で触れたように、アトレティコ・マドリードの本拠地エスタディオ・ビセンテ・カルデロンはマドリード南部の工場跡地に建設され、それによってアトレティコは労働者のクラブという印象が強くなった。

一九〇三年にこのクラブを作ったのはスペイン北部バスク地方の工業都市ビルバオ出身のバスク人学生たちだった。一八九八年にビルバオで発足した「アスレティック・ビルバオ」のマドリード支部的存

エスタディオ・ビセンテ・カルデロン
（World Stadiums）

在であり、マドリードのクラブも当初は英語で「アスレティック」と称していた。バスク人は、スペイン語などヨーロッパの諸言語とはまったく系統が違うバスク語を話す民族で、スペイン北部のバスク地域には鉄鉱石などの鉱山があったため早くから工業化が進んでいた。

　マドリードのアスレティックは最初は同市南東部バジェカス地区のスタジアムを使っていたが、一九二三年にマドリード北西部にエスタディオ・メトロポリターノを建設した（収容力三万五八〇〇人、一九六六年に解体）。

　スペインでは一九三六年に内戦が始まり、フランコ将軍の独裁政権が誕生する。アスレティックは内戦後には空軍の傘下に入り、一時的に「アトレティコ・アビアシオン」と改名している（「アビアシオン」はスペイン語で「航空」といった意味）。その後、クラブ名はもとの「アスレティック」に戻され、一九四六年にはスペイン語の「アトレティコ・デ・マドリード」と変更された。

　アトレティコは一九五九年には新スタジアム建設のためにマドリード南部のマンサナーレス河畔のガス工場跡に土地を取得したが、資金不足のために建設は大きく遅れてしまう。ようやく一九六六年にオープンに漕ぎつけ、完成記念のスペイン対ウルグアイの親善試合には独裁者フランコ総統とその後継者に指名されていたファン・カルロス王子（後の国王）が出席したが、その後も工事は続き、工事がすべて終わったのは一九七二年のことだった。用地はマンサナーレス川に沿ってマドリード市の環状道路「M30」が通っていたので、西側のメインスタンド（写真左側）は道路の上に建設され、スタンド下を片側三車線の幹線道路が通るというユニークな構造となっている。

メインスタンドは両ゴール裏のスタンドとは独立した建造物で、他の三面は一つの連続した構造となっている。そのため、メインスタンドとサイドスタンドの間には大きな隙間があり、川岸ということもあって冬場にはこの隙間から冷たい風が吹き込んでくるのでアウェー・チームにとっては風対策も必要となる。

一九九八年のフランス・ワールドカップのメイン・スタジアム、スタッド・ド・フランスもガス工場跡に建設された。

スタッド・ド・フランス
（World Stadiums）

一九九二年七月にワールドカップのフランス開催が決まるとすぐに決勝戦会場の選定が始まった。それまで国際試合に使われていたパルク・デ・プランスは収容力が五万人以下だったのでワールドカップ決勝には使えない。しかも、地下に高速道路が通っている構造のため大規模な拡張は不可能だった。そこで、パリの北のサンドニに新しくスタジアムが建設されることになったのだ。

サンドニは、大聖堂に歴代フランス国王が埋葬されていることで有名な古い町だが、一九世紀にサンドニ運河や鉄道が開通して工業化すると同時に環境汚染が進んでおり、現在スタジアムが建っている場所もガス工場の跡地で、土壌汚染が心配されていた。

スタジアムは二億八五〇〇万ユーロ（約三〇〇億円）の工費をかけて一九九八年一月に完成。陸上競技とサッカー、ラグビーに対応できるように可動席システムが導入された。

このスタジアムの最大の問題はここを本拠地として使用するクラブが見つからなかったことだ。パリ・サンジェルマンはパリ市内にあり、交通の便の良いパルク・デ・プランスを離れず、他のクラブもビッグスタジアムへの移転に二の足を踏んだ。サッカーとラグビーの国際試合やカップ戦決勝が行われるほか、ラグビーのスタッド・フランセとラシンが年に数試合使用するだけで稼働率は高くない。

工場跡地のコンパクトな専用スタジアム

日本にも、工場跡地を利用して造られたスタジアムはある。たとえば、神戸御崎公園に建設されたかつての神戸市立中央球技場。二〇〇二年ワールドカップ前に改築され、現在は神戸ウィングスタジアムとなり、Jリーグではヴィッセル神戸の本拠地となっている。ウィングスタジアムのそばにはJRの和田岬駅や和田神社がある。かつて、一二世紀の半ばに平清盛が中国の宋王朝との交易を盛んにしようとして大輪田泊（港）を整備した場所だ。和田は江戸時代になっても北前船でにぎわったが、幕末に兵庫よりやや東の神戸に開港場＝外国人居留地が造られてからは、居留地や三宮が神戸市の中心となり、和田は造船所などが建ち並ぶ工業地帯になっていく。

現在のスタジアムのあたりには鐘淵《かねがふち》紡績（後のカネボウ）の工場があったが、一九四五年三月の空襲で消失。跡地は競輪場になっていたが、一九六八年に御崎公園として整備され、一九七〇年には収容力一万三〇〇〇人の神戸市立中央球技場がオープンした。当時の日本には珍しい球技専用スタジアムで、素晴らしいコンディションの芝生で有名だった。日本サッカー・リーグ（JSL）時代にはヤンマーディーゼルの試合がよく行われ、一九八一年に釜本邦茂が前人未到のリーグ通算二〇〇ゴールを決めたのもこのピッチだった。

製鉄所跡地に建設されたのが、Ｊリーグのジェフ・ユナイテッド千葉の本拠地として二〇〇五年に完成した蘇我球技場（フクダ電子アリーナ）だ。今でも、はるか遠くには高炉（溶鉱炉）が見える。サッカーは工業化が進んだ一九世紀の英国で生まれた労働者のスポーツであり、あの高炉が見える風景はそんな遠い歴史の記憶も思い出させてくれる。

蘇我球技場

ジェフ・ユナイテッド千葉の前身の古河電工も金属メーカーだった。古河は実業団の名門で、ＪＳＬ時代には東京（国立競技場、西が丘サッカー場）や横浜（三ツ沢球技場）を本拠地としていたが、Ｊリーグ発足時にはホームタウン探しが難航。宮城県仙台市や千葉県習志野市などが候補になったが、最終的には古河電工の事業所があった縁で千葉県市原市がホームタウンとなり、一九七三年千葉国体のために建設された市原緑地運動公園臨海競技場がホーム・スタジアムとして使用された。

しかし、臨海競技場は老朽化しており、アクセスも悪かった。そこで、クラブはホームタウンを人口の多い千葉市を含めて広域化する計画を立てたのだが、市原市はもちろんこの計画に難色を示す。

また、千葉市にはＪリーグが開催できるスタジアムが存在しなかったが、同じころ蘇我駅周辺の再開発計画が進んでおり、川崎製鉄の工場跡の二二七ヘクタールが「蘇我特定地区」に指定されていた。川崎製鉄（二〇〇三年に日本鋼管と合併して現在はJFEスチール）が製鉄所の機能を沖合いの埋立地に移転集中させたため陸側の東工場跡が遊休地となっており、千葉市はここを再開発しようとしていたのだ。そして、再開発計画の中には四六ヘクタールの総合スポーツ公園も含まれていた。二〇〇二年二月には市原市も広域化を了承。千葉市は球技場を優先して建設することとなり、サポーター代表も参加した「イレブン懇親会」という公聴会を開いて意見聴取を行い、二〇〇五年八月に完成に漕ぎ着けた。

完成したのは収容力二万人弱のコンパクトな球技専用競技場で、ピッチからスタンドまで最短で八メートルと試合が見やすいスタジアムだった。また、スタンドの九〇％を覆う屋根もアルミハニカムパネルを採用したシルバーメタリックの軽快なものとなった。試合が見やすく、アクセスも良いフクダ電子アリーナへの移転は成功。ジェフ千葉の一試合当りの観客数も確実に増えた。

第四章　建築としてのスタジアム——その機能とデザイン

1　アーチボルド・リーチのスタジアム建築

初期のイングランドのグラウンド

イングランドはフットボール発祥の地である。

中世のイングランドでは各地で「フットボール」と呼ばれる遊びが行われていた。そのフットボールが一九世紀に入ってからパブリックスクールの教育に取り入れられたことによって近代化され、一八六三年にはフットボール・アソシエーション（FA＝協会）が結成され、全国統一ルールが制定された。これが、アソシエーション式フットボール（サッカー）の始まりだ。一方、FAに参加しなかった人たちが一八七一年にラグビー・フットボール・ユニオン（RFU）を結成。これがラグビーとして発展していく。二つの流派のフットボールは次第にイングランド北部工業地帯の労働者たちの間で人気を集めるようになり、プロフェッショナルの選手が生まれた。

一八八八年には北部のプロのサッカー・クラブによって「フットボール・リーグ（FL）」が結成され、ラグビーでも一八九五年に北部の労働者のクラブによってラグビー・リーグが作られる。

プロ化すれば、当然スタジアムも整備せざるを得ない。
入場料を徴収するために、まず外から（つまり無料で）ゲームを見ることができないように塀などで囲む必要があったし、観客が試合を見やすいようにピッチの周囲に土手のような斜面（バンク）を作って観客を入れた。そして、スポンサーなどのゲストのために、屋根が付いた木造の小さなスタンドが造られた。その後、立ち見席の土手はコンクリートなどで舗装され、人雪崩防止のための柵が設置されて、「テラス」と呼ばれる立ち見席となる。さらに、立ち見席にも屋根が付き、スタンドはより多くの観客が入るように二層式に発展していく。これが、伝統的なフットボール・グラウンドの構造である。

フルアムとチェルシーの物語

イングランドの伝統あるグラウンドは現在でも古き良き時代のフットボールの雰囲気を伝えている。

たとえば、ロンドンの西部、フルアムの本拠地クレーヴン・コテージには今でも一九〇五年に建築された赤煉瓦製のスタンドが残っている。屋根も鉄骨を組み上げた歴史を感じさせる構造物で、鋼鉄製の太い柱が支えている。記者席などは古色蒼然とした木の椅子が並んでおり、椅子を取り付けている金具は鋳鉄製の超年代物だ。

一八七九年に聖アンドリュース教会で作られたフルアムがグラウンドとして使える土地を見つけたのは一八九四年のことだった。一六世紀にはイングランド国王ヘンリー八世の妃で女王エリザベス一世の母でもあるアン・ブーリンの狩猟場だった土地で、一七八〇年にクレーヴン男爵が建てたコテージ（小屋＝別荘のようなもの）があったので「クレーヴン・コテージ」と呼ばれていたが、コテージ自体は一八八八年に火事で焼けてしまっていたので、フルアムが手に入れた頃には空き地になっていた。ここで初めて試合が行われた一八九六年一〇月にはまだスタンドは存在しなかったが、その後「ウサギ小屋」と呼ばれる二五〇人収容の小さなスタンドが建てられた。だが、一九〇四年には「ウサギ小屋」は危険建築物としてロンドン市から使用を禁止されてしまう。

すると、近くにあったスタンフォード・ブリッジ（通称「ブリッジ」）というグラウンドのオーナーだったガス・ミアーズとジョー・ミアーズの兄弟が、フルアムに対してブリッジへの「移転」を提案してきた。ミアーズ兄弟は多くの観客を動員できるプロ・サッカー・チームを誘致して収入を増やそうと考えたのだ。だが、フルアムはこの誘いを拒否。クレーヴン・コテージに新スタンドを建設することを決定する。もし、この時フルアムが移転を受け入れていたとしたら、フルアムは現在もスタンフォード・ブリッジでプレーしているはずだ。

クレーヴン・コテージ（World Stadiums）

クレーヴン・コテージの新スタンドを設計したのはスコットランド人建築家のアーチボルド・リーチだった。リーチは、一八六五年にグラスゴーで生まれ、同市で工場などの設計に携わっていたが、一八九九年に自らもファンの一人だったというレンジャーズの新しいグラウンド、アイブロックス・パークを設計。以後、スタジアム建築の第一人者として活躍することとなった。スコットランドやイングランド北部で活躍していたリーチにとって、クレーヴン・コテージはロンドンでの初めての仕事だった。

クレーヴン・コテージのスティーヴネージ・ロード・スタンドは一九〇五年に完成。百周年の二〇〇五年に同年に交通事故で亡くなったフルアム史上最高のMFを偲んで「ジョニー・ヘインズ・スタンド」と呼ばれるようになっているが、リーチのスタンドの特徴の三角形のペディメントなどが今でもそのまま残されており、文化財としても登録されている。

クレーヴン・コテージの少し北には一八七七年にロンドン陸上競技クラブの本拠地として造られたスタンフォード・ブリッジがある。一九〇四年に大手建設会社オーナーの息子だったミアーズ兄弟が買収し、彼らは、このグラウンドを集客力の高いサッカー場にしようと考えてフルアムの誘致を図ったのだ。しかし、フルアムが移転を拒否したため、ミアーズ兄弟は自分たちでクラブを作ることを決意し、フットボール・リーグ（FL）と交渉して二部リーグへの加盟を承認させた。まだチームも編成されていない時点で加盟が承認されたというのはきわめて異例のことだった。

新クラブの名称としては「スタンフォード・ブリッジ」あるいは「ロンドンFC」という案もあったが、最終的に「チェルシーFC」と決まった。「チェルシー」というのはロンドン西部の有名な高級住宅地だが、実際にはスタンフォード・ブリッジはチェルシー区ではなく、西隣のハマースミス・フルアム区に位置している。クラブが「チェルシー」と名付けられたのは、スタジアムのすぐそばに西ロンドン広域鉄道の「チェルシー・フルアム駅」があったためだった（駅は一九四〇年に廃止）。

そのブリッジの約五〇〇〇〇人収容の東スタンドもやはりリーチの設計で一九〇五年に完成した。

ブリッジはもとが陸上競技場だったので、ずっと陸上競技のトラックが残っていた。一九七四年には新しい東スタンドが完成したが、改修後もまだ陸上のトラックは残されており、スタンド最前列からピッチまでは約二〇メートルの距離があった。

この時、改修の工費がかさんだことでクラブ経営は圧迫を受け、改修自体も一時ストップ。そのため、ブリッジの全面改修がほぼ終わったのは一九九八年のことで、西スタンド下層の完成はさらに二〇〇一年まで持ち越された。こうして、長い時間がかかった改修によってスタンドは全座席化され、陸上競技のトラックもこの時にようやく撤去されて近代的なサッカー専用スタジアムが完成した。しかし、建設費の高騰でクラブの経営はさらに悪化。経営が改善され、チームが強化に動き出すのは、二〇〇三年にロシアの実業家ロマン・アブラモヴィッチによって買収されてからのことだった。スタジアムの改修・改築あるいは移転というのはクラブ経営者にとって非常に判断の難しい決断なのだ。

リーチが確立したスタイル

クレーヴン・コテージとスタンフォード・ブリッジでの仕事を終えたアーチボルド・リーチは、その後、スコットランドやイングランドなど各地で数多くのスタジアム建築に携わることになる。

初期のリーチのスタンドは木造や煉瓦造りだったが、一九二〇年代にはコンクリートのスタンドも造られるようになった。また、最初は実用主義一辺倒だったリーチも次第にデザイン性を追求するようになっていく。リーチのデザインの特徴は、スタンド中央部の屋根に取り付けられた三角形のペディメント（三角破風）と上層スタンドの最前部（バルコニー）に観られるX字型の鉄製の手すりであろう。クレーヴン・コテージなどと並んで、そうした特徴が今でもよく残っているのがリバプールにあるグディソン・パーク。エバートンのホーム・スタジアムである。

最寄りのカークデイル駅で降りて、煉瓦造りの庶民的な家が立ち並ぶ通りを歩いて行くと、狭い道の間の隙間からまず目に飛び込んでくるのがスタジアムの北西のコーナーに建つ黒っぽい煉瓦の聖ルーク教会だ（写真右端）。この教会が建っているため、今でもグディソン・パークの北西のコーナー付近にはスタンドを造ることができない。

エバートンは、一八七八年にセント・ドミンゴスFCとして結成され、醸造家で、後にリバプール市長にもなるジョン・ホールディングの持っていたアンフィールドを本拠地として使用していたが、一八八八年に賃貸料を巡る交渉が決裂。近くのメアー・グリーンに移転する。これが、現在のグディソン・パークである。一方、ホールディングは、初めはアンフィールドの土地を売却してしまうつもりだったが、結局自らも新しいサッカー・クラブを設立する。これが、現在でもアンフィールドを本拠地とするリバプールFCであり、以来、両クラブは最大のライバルとなり、両者が対戦する「マージーサイド・ダービー」は数多くのダービー・マッチの中でも最も熱いものの一つとなっている。

グディソン・パーク（World Stadiums）

一八九二年に完成したグディソン・パークは収容力が一万二〇〇〇人。当時のイギリスでは最大規模のスタジアムであり、その後も、グディソン・パークは徐々に拡張されていった。

一九〇六年には、アーチボルド・リーチがアンフィールドのメイン・スタンドとゴール裏のコップ・スタンドを設計した。すると、今度はエバートンがリーチにグディソン・パークの巨大なメイン・スタンドの設計を依頼。スタンドは一九〇九年に完成した。その後、グディソン・パークでは、やはりリーチの設計で東側のビューレンズロード・スタンドやゴール・スタンドが建設された。メイン・スタンドは一九六〇年代末に全面改築されてしまったが、ビューレンズロード・スタンド（写真左側）は現在でも完成当時の雰囲気を色濃く残しており、木製の床や屋根を支える柱などが残っており、そして、あのリーチの特徴となっているバルコニーのX字型の鉄製の手摺も見ることができる。

「イングランド・スタイル」　「イングランド・スタイル」のスタジアムとは、両側のタッチラインとゴールラインに沿って、それぞれ四角形のスタンドが配置された「長方形」の箱型スタジアムのことである。ピッチからスタンドまでの距離が近く、密閉感があるため観客はゲームに集中できる。そして、雨の多いイングランドだけに、スタンドの屋根はスタンド全体を覆うような構造になっている。

だが、かつてのイングランドには、たとえばスタンフォード・ブリッジがそうであったようにトラックが付いた「楕円形」または「長円形」のスタジアムも多かった。「楕円形」というのはタッチライン沿い、あるいはトラックの直線部に沿ったスタンドがカーブを描いているもの、「長円形」とはスタンドが直線状になっているスタジアムのことをいう。

だが、第一次世界大戦が終わって平和な時代が訪れると、イングランドではサッカー人気が急激に高まり、ほとんどのサッカー場の最高入場者数は一九二〇年代から一九三〇年代に記録されている。立見席に詰め込めるだけ詰め込んで記録された数字である。そこで、グラウンドのオーナーたちはさらに多くの観客を入場させるために、トラックを撤去してスタンドをピッチのすぐそばまで拡張しようとした。こうして、イングランドではトラック付きのスタジアムが減って、フットボール専用スタジアムが主流となっていった。それで、「長方形」のスタジアムを「イングランド・スタイル」と呼ぶのだ。

一方、スコットランドを代表するグラスゴーの三つのスタジアム（アイブロックス・パーク、セルティック・パーク、そしてハンプデン・パーク）は、いずれも第二次世界大戦後までずっとトラック付きのまま使用されていた。そこで、「イングランド・スタイル」に対して、「楕円形」や「長円形」のトラック付きスタジアムのことを「スコットランド・スタイル」と呼ぶこともあった。現在ではアイブロックス・パークもセルティック・パークも、ともに「イングランド・スタイル」に改築されているが、クイーンズパークFCの本拠地で、スコットランド代表のホーム・スタジアムでもあるハンプデン・パークはトラックこそ撤去されているが、スタンドは昔と同じ長円形のままで「スコットランド・スタイル」を今でも残している。

ハンプデン・パーク（World Stadiums）

ハンプデン・パークは、スコティッシュ・リーグ1（三部）に所属しているアマチュアチーム、クイーンズパークFC所有のスタジアムだ。その観客動員数は一試合平均七五〇人ほどに過ぎないが、ハンプデン・パークの収容力は現在でも五万人以上もある。スコットランド・サッカーの事実上のナショナル・スタジアムであり、国際試合やスコティッシュFAカップ決勝の舞台としてずっと使用されてきた。

クイーンズパークFCは一八六七年創立というスコットランド最古のクラブであり、またパス・サッカーを生み出したクラブとしても知られている。

一八六六年のルール改正までは、サッカーでも、現在のラグビーと同じようにボールより前方の選手は全員がオフサイドとされ、プレーに関与できなかった。つまり、前方にパスすることができなかったのだ。だから、ボールを運ぶには密集を作ってドリブルで運ぶか、キックで前に蹴り出して自分で追いかけるしかなかった。だが、ルール改正によって守備側の後方から三人目の選手より手前にいる選手はオンサイドで、プレーに関与することが可能となった。この改正によって、サッカーでは前方へのパス（フォワード・パス）が可能になり、ラグビーとはまったく異なったスポーツとなったのだ。

そこで、新ルールを利用して、クイーンズパークFCはパスをつなぐサッカーを発明し、パス・サッカーはスコットランドの代名詞となっていった。

クイーンズパークは、その後もプロ化を認めず、アマチュアの地位を維持したため今は三部リーグでプレーしているが、ハンプデン・パークの所有者として世界中にその名が知られている。

事実上のナショナル・スタジアムとして使用されてきたハンプデン・パーク。一九三七年のイングランド戦には一四万九四一五人が入場しているが、これは現在でもすべての競技を通じてのイギリス国内での最多観客動員記録として残っている。

また、一九六〇年にハンプデン・パークで行われたヨーロッパ・チャンピオンズカップ（チャンピオンズリーグの前身）の決勝では、レアル・マドリード（スペイン）がアイントラハト・フランクフルト（西ドイツ）を7対3で破って大会五連覇を達成した。この試合は、今でも「サッカー史上最も面白かった試合」としてしばしば取り上げられるが、この時の入場者数は一三万五〇〇〇人だった。

全面改修後の二〇〇二年にも、ハンプデン・パークでチャンピオンズリーグ決勝が行われた。そして、奇しくも、四二年前と同じくレアル・マドリードがドイツのクラブであるレバークーゼンを2対1で破って再び優勝した。あのジダディーヌ・ジダンのスーパーボレーが決まった試合だ。この時のマッチデー・プログラムには、一九六〇年の決勝戦の時のプログラムの復刻版が記念品として付いていた。

2　スタジアム・デザインのバリエーション

鉄筋コンクリートのスタンドが近代化の始まり

サッカーやラグビーなどのボールゲームや陸上競技の跳躍種目や投擲種目が行われる芝生のフィールド。そして、陸上競技の競走種目や自転車レース、オートバイレース、ドッグレースなどが行われるトラック。そうしたスポーツを行うためのグラウンドの周囲のスタンド。それがスタジアムの構成要素だ。つまり、スタジアムの基本構造はいつの時代でもそれほど変わらないのだ。だが、大規模なスタジアムは都市のシンボルでもあるから、機能性とともに象徴性や美しさも求められる。

機能性を損なうことなく、いかにしてシンボル性を高めた美しいスタジアムを造るか。それが、建築家にとってのチャレンジとなる。時代とともに求められるスタジアムの機能も変化し、人々の美意識も変わっていく。そして、利用できる建築技術も進化していく。

一九世紀のイングランドでクリケット・グラウンドやフットボール・グラウンドが造られ始めたころ、グラウンドには上流階級のゲストやスポンサーなどが観戦するための小さなスタンドが最初に造られたが、当時のスタンドは木造で、その後、スタンドの規模は次第に大きくなっていったが、二〇世紀の初めまで、スタンドは基本的には木造だった。また、柱や梁などの強化には鋼鉄も使用された。近代スポーツが生まれた一九世紀は産業革命で鉄鋼業が発展した時代だった。

一九一二年のストックホルム・オリンピックのために新しいメイン・スタジアムが建設されたが、そのストックホルムのオリンピック・スタジアムは煉瓦造りで壁面に蔦が絡まる姿が印象深かった。一九二四年に東京に造られた明治神宮外苑競技場はそのストックホルムのスタジアムに似せて造られたという俗説があるが、明治神宮外苑競技場のメインスタンドは鉄筋コンクリートという当時の新しい技術を駆使したものだった。

トラックのメインスタンド側には直線二〇〇メートルのトラックがあったので、スタンドの長さは二三〇メートルあり、幅一八メートル、高さ一一メートルのスタンドは構造は鉄筋コンクリートで、外壁は下部が石張り、上部がモルタル塗りとなっていた。スタンドの高さが一一メートルということは、ちょうどスタジアムの東側、絵画館前の台地とほぼ同じ高さだったということになる。つまり、自然地形をうまく利用して設計されていたため、スタジアム内から見ると同じ高さのスタンドが周囲を囲っているように見えたし、絵画館側からスタジアムを見るとほとんど構造物が見えず、明治神宮外苑の景観を損なうこともなかったのだ。

スタジアムの三類型

第一次世界大戦後、世界のスポーツが発展し、大規模スタジアムが各地で造られ始めた。一九二〇年代にはロンドンのウェンブリー・スタジアムやニューヨークのヤンキー・スタジアム、ロサンゼルスのメモリアル・コロシアム、モンテビデオのエスタディオ・センテナリオが建設された。そして、一九三〇年代に入ると、よりデザイン性に優れたスタジアムが建設されるようになっていった。

サッカーのワールドカップが、一九三四年のイタリア、一九三八年のフランス大会と二度続けてヨーロッパ大陸で開催され、二つの大会のために多様なデザインのスタジアムが建設された。

イギリスのスタジアム建築研究家のサイモン・イングリスは、著書『ヨーロッパのフットボール・スタジアム』の中で、一九三四年のイタリア・ワールドカップで使用された八つのスタジアムの平面図を紹介し、そこにはサッカー・スタジアムの三つの基本形がすべて含まれていたと指摘している。

第一が、一般的に「イングランド・スタイル」と呼ばれるスタジアム。つまり、タッチライン沿いとゴールライン沿いに四角形のスタンドを四つ配置した「長方形」のスタジアムである。フットボール専用でピッチとスタンドが近くて試合が見やすいうえに、四角形のスタンドなので建設費も安く済ませることができる（ただし、陸上競技や自転車等のトラック種目には使えない）。

第二が、「長円形」のスタジアム。陸上競技等との兼用で、メインスタンドとバックスタンドは「イングランド・スタイル」と同じように直線的だが、ゴール裏は半円形になっている。陸上競技などのトラック競技にも使えるが、メイン、バックの両スタンドが直線的なので、陸上競技のゴール付近に座ると一〇〇メートルのスタート地点が見にくくなってしまう。

第三が、「楕円形」のスタジアム。これも陸上競技との兼用で、しかも、メイン、バックの両スタンドもカーブを描いているのでゴール付近からもスタート地点がよく見える。ただし、スタンドがすべてカーブを描いており、連続的に曲率が変化するので設計・施工が難しく、建設費が高くついてしまう。

イングリスは一九三四年のイタリア・ワールドカップで使用された八つのスタジアムは、この三つの類型のいずれかに当てはまるという。長方形の「イングランド・スタイル」（サッカー専用）はジェノヴァとミラノ。「楕円形」（陸上競技兼用）を採用したのがトリノのスタジアム。そして、「長円形」（陸上競技兼用）がフィレンツェ、ローマ、ナポリ、トリエステ、ボローニャと八スタジアムの大半を占めている。当時は世界的にこの「長円形」が主流だったのだ（明治神宮外苑競技場も、長円形である）。

ただし、ローマのスタジアム（スタディオＰＮＦ）は特異な構造だった。トラックがないサッカー専用スタジアムなのに、北側ゴール裏はまるで陸上競技場のように半円形になっており、逆に南側にはスタンドがなく、全体が「Ｕ字形」になっているのだ。南側のゴール裏には水泳プールが造られていて、そのプールのところまで東側と西側のスタンドが延長されているという不思議なデザインだった。「長円形」の変種といえよう。

「Ｕ字形」スタジアムは、陸上競技場の場合には珍しくはなかった。当時の陸上競技場には一五〇メートルから二〇〇メートル程度の直線走路が設けられており、カーブの後ろに半円形のサイドスタンドを造ると直線走路にかかってしまう。そこで、片側のカーブの後ろにはスタンドを造らずに「Ｕ字形」にしたのだ。

エスタジオ・パカエンブー

写真奥の四角形のスタンドは後に造られたもの。完成当時は「U 字形」だった。（World Stadiums）

現在する「Ｕ字形」スタジアムの中でも有名なのが、ブラジル・サンパウロにあるエスタジオ・ムニシパウ・パウロ・マシャド・ジ・カルヴァーリョ。陸上競技とサッカー兼用の競技場で、高級住宅街パカエンブー地区にあるので「パカエンブー」と呼ばれることが多い。

サンパウロは高原にある起伏に富んだ街で、このスタジアムのメインスタンドとバックスタンドは地形を利用した掘り込み式で、道路から見ると塀だけしか見えない。だが、北側（低地側）の半円形のサイドスタンド（写真手前側）は独立した建築物で、スタジアム名の字体や丸い窓など二〇世紀前半に流行ったアールデコ様式の洒落た建物になっている（現在はサッカー博物館として利用されている＝写真手前側）。そして、南側にはスタンドはなく、トラックの外に体育館、プールが併設されている。

一九四〇年の完成当時、「南米大陸で最も近代的なスタジアム」といわれたパカエンブー。一九五〇年のブラジル・ワールドカップでは準メイン・スタジアム扱いだった。また、一九七八年には日本の明仁皇太子を迎えて「日本人移民七〇周年記念式典」が開かれたことがあるし、二〇〇七年にはローマ法王ベネディクト一六世を迎える集会も開かれた。パカエンブーは住宅街で治安も良いし、地下鉄の駅も近くて交通の便も良いが、スタジアムから駅まではだらだらの上り坂が続いているので、負けたチームのサポーターにとってはきつい上り坂となってしまう。

近代的なフィレンツェと古典主義のボローニャ

さて、一九三〇年代のイタリアに話を戻そう。

特異な「U字形」のスタディオPNFについてはすでに紹介したが、もう一つ「D字形」の平面形を持っていたのがフィレンツェのスタジアムだ。

このスタジアムは陸上競技とフットボールの兼用で四面にスタンドがあったが、西側には南北に二二〇メートルの直線走路が設けられており、それに合わせてメインスタンドも長さ二〇〇メートル以上の長さがあった（レイアウトは明治神宮外苑競技場と似ている）。そして、ゴール裏サイドスタンドとバックスタンドは滑らかなカーブを描いているが、メインスタンドの両端とは直角に交わっているので、上空から見ると細長いD字型をしていたのだ。

一九二九年にはイタリアで初めてのサッカーの全国リーグ（現・セリエＡ）が始まり、さらに当時イタリアを支配していたファシスト党政府が一九三四年ワールドカップの招致を決定したこともあって、フィレンツェ旧市街東側のカンポ・ディ・マルテに新スタジアムが建設されることになった。古くからスポーツに使用されていた公園で、現在もスタジアム周囲にはラグビー場やプール、野球場などの施設が並んでいる。

設計したのは、当時のイタリアを代表する建築家ピエール＝ルイジ・ネルヴィだった。ネルヴィが設計したのは鉄筋コンクリートの近代的な建築だった。そして、メインスタンド中央には最新式の屋根が設置された。それまで、スタジアムの屋根は柱で支えられていたので、柱が視界を妨げていたが、ネルヴィは得意の構造設計の技術を生かしてスタンド後方からの梁だけで支える軽快な屋根を実現した。キャンティレバー（片持ち梁）という構造で、スタジアム建築にこの技術が応用されたのはこれが初めてだった。

スタディオ・アルテミオ・フランキ
現在もスタンド上段は「Ｄ字形」になっている。
（World Stadiums）

ちなみに、完成当時のスタジアム名は「スタディオ・ジョヴァンニ・ベルタ」。フィレンツェ出身のファシスト党活動家の名前である。第二次世界大戦後は、すぐに「スタディオ・コムナーレ（市立競技場）」という無味乾燥な名前となったが、一九九一年にはイタリア・サッカー連盟（ＦＩＧＣ）やヨーロッパ・サッカー連盟（ＵＥＦＡ）の会長を歴任した人物の名を採って「スタディオ・アルテミオ・フランキ」と呼ばれるようになった。

一九三四年のワールドカップでは三試合が行われた。中でも準々決勝のイタリア対スペイン戦は負傷者続出の大乱戦となり、結局1対1で引き分け、再試合でイタリアが勝利した。今でも語り継がれる有名な試合だ。また、一九九〇年のワールドカップでは四試合が行われ、準々決勝のアルゼンチン対ユーゴスラビア戦では退場で一人少なくなったユーゴスラビアが、むしろ押し気味に試合を進めたもののスコアレスドローに終わり、ユーゴラビアはPK戦で姿を消した。すでに国内では紛争が始まっており、その後ユーゴスラビア連邦は分裂してしまったので、ユーゴラビアとしてはこれがワールドカップでの最後の試合となった。監督は後に日本代表を率いることになるイビツァ・オシムだった。

その一九九〇年大会を前にフィレンツェのスタジアムは大改装が行われた。陸上競技のトラックが撤去され、ピッチを二・四メートル掘り下げてスタンドが増設されたのだ。

建築から八〇年以上が経過したものの、スタディオ・アルテミオ・フランキはバックスタンドにある高さ五五メートルのマラソンタワーも含めて建造当時の姿を現在でもよく留めている名建築で、文化財にも登録されている。しかし、D型スタンドという特殊な形だけに、改装後もゴール裏やコーナー付近からピッチが遠くて試合が見にくいという難点があり、新スタジアム建設の噂も絶えない。

フィレンツェからアペニン山脈を越えて約九〇キロ離れたボローニャのスタジアムを設計した建築家のウンベルト・コスタンツィーニは古典的なスタイルを目指した。

イタリア最古の大学で知られ、美食の街としても有名なボローニャ。旧市街にはローマよりさらに古いエトルリア文明の遺跡も残る古い都市であり、「ボローニャの赤」として知られる独特の濃い赤が特徴の煉瓦で統一された街並みは歴史の重みを感じさせてくれる。

スタジアムの外壁もその「ボローニャの赤」の煉瓦造りで、ローマ風の二重アーチ構造となっている（スタジアムの北西側には、同じような煉瓦造りのスタンドを持つ水泳プールも存在している）。また、バックスタンドには重厚な煉瓦造りのタワーが建っており、タワーは市の中心から市外の丘の上まで続く「ポルティコ」と呼ばれる煉瓦造りのアーケードの一部となっている。

一九九〇年のワールドカップを前に改修されたスタディオ・レナート・ダッラーラ。煉瓦の二重アーチの外壁は鉄骨で補強され、煉瓦と鉄骨が美しいシルエットを醸し出すことになった。

スタディオ・レナート・ダッラーラ
（World Stadiums）

サッカーのスカラ座「サンシーロ」

一九三〇年ワールドカップを前に建設されたスタジアムの中で、その後イタリア最大規模のスタジアムとして成長していったのが、イタリア経済の中心地ミラノにあるサンシーロ。長方形の「イングランド・スタイル」のスタジアムである。

一八九九年にイングランド人アルフレッド・エドワーズによって創設された「ミラン・フットボール&クリケット・クラブ」（後にミランFC＝現・ACミラン）。最初はミラノ中央駅付近にあった競馬場で試合を行っていたが、その後いくつかのグラウンドを転々とする。そして、一九二五年にピエトロ・ピレリ会長（世界的タイヤ・メーカー、ピレリの創業者一族。ピレリ社は現在はライバル・クラブ、インテルのスポンサーだ）が出資して、ミラノ西郊サンシーロ競馬場の隣にスタジアムを建設した。完成当時、サンシーロはミラン自身が所有するクラブのスタジアムだったのだ。

イタリアではまだ珍しかったサッカー専用スタジアムのサンシーロ。完成時の収容力は三万五〇〇〇人で、「大きすぎる」という批判の声もあったというが、一九二九年の全国リーグ発足後ミラン人気は急上昇。一九三五年にはミラノ市が買収して拡張工事を行い、一九四〇年のドイツとの親善試合には六万五〇〇〇人の観衆が集まった。

第二次世界大戦後の一九四七年からはインテルもサンシーロを共同使用することとなり、一九五五年には二階席を増設。八万二〇〇〇人収容の巨大スタジアムに変身する。この時、スタジアム外部を取り巻くスロープが設置され、サンシーロは独特のデザインを身に纏うこととなった。たとえば北側ゴール裏スタンド二階席に行く観客は、西側スタンドの中央付近から入場して長さ二〇〇メートルのスロープを歩いて入り口まで行く。同じようにスタジアム全体を一九本の螺旋状のスロープが取り巻く、独創的なデザインだ。

スタディオ・ジュゼッペ・メアッツァ
（サンシーロ）（World Stadiums）

一九八〇年には、インテル、ミランの両チームで活躍し、リーグ戦通算二六二ゴール、イタリア代表でも三三ゴールを決めた名手メアッツァを偲んで、スタジアム名は「スタディオ・ジュゼッペ・メアッツァ」と改められたが、今でも地名で「サンシーロ」と呼ばれることも多い。

ただし、ミラノは雨が多い土地なのに「サンシーロ」には屋根がなかった。そこで、一九九〇年のワールドカップを前に大改装がほどこされた。まず、スタンドの外側に一一本の巨大なタワーが建てられ、そのタワーに乗せるように三階席を造ったのだ。そして、四隅のタワーは他よりも太くて高いものが建てられ、その四本のタワーの上に鋼鉄製の巨大な桁を架けて屋根が取り付けられた。一一本のタワーにはそれまでの二階席に行くスロープと同じ角度の螺旋状スロープを取り付け、これを三階席までの通路とすることによってデザインの一体性も維持された。

ちなみに、一九五〇年代の改修でも、一九八〇年代の改修でも、一階席はそのままにして上部にスタンドを増設したので、一階最前部の一部は一九二五年に建設された当時のスタンドがそのまま使われている。

フランスの芸術的スタジアム

一九三八年、第二次世界大戦勃発の前年に開かれたのが第三回フランス・ワールドカップだった。大会開幕直前にはナチス・ドイツがオーストリアを併合。ドイツと西側諸国との関係は決定的に悪化することになる。

一九三〇年代前半までオーストリアはヨーロッパ屈指のサッカー強国で、フーゴ・マイスル監督が率いる同国代表は「ヴンダーチーム」と呼ばれていた。もし、ワールドカップが一九二〇年代までに始まっていれば、オーストリアは一度は優勝していたことだろう。そのオーストリア代表は一九三八年のワールドカップ予選も勝ち抜いていたが、ドイツに併合されたことによってチームは消滅。レベルの高いオーストリアの選手を補強する形となったドイツ代表は一躍優勝候補と見なされるようになった。

しかし、パリのパルク・デ・プランスで行われたドイツとスイスの開幕戦は1対1の引き分けに終わり、再試合が行われることになった。パリの観客は一方的にスイスの応援に回り、ドイツは2対3のスコアで敗れ去った。ちなみに、旧オーストリア代表の得点王マティアス・シンデラーはドイツ代表入りを拒否。そして、ワールドカップの翌一九三九年一月に死亡した。ユダヤ人だったシンデラーの死因は公式には事故死とされているが、自殺説や謀略説などが囁かれ、真相は今でも闇の中にある。

そんな暗雲立ち込める時代に開かれたワールドカップだったが、フランスには近代的で美しいスタジアムがいくつも建設された。その代表がボルドーのパルク・ド・レスキュールだ。

ボルドーはワインで有名な都市だが、スタジアムが造られたレスキュール地区の土地も元々はワイン畑だったという。第一次世界大戦後に小さなスタジアムが造られ、一九二二年にはフランス対スペインの国際試合も行われた。その後、ボルドー市が土地を買収。一九三八年に新スタジアムが

パルク・ド・レスキュール

(World Stadiums)

完成した。

設計を担当したジャック・ドゥウェルスとラウール・ジュールドはスタジアム建築の経験がまったくなかったためか、ボルドーの新スタジアムは実に斬新な設計となった。陸上競技用と自転車用のトラック付きの「長円形」のスタジアムで、スタンドは鉄筋コンクリート製だった。

スタジアムを特徴づけたのがスタンド全周を覆うキャンティレバー（片持ち梁）構造のコンクリート製の屋根だ。大規模なキャンティレバーの屋根が初めて使われたフィレンツェのスタジアムでは、屋根はメインスタンドだけだったから、スタンド全体をこの形式の屋根が覆ったのはボルドーが初めてのことだった。

アーチ構造が連なるキャンティレバー構造の屋根はまるで波のようにも見えた。また、メインスタンドとバックスタンドの直線部分の屋根と曲線状のゴール裏サイドスタンドの屋根を連結する部分にはまるで船のブリッジ（船橋）のような構造が造られ、さらに照明塔も船のマストのような構造で、実際に風を避けるために照明灯を船の帆のように下げることもできた。つまり、このスタジアムは全体として「海と船」をモチーフとしており、ワイン貿易で栄えた港町ボルドーを象徴していたのだ。

一九三八年のワールドカップでは、パルク・ド・レスキュールで行われたブラジル対チェコスロバキアの試合は退場者三人と重傷者二人を出すという大荒れの試合となり、「ボルドーの戦闘」として長く語り継がれることとなる。

パルク・ド・レスキュールはその後、一九八四年のサッカーのヨーロッパ選手権、一九九八年のワールドカップにも使用された。一九八〇年代には何度かの改修が行われ、陸上と自転車用のトラックが撤去されてスタンドを拡張したのだが、歴史的建造物にも指定されているスタンドはできる限り原型を保つ努力もされた。

二〇〇一年には、地元出身の政治家で元首相ジャック・シャバンデルマスの名を冠して「スタッド・ジャック・シャバンデルマス」と呼ばれるようになった（元ボルドー市長でもあるシャバンデルマスは、かつてはサッカーとラグビーの選手でもあった）。そして、最近では二〇〇七年にはラグビーのワールドカップにも使用された。

しかし、二〇一六年にフランスで開催されたサッカーのヨーロッパ選手権を前にした二〇一五年には、ボルドーに新しいスタジアム、ヌーヴォー・スタッド・ド・ボルドーが完成し、ボルドーを代表する

スタッド・ド・ジェルラン
(World Stadiums)

サッカー・クラブ、ジロンダン・ド・ボルドーも新スタジアムに移っていった。しかし、スタッド・ジャック・シャバンデルマスも歴史的建造物として維持されていくことは間違いない。

同じように、二〇一六年に新スタジアム・スタッド・オランピーク・リヨネーが完成したことによってその役割を終えたのが、リヨンのスタッド・ド・ジェルランだ。

ジェルランは、日本人にとっては日本代表が初めて参加した一九九八年のフランス・ワールドカップの最終ジャマイカ戦で、中山雅史が日本にとってのワールドカップ初ゴールを決めたスタジアムとして記憶されている。また、二〇〇三年のコンフェデレーションズカップでカメルーン代表のマルク・ヴィヴィアン・フォエが心臓発作で倒れたのもこのスタジアムだった。フォエはすぐに病院に搬送されたものの、そのまま息を引き取った。

スタジアムが計画されたのは一九一〇年代のことだった。一九〇五年に選出された改革派市長のエドゥアール・エリノーが、二〇世紀初頭のフランスを代表する建築家であり、ル・コルビジエなどにも影響を与えたトニー・ガルニエに都市計画を任せたのだ。そして、ガルニエは展覧会場や住宅、病院などとともに、鉄筋コンクリートのスタジアムも設計した。当時のフランスでは多くのスタジアムがそうだったように、陸上競技、自転車競技のトラック付きスタジアムだった。

スタジアムの建設は第一次世界大戦勃発によって中断されてしまったが、戦争が終わると敗戦国ドイツから取り立てた賠償金や旧ドイツ軍捕虜を使って工事が再開され、一九二〇年に完成した。特徴はガルニエがメインとバック両スタンドの両端に造ったコンクリート製アーチのモニュメントだった。

スタッド・ド・ジェルランは陸上競技、自転車競技のほかには主にラグビーに使われた。当時、フランス南部ではサッカーはあまり盛んではなく、一九三八年のワールドカップでもフランス第二の都市であるリヨンは開催地に入らなかった。だが、第二次世界大戦後の一九五〇年にサッカー・クラブ、オランピーク・リヨネーが結成されてからは、ジェルランはその本拠地となり、まず、一九五〇年代に自転車用のトラックが、そして一九八四年のサッカー・ヨーロッパ選手権の前に陸上競技用のトラックが撤去されてスタンドが拡張された。

スタンド拡張の際、スタンド前列までをカバーする新しい屋根が建設されたが、スタンド前列に巨大なゴールポスト状の構造物を造って屋根を吊り下げる形式を採用したことによって、ガルニエが造ったアーチのモニュメントはそのまま残された。また、メイン、バックの両スタンドとゴール裏スタンドの間には、かつて存在した自転車競技用のトラックの一部が残されており、往時を偲ぶこともできた。

3　第二次世界大戦後のスタジアムの屋根の歴史

キャンティレバー式屋根の普及

フットボール専用で「長方形」のイングランド・スタイルのスタジアム。そして、陸上競技や自転車競技との兼用となる「長円形」や「楕円形」のスタジアム。その他、クリケット用の円形に近いスタジアムや野球用の不整形なスタジアム……。そうしたスタジアムの基本構造はすべて一九三〇年代には完成しており、その後は大きな変化はなかった。一方で、ローマやパカエンブーに見られたような「U字形」のスタジアムは「絶滅」してしまった。陸上競技の二〇〇メートルの直線走路が使われなくなったからだ。

基本構造自体に大きな変化がなかったので、スタジアム建築を任された建築家にとっての腕の振るいどころは屋根の設計に集約された。屋根は、観客にとっては雨や日差しを遮るための重要な施設であり、また、スタジアムのデザインや象徴性にも大きく関わってくるだけにさまざまな提案がなされた。

最初の課題は観客席からの視界を遮る柱のない巨大な屋根を作ることであり、そのため一九三〇年代以降キャンティレバー（片持ち梁）構造の屋根が各地に建設された。

すでに見たように、一九二〇年代から一九三〇年代にかけて完成したイタリア・フィレンツェの「スタディオ・ジョヴァンニ・ベルタ」やフランス・ボルドーの「パルク・ド・レスキュール」（いずれも、完成当時の名称）でキャンティレバー構造の屋根が建設された。

イングランドで初めてこのキャンティレバー構造の大規模な屋根が実現されたのは、シェフィールド・ウェンズデーの本拠地、ヒルズボロだった。

シェフィールドはイングランド中部の鉄鋼業の町で、古くからスポーツが盛んだった。一九世紀にはロンドンのFA（サッカー協会）とは別組織のシェフィールドFAが組織され、一八七八年に統合されるまで独自のルールも発展させていた。また、現在は八部リーグに相当する「ノーザン・プレミアリーグ・ディヴィジョン1サウス」で活動しているシェフィールドFCは一八五七年創立で、FIFAによって「現存する世界最古のフットボール・クラブ」と認定されている。

「ウェンズデー」は、シェフィールド・クリケット・クラブ（一八二〇年創立）のフットボール部門として一八六七年に発足。当時は水曜日が半休だったので、水曜日に試合を行ったことから「ウェンズデー」と呼ばれた。

そのウェンズデーが、オウラートン（現・ヒルズボロ）の地にスタジアムを建設したのは一八九九年のこと。当時はシェフィールド市街地から遠く、公共交通機関も通っていない不便な場所だったという。そして、あのアーチボルド・リーチが設計したゴール裏スタンドなどが造られ、ヒルズボロは次第にイングランドでも有数のスタジアムとして発展していった。

ヒルズボロ・スタジアム
（World Stadiums）

一九六一年にはヒルズボロに移転する前にウェンズデーが使っていた「オリーブ・グローブ」のグラウンドから移築したという（つまり一八九九年以前に建造された）古いスタンドが取り壊されて、新しいスタンドが建設された。そして、地元シェフィールドのハズバンド社はキャンティレバー構造の屋根を設計した。

キャンティレバー式の屋根はイングランドでもすでに一九五八年にスカンソープ・ユナイテッドの本拠地オールド・ショー・グラウンド（一八六七年完成。最高観客動員数二万三九三五人。一九八八年に新スタジアムに移転）で実現していたが、これはユナイテッド・スティール社がスタジアム建築のビジネスに参入しようとして実験的に建設したもので、九八八二人を収容するヒルズボロの屋根こそがイングランドで初めての本格的なキャンティレバー式の屋根ということになる。

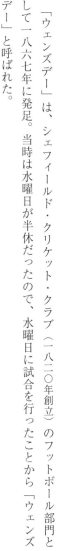

ヒルズボロでは一九八九年に九六人が死亡するスタジアム事故が起こり（第八章参照）、そのため「ヒルズボロ」は、「スタジアムの悲劇」と同意語のようになってしまったが、かつてはスタジアム建築史の中における輝かしい地位を占めていたのである。

「サッカー王国」ブラジルのスタジアム

かつて「世界最大のスタジアム」として知られていたのが、ブラジル、リオ・デ・ジャネイロにあるエスタジオ・ジョルナリスタ・マリオ・フィーリョ、通称マラカナンである。

現在のマラカナン（World Stadiums）

第二次世界大戦後初となる一九五〇年のワールドカップがブラジル開催と決まったのは一九四六年のＦＩＦＡ総会だった。この決定を受けて決勝戦の会場として当時ブラジル連邦の首都だったリオ・デ・ジャネイロ市に新設されたのがマラカナンだった。新スタジアム建設計画には賛否両論があり、場所の選定についても大論争があったが、最終的にはマラカナン地区の競馬場跡地が選ばれた。マラカナン川が流れ、かつては湿地帯だった場所で、「マラカナン」とはこのあたりに多く生息していたオウムの一種の名前が語源だという（沢田啓明『マラカナンの悲劇』（新潮社）を参照）。

マラカナン建設を熱心に主張した一人がスポーツ・ジャーナリストの大御所マリオ・フィーリョで、一九六六年に彼が亡くなると彼の名がスタジアムの正式名称とされた。ジャーナリストの名前が付くスタジアムというのは世界でも珍しい。

マラカナンのスタンドは二層式で、一階席は全体が立見席となっていた。スタンドが円に近い楕円形だったため、タッチライン中央部ではスタンドまでの距離が遠く、しかも傾斜が非常に緩やかな立見席からは試合が観にくかったはずだが、一階の大衆席はいつも多数の観客で埋まった。

スタンドは梁で支えられて柱が一本もないコンクリート製の大屋根で覆われていた。キャンティレバー式の屋根は、当時はまだヨーロッパでも珍しい最新式の構造であり、屋根を支えるカーブした太い梁はデザイン的にもマラカナンの外見的な特徴になっていた。

しかし、屋根の取り付けは難工事となり、ワールドカップが幕を開けても工事はまだ続いていた。最終的に完成したのは、着工から一七年後の一九六五年のことだった。

一九五〇年のワールドカップではブラジル代表が全六試合中五試合をマラカナンで戦い、そして決勝リーグ最終日に運命のウルグアイ戦を迎えた。この大会では、ノックアウト式トーナメントではなく、上位四か国によるリーグ戦で優勝を決めたのだ。

最終戦を前にブラジルは決勝リーグで二戦二勝。ウルグアイは二勝一分だったので、最終戦が引き分けに終わってもブラジルの優勝が決まるはずだった。そして、ブラジルが47分に幸先よく先制し、スタジアムを埋めたブラジル人ファンのすべてが自国の初優勝を確信した。だが、ウルグアイはその後フアン・スキアフィーノとアルシデス・ギッジャの連続得点で逆転してしまう。試合終了の瞬間、ブラジルの優勝を信じていた大観衆は沈黙に包まれた。

その後、ウルグアイで「マラカナッソ」という言葉が生まれ、ブラジルでも同じ言葉が使われるようになった。ウルグアイでは「マラカナンの奇跡」、ブラジルでは「マラカナンの悲劇」といった意味になる。ちなみに、この試合の観客数は公式記録では一七万三八五〇人となっているが、非公式には一九万九八五四人という数字が残っており、実際は二一万人以上が入っていたともいわれる。

しかし、数々の名勝負に彩られたマラカナンも次第に老朽化。一九九二年には二階席が崩落して観客三人が死亡する事故まで起き、その後何度かの大規模改装が行われた。そして、二〇一四年のワールドカップ開催を前に全面改築され、二層式の円に近い楕円形のスタンドは取り壊され、一層式で長方形に近いスタンドに生まれ変わった。また、屋根もグラスファイバー製のものに取り換えられたが、一九五〇年当時の太い梁が再利用されたため、外観はかつての姿をそのまま残している。生まれ変わったマラカナンは二〇一六年のリオ・オリンピックではサッカーのほか開・閉会式にも使用された。

ミネイロン（World Stadiums）

このマラカナンを参考に造られたのが、ミナスジェライス州の州都ベロオリゾンテにあるエスタジオ・ゴヴェルナドール・マガリャエス・ピント。通称「ミネイロン」である。

ミネイロンの悲劇

ミナスジェライスは金やダイヤモンドの採掘で栄えた裕福な州で、金鉱の町オウロプレット（ユネスコ世界遺産）が州都だったが、一八九七年に新しい州都が建設された。一九〇六年に「ベロオリゾンテ（美しい地平）」と名付けられたこの町は高原にあって四季を通じて気候が良いことで知られている。

さらに、一九四〇年代にはベロオリゾンテ市の北部に新都心としてパンプーリャ地区が開発された。ブラジルでは一九六〇年に新首都ブラジリアが建設されたが、ブラジリア建設を主導したジュセリーノ・クビチェク大統領は、実は一九四〇年代から一九五〇年代にかけてベロオリゾンテ市長とミナスジェライス州知事を歴任しており、その間にパンプーリャ地区の開発も主導したのだ。そして、クビチェク知事の下でパンプーリャ地区開発計画を作成したのがブラジルで最も有名な建築家オスカル・ニーマイヤーだった。

こうして建設されたパンプーリャ地区は、美しい人工湖の周囲に印象的な建築物が立ち並んでおり、ニーマイヤーが設計したフランシスコ教会などの建築群は世界遺産にも登録されている。その一角に建設されたのが「ミネイロン」だった。

陸上競技兼用の楕円形のスタジアムはエドゥアルド・メンデス・ギマラエス・ジュニオールとカスパール・ガレトの設計で、大きなキャンティレバー式の屋根を支える梁はマラカナンほど太くはないが、鋭さのあるデザインだった。しかし、構造的にはかなり難しい設計だったようで、一九五〇年に完成していたマラカナンをX線撮影して構造的弱点を研究して設計されたという。また、実際の工事に当たっては、スタジアムの隣に同様の構造の体育館（ミネイリーニョ＝二万五〇〇〇人収容）を建設。さらに、スタジアムの一部のセクションを先行して建設して、その経験を生かして全体の施工に移った。

二〇一四年ワールドカップのブラジル開催が決まるとミネイロンは再び全面改修され、トラックを撤去してピッチ面を掘り下げることによって六万二五四七人を収容するサッカー専用スタジアムに生まれ変わったが、旧スタジアムを特徴づけたあの梁が並んだ屋根の構造はそのまま使用され、「スタジアムの記憶」は引き継がれることとなった。

だが、開催国優勝を目指していたブラジル代表はこのスタジアムで行われた準決勝でドイツに1対7

と惨敗。「ミネイロンの悲劇」として、永遠に記憶されることとなってしまった。

「ミュンヘンの実験」

西ドイツ南部バイエルン州の州都ミュンヘンで開かれた一九七二年のオリンピックのために建設されたのがオリンピアシュタディオンである。二年後の一九七四年には西ドイツ・ワールドカップの決勝の舞台となり、フランツ・ベッケンバウアーをはじめとした地元バイエルン・ミュンヘンの選手で固めた西ドイツ代表がヨハン・クライフ率いるオランダと対戦。下馬評の高かったオランダがPKで先制するが、西ドイツが逆転で優勝を飾った。その後もバイエルンおよびライバル・クラブの1860のホームとして数々の激闘の舞台となったオリンピアシュタディオン。一九八八年のヨーロッパ選手権の決勝もここで開催された。

オリンピアシュタディオン（ミュンヘン）
（World Stadiums）

スタジアムの構造自体はシンプルな一層式スタンドを持つ楕円形の陸上競技場だったが、眼を引いたのはフライ・オットー教授デザインの透明なテント型の大屋根だった。鉄塔から張った鋼鉄製ワイヤーにアクリルガラスの板を取り付け、屋内プールなど他の施設も一体的に覆う巨大な構造物だった。画期的なこの大屋根のおかげでオリンピック公園はミュンヘンの人気観光スポットとなったが、その後、屋根の維持費が市当局にとっての大きな負担となってしまう。また、大屋根はスタジアムのメインスタンドしか覆っていないので、冬の気候が厳しいミュンヘンだけに、雪の中でバックスタンドやゴール裏を埋めた多くの観客が寒い思いをさせられた。

二〇〇六年のワールドカップが再びドイツで開催されることになったが、老朽化したオリンピアシュタディオンがFIFAの基準に適合していないことは明らかだった。しかし、全面改装案には設計者であるギュンター・ベーニッシュが猛反対。結局、バイエルンと1860の両クラブが共同で新しい専用スタジアムを建設することとなり、二〇〇五年にアリアンツアレーナ（七万五〇〇〇人収容）が完成。オリンピアシュタディオンはサッカーの表舞台から姿を消した。

パルク・デ・プランス
（World Stadiums）

陶芸作品のような優美な屋根

全体に波を打ったような美しい屋根にすっぽり包まれて優美なフォルムを見せるのが、パリにあるパルク・デ・プランス（通称パルク）だ。

ブローニュの森の南、全仏オープンテニスで有名なローラン・ギャロスからも近い場所で、かつてここが王家の狩猟場だったために「パルク・デ・プランス」つまり「王子たちの公園」と呼ばれている。だが、現在ではパリの市街地となっており、アクセスはとても良い。

この地に初めて競技場が建設されたのは一八九七年のこと。一周六六六メートルのトラックを持つベロドローム（自転車競技場）だった。世界最高峰の自転車ロードレース「ツール・ド・フランス」は、現在ではパリの目抜き通り「シャンゼリゼ」で最終日のフィニッシュを迎えるが、一九〇三年の第一回大会以来一九六七年大会までゴール地点はずっとパルク・デ・プランスだった。

パルクのベロドロームのフィールドではサッカーやラグビーの試合も行われた。一九〇五年にサッカーのフランス代表がスイスを1対0で破った試合はフランスにとって初のホームでの国際試合だったし、一九〇六年にはラグビーのフランス代表もここでニュージーランドと戦っている。

一九三二年には最初の全面改築が行われ、自転車のトラックは一周四五四メートルとなり、ピンクのトラックと緑の芝生のコントラストの美しさで知られるようになる。そして、同じ一九三二年にはフランスでサッカーがプロ化され、ラシン・ド・パリが創設されてパルクをホームとした。

一九三八年のサッカー・ワールドカップでは開幕戦、オーストリアを併合したばかりのドイツ対スイス戦の会場となり、パリっ子の大声援を受けたスイスが再試合の末にドイツを破った。また、一九五六年には、記念すべき第一回ヨーロッパ・チャンピオンズカップの決勝の地ともなり、スペインのレアル・マドリードがフランスのスタッド・ランスを4対3で破って栄光の五連覇の歴史をスタートさせた。

だが、一九六〇年代後半にパルクの下に環状高速道路（ペリフェリーク）のトンネルが通ることとなり、北東端一万七〇〇〇人分のスタンドを取り壊さなければならなくなった。そこで、パルクは再び全面改築され、自転車用のトラックは撤去され、フットボール専用スタジアムに生まれ変わった。

建築家ロジェ・テリベール設計の新パルクは五〇本の柱がスタンドと屋根を支えるデザインで、屋根の外周はスタンドの形状によって高さ二二メートルから三一メートルで滑らかにカーブしているが、屋根の内側の端はちょうどスタンド最前列の真上に同じ高さでかかり、スタジアム内から見ると、スタンド全体がすっぽり包まれているように感じられる。また、四万九七〇〇席はすべてピッチから四五メートル以内に収められているという。

蚕室綜合運動場（World Stadiums）

だが、完成当時、ラシンはすでに消滅してしまっていたので、新パルクを使用するサッカー・クラブがパリには存在しなかった。そこで財界主導でパリFCが創設され、パリ郊外にあった三部所属のサンジェルマンと合併して、パリ・サンジェルマン（PSG）が発足した。PSGは三部リーグからスタートして、今ではヨーロッパ屈指のビッグクラブに成長した。

一九九八年のフランス・ワールドカップを前に規模の大きいスタッド・ド・フランスも完成したが、PSGはその後も交通の便が良く、大きさも手ごろなパルクから動こうとはしていない。

フランスのサッカー界にとって、パルクにおける最も輝かしい記憶はミシェル・プラティニ主将の下で圧勝した一九八四年のヨーロッパ選手権であり、最も忌まわしい記憶は終了間際の失点でアメリカ・ワールドカップ予選敗退が決まった一九九七年のブルガリア戦だろうか。

さて、そのパルク・デ・プランスの屋根を参考にしたと言われているのが、一九八八年のソウル・オリンピックのメイン・スタジアム蚕室《チャムシル》綜合運動場主競技場である。

一九六〇年代後半から一九七〇年代にかけて、朴正熙《パクチョンヒ》大統領の独裁政権の下で経済成長を遂げた韓国は、一九六四年の東京に次いでアジアで二回目となる夏季五輪開催を計画。一九七七年に競技場建設に着手し、スタジアムは一九八四年に完成した。

一九六〇年代からの韓国の高度経済成長は「漢江《ハンガン》の奇跡」と呼ばれていた。漢江はソウル南部を悠々と流れる大河であり、その漢江の南の江南《カンナム》地区は新都心として開発され、高層ビルが立ち並んでいた。オリンピック競技場も江南の蚕室に建設された。朝鮮王朝時代には漢江の両岸は王家や貴族たちの別荘以外はほとんどが農村であり、養蚕業が盛んだったので「蚕室」という地名になったという。

ソウル・オリンピックの陸上競技ではカナダのベン・ジョンソンが九秒七九の世界記録を出したもののドーピング発覚で金メダルを剥奪され、女子短距離ではアメリカのフローレンス・ジョイナーが風のように駆け抜けた（ただし、ジョイナーにも薬物疑惑が囁かれている）。そして、サッカーの決勝ではアレクセイ・ミハイリチェンコを擁するソ連が延長の末にロマーリオ、ベベトのブラジルを破って優勝した。

主競技場の設計は韓国現代建築界の巨匠、金寿根《キムスグン》。「高麗青磁をモチーフにした」というなだらかなカーブの大屋根が特徴で、スタンドが屋根にすっぽりと覆われており、観衆が試合に集中できる巧みな設計になっている。この波を打ったようなカーブを描く屋根がパルク・デ・プランスと似ているのだ。

蚕室の主競技場はオリンピックの後も長い間韓国サッカーの聖地的な存在となっていたが、二〇〇二年ワールドカップ開催の前年にソウル市内麻浦《マポ》区上岩洞《サンアムドン》にサッカー専用のワールドカップ競技場が完成してからは国際試合が蚕室で行われることもほとんどなくなり、ほとんど活用されていないのが現状である。

高度化する吊り屋根の構造

二〇世紀最後のワールドカップとなった一九九八年のワールドカップのメイン・スタジアムとなったのが、パリの北隣、サンドニ市のガス工場跡地に建設されたスタッド・ド・フランスだった。スタジアム建設の経緯などについては、すでに第三章で触れたが、ここでは画期的な大屋根について見ていこう。

メトロでサンドニ駅に着いて外に出て空を見上げた瞬間に、その大屋根はすぐに目に入ってくる。スタンドよりずっと大きくて平らな円盤状の屋根が、まるでスタンドの上に浮かんでいるように見えるのだ。「浮いている」という感覚になるのは、この屋根がマストから吊り下げられているからだ。この大屋根、実はスタジアムの屋根としては珍しい「斜張式」が採用されている。

「斜張橋」という構造の橋がある。たとえば、首都高速湾岸線の横浜ベイブリッジは「吊り橋」で、鶴見つばさ橋が「斜張橋」だ。巨大な塔からケーブルで橋桁を吊り下げるのは同じだが、「吊り橋」が二本の塔の間に張ったケーブルから垂直に垂らしたロープで橋桁を吊り下げているのに対し、「斜張橋」の場合は塔から斜めに張ったケーブルで橋桁を直接つないでいる。「吊り橋」は古くから使われてきた構造だが、「斜張橋」の方は負荷の計算など構造解析が難しいため、二〇世紀後半になって実用化した新しい技術だ。

スタッド・ド・フランスの屋根
（World Stadiums）

スタッド・ド・フランスの大屋根はその斜張橋の技術を用いたもので、二〇本のマストを立ててそこから渡した斜めのケーブルで面積六ヘクタール、重さ一万三〇〇〇トンという大屋根を支えている。この大屋根は、二〇〇二年には「国際橋梁構造工学協会賞」を受賞している。

「砂漠の遊牧民ベドウィンのテントを模している」といわれるのが、サウジアラビアの首都リヤドにあるキング・ファハド・インターナショナル・スタジアムである。

広大なアラビア半島の中で、昔から多くの人が暮らしていたのは半島西部、紅海沿岸のヒジャズ地方だった。イスラムの聖地マッカ（メッカ）やマディナ（メディナ）、それに港町ジッダ（ジェッダ）などがある地域だ。しかし、一九三二年にアラビア半島を統一したアブドルアジズ国王はサウード王家の本拠であるナジュブ地方のリヤドを首都に定めた。当初は首都とは名ばかりの小都市だったのだが、一九七〇年代に入ると石油資源からの莫大な収入を使ってリヤドは近代都市に変貌。人口も急増して今では五〇〇万人に達している。

そんなリヤドの近代化の象徴として一九八〇年代に建設されたのがキング・ハリド国際空港とキング・ファハド・インターナショナル・スタジアムだった。どちらも、大理石をふんだんに使った豪華な建築だった。

ベドウィンのテントを模したといわれる大屋根（World Stadiums）

ちなみに「ハリド」はサウジアラビア王国四代目の前国王、「ファハド」は一九八二年に即位したばかりの五代目の新国王の名だった。

スタジアムは陸上・サッカー兼用で、楕円形の一階スタンドのほかバックスタンド側に約九五〇〇席の二階席が設けられており、とくに豪華なのが王族が使用する貴賓席を含むメインスタンド側の諸施設だ。アラブ諸国のスポーツは王族同士の見栄の張り合いでもある。サウジアラビアの王族は、近隣諸国の王族をこのスタジアムに招いてその豪華さを誇示するわけだ。

超豪華なスタジアムの最大の特徴が、高さ六〇メートルのマストが二四本立ち並び、テフロン加工の白い布でスタンドおよび周囲の四万七〇〇〇平方メートルを覆う大屋根だ（写真）。上空から見るとの屋根は外周が直径二四七メートルの真円形で、中央には直径一三四メートルのリング状の穴が開き、トラックとフィールドはアラビア砂漠に照り付ける強い日差しを受けることとなる。スタンドから屋根まではかなりの高さがあるが、リヤドでは雨はほとんど降らないから雨が降り込む心配はない。屋根は雨除けではなく、日除けのためのものなのだ。

スタジアムは一九八七年に完成。当時はサウジアラビア・サッカーの黄金期で、代表チームは一九八四年、一九八八年とアジアカップで連覇を飾っていた。完成直後の一九八七年一二月にはアジア・クラブ選手権決勝大会が開かれ、地元の名門アルヒラルが圧倒的に有利と思われていたが、西ドイツから帰国したばかりの奥寺康彦を擁する日本の古河電工が優勝。日本に初めてクラブの国際大会での優勝をもたらした。

4　開閉式屋根とドーム型スタジアム

スタジアムの基本構造は一九三〇年代にはすでに確立され、以後、建築家たちはさまざまな構造の屋根を実現してはその個性を競っていた。

開閉式屋根の普及

歴史が動いたのは、一九九〇年代のことである。

この頃、開閉式の屋根や人工地盤といった新しい技術が使えるようになってきたのだ。そして、ついには完全に密閉されたドーム型のスタジアムも登場した。

屋外競技の場合、天候の影響を受けることが多い。気温や湿度や風で有利不利が生じるし、雨が降って水たまりができていたらパスはつなげなくなってしまう。太陽の向きや、ピッチの芝の条件。ピッチが濡れているか、乾いているか……。さまざまな気象条件が勝敗を左右する。スタンドで観戦する観客にとっても悪天候は大敵だ。暑さの中で直射日光を浴びたり、雨風に耐えながらの観戦を強いられたり、時には氷点下の雪の中で何時間もスタンドに座っていなければならないことだってある。

そうした、自然現象もゲームのうち。それを乗り越えて、あるいはそうした悪条件を利用して勝つ。それが屋外スポーツの醍醐味でもあった。しかし、技術の発展によって、そうした自然環境による影響を減らすことができるようになってくる。

スタンド全面に屋根を付けることができれば観客が雨に濡れながら観戦する必要はなくなるし、空調で気温を調節することも可能になる。観戦条件が改善できれば、観客動員数が増え、クラブ経営にプラスとなる。しかし、屋根付きのスタジアム、いわゆるドーム型スタジアムでは天然芝のピッチを実現することは難しい。

そこで考え出されたのが開閉式の屋根だ。晴れている時は屋根を開いて芝生のために必要な日照と通風を確保し、雨が降ったら屋根を閉じればいい。しかし、大きな面積の屋根を簡単に開閉することはそれほど易しいことではなかったし、費用もかかる。開閉式屋根はなかなか実現できなかった。

ヨーロッパのサッカー・スタジアムで初めて開閉式の屋根を実現したのは、一九九六年に完成したオランダのアムステルダム・アレナだった。開閉式の屋根を備えていること。そして、ピッチが地上三階に当たる人工地盤の上に設けられていることが大きな特徴だ。

このスタジアムは、当初アムステルダムが一九九二年の夏季オリンピック開催に名乗りを挙げた時に、陸上競技とサッカー兼用のメイン・スタジアムとして計画された。しかし、アムステルダムはバルセロナに敗れてオリンピック招致に失敗。スタジアム建設も一度は中止となった。だが、アムステルダムを代表するサッカー・クラブであるアヤックスが新スタジアムを必要としていたので、一転して開閉式屋根付きのサッカー専用スタジアムとして建設されることになったのだ。

アヤックスが使用していたデ・メール（一九三四年完成）は一万九〇〇〇人収容と手狭だったのでビッグゲームにはオリンピス・スタディオン（一九二八年のオリンピックのメイン・スタジアム）が使われていたが、こちらもすっかり老朽化しており、アムステルダム市は取り壊しを決定していた。

アレナは一九九三年に着工され、まず開閉式の大屋根を組み上げ、その後ピッチと二層式のスタンドが造られて一九九六年に完成。アヤックスのホームとなった。

アムステルダム・アレナ
（World Stadiums）

アレナの開閉式屋根は最高部が地上七七メートルもあり、近くから見るとまさに聳え立っているという印象を受ける。高さが必要なのは、アレナの下を高速道路が通っているからだ。一階には五〇〇〇台収容の駐車場、二階にはアヤックス博物館やレストランが設けられ、ピッチは地上三階、地表からの高さ九メートルの位置に造られている。

二〇〇〇年にはオランダ・ベルギー共同開催のヨーロッパ選手権の決勝戦の会場となったアレナ。開閉式屋根を生かしてコンサートや格闘技などのイベントに使われる頻度も多い。

アムステルダム・アレナで試みられた開閉式屋根は、その後、世界各地のスタジアムに取り入れられていく。

二〇〇二年のワールドカップを共同開催した日本でも、開閉式の屋根を持つスタジアムが造られた。

黒川紀章設計の大分スポーツ公園総合競技場は陸上競技兼用の楕円形のスタジアムで、大きな球面の屋根が取り付けられている。上空から見ると直径約二七四メートルの真円形で、「直径四〇五メートルの巨大な仮想の球体の上部だけが緑に囲まれた地面から顔を出した」というコンセプトになっている。

大分スポーツ公園は大野川と大分川の間に位置する松岡・横尾丘陵に大分県が設置したもので、公園となる前は自然が豊富な里山で

大分スポーツ公園

世界最大級の両生類オオイタオオサンショウウオも生息していた。そのため、スポーツ公園内でも自然環境を保存するため、常緑広葉樹を中心とする里山の植生を再現している。そして、スタジアム自体も景観に配慮し、二層式スタンドの下層は掘り込み式にすることで高さを抑え、固定式大屋根も表面がチタン仕上げとなっているため軽快な印象を受ける。

開閉式屋根は固定屋根と同じ曲率の球状になっており、メイン、バック両スタンド側からウィンチで巻き上げてスライドさせて閉じる構造で、屋根を開ける時は動力を使わないでも自重で開くという。上空から見ると円形の固定屋根に楕円形の開閉部があり、膜構造の屋根がまるで瞬きするように閉じたり開いたりするので「ビッグアイ（大きな目）」という愛称が付けられた。

固定屋根の中央に大きな開口部を設け、開閉式屋根には光の透過率の高いテフロン膜を採用して日照を確保し、さらにドームの下部と地表の間に高さ八・五メートルの隙間を設けて通風にも配慮していたビッグアイだが、それでも日照や通風が十分ではなかったようで、夏場には高温多湿になってしまうため天然芝の維持管理が難しく、二〇〇九年一〇月にはピッチ・コンディション悪化のためにサッカーの国際試合（日本対トーゴ）の会場が変更になったことさえあった。そのため、その後はイベント数を減らし、必要時以外は屋根を開けたままにして芝生を維持しているのが現状だ。

愛知県豊田市の豊田スタジアムについてはすでに第三章で紹介したが、ここにはスタジアムのメイン、バック両スタンドの固定式屋根にレールを取り付け、一三枚の大きなエアマットを用いた開閉式屋根が取り付けられた。

シンガポールのカラン地区にあったナショナル・スタジアムは二〇〇七年に閉鎖され、全面改築された新スタジアムが二〇一四年に完成。スタジアムには「世界最大」という開閉式大屋根が取り付けられた。そして、下段スタンドは可動式で陸上競技、サッカー、ラグビー、クリケットなど用途に応じて配置を変えられるのが特徴だ。

このように開閉式の屋根を設置したスタジアムは、今ではけっして珍しい存在ではない。ただ、一般的にいえば、開閉式の屋根は開いた状態でも開口部が小さいため、日照や通風が十分ではなく芝生のコンディション維持には苦労しているようである。

人工地盤の上のピッチ

フットボールを行うための芝生のピッチは、かつてはその土地の土壌をそのまま利用して、土の上に芝生を植えて作るものだった。いや、初期には、もともとと存在していた芝生の周囲にスタンドや土手を築いてスタジアムが造られた。それぞれの土地の土質は、粗い目の土だったり、粘土質の土だったりと千差万別だ。そして、それによってピッチ・コンディションにも大きな違いが生じた。たとえば、国立競技場の前身である明治神宮外苑競技場で関西のチームが戦うと、関東特有の火山性の粘土質の土（関東ローム層）に悩まされたといわれる。特に、フットボール・シーズンは冬場だったから、霜解けの状態ではピッチ・コンディションは最悪だったらしい。

しかし、その後、スタジアムを建設する時に土を入れ替えることもなされるようになっていく。

かつて、東京の国立競技場ではフットボール・シーズンになるとサッカーやラグビーの試合に使われ、芝生の劣化が問題になっていた。とくに、ヨーロッパ・チャンピオンズカップ優勝チームと南米のリベルタドーレス杯優勝チームが対戦するトヨタカップ（クラブ世界一決定戦）が始まると、冬枯れして白くなってしまった芝生に参加チーム側から疑問の声が上がるようになった。また、テレビなどでヨーロッパのサッカーの映像を見たファンの間でも不満が高まった。

しかし、冬でも緑を保てる寒冷型の芝（いわゆる「冬芝」）は日本の高温多湿な夏を越えられない。そこで、国立競技場では夏芝が休眠状態に入る秋口に夏芝の上に冬芝の種子を撒く「オーバーシーディング」という方法で冬のフットボール・シーズンにも芝生を緑に保つ試みがなされた。

そして、国立競技場では一九九一年に地盤の改修工事が行われ、従来の床土を三〇センチまで掘り下げて、そこに砂を入れて「砂床構造」を造成し、砂床の底に設置したパイプから給水する「サンドグリーン床方式」を採用した。こうすると、芝生の根が水を求めて深くまで伸びて砂床にしっかり根付くのだ。こうして根付いた生命力の強い夏芝をベースに、冬場には冬芝をオーバーシーディングして緑を保つことによって、国立競技場の芝生は世界でもトップクラスの美しく強靭な芝生に生まれ変わった。

「サンドグリーン床方式」とは、つまりまったく人工的な土壌を作ることを意味する。また、陸上競技のトラックは二〇世紀後半には全天候型のウレタン製のものが一般的になった。それなら、そもそも競技場のグラウンドを自然の土の上に造る必要はないということになる。人工地盤の上に競技場を造ることが可能になったのだ。

人工地盤の上のスタジアム。その最初の例は、モナコ公国にあるスタッド・ルイ・ドゥーだった。

モナコ公国は一三世紀の建国以来グリマルディ家によって支配されるれっきとした独立国だが、独立の地位と引き換えに領土の大半をフランスに譲ってしまったため、領土は首都のモナコ市のみで総面積二・二平方キロメートル。東京二三区で最も狭い台東区の五分の一という小さな都市国家である。

一九二二年に大公に即位したルイ二世（フランス語で「ルイ・ドゥー」）はスポーツ好きで、自動車レースのモナコ・グランプリの創始者として知られるが、一九二四年にはサッカー・クラブのASモナコも発足させた。ASモナコはフランス・リーグでプレーしているが、大公家の後援を得て強化され、一九五三年にはフランス一部の「リーグ・アン」に昇格。強豪としての地位を築き上げた。

一九三九年に完成した初代のスタッド・ルイ・ドゥー（一万二〇〇〇人収容）が老朽化した一九六〇年代には移転が計画された。国土が狭いモナコ

スタッド・ルイ・ドゥー
写真右手のサイドスタンドの後方はフランス領
（World Stadiums）

にはなかなか土地が見つからなかったが、一九七〇年には旧スタジアム東側の海の埋め立てが始まり、その一角に新スタジアムが建設されることになった。スタジアムはモナコ領土の端に位置しており、南側ゴール裏（写真右側）は一本の道路を隔ててすぐフランス領になる。

周囲はオフィスやマンションが建ち並んでおり、スタッド・ルイ・ドゥー自体も地上から見るとまるでオフィスビルのように見える。じつは陸上競技のトラックと天然芝のピッチがあるのは地上五階に当たり、ピッチの下には体育館や水泳プールのほか四層の駐車場があり、また多くのテナントが入って実際にオフィスビルとなっているのだ。テナントの中にはモナコ公国唯一の大学であるモナコ国際大学（IUM）も入っているが、スタジアム内に大学が入るというのは世界広しといえども、おそらくこのスタジアムだけだろう（ビジネス専門のIUMにはスポーツ経営学科も存在する）。

今では、こうした人工地盤の上に造られたスタジアムは、けっして珍しいものではなくなっている。二〇〇二年のワールドカップで決勝戦の舞台になった横浜国際総合競技場もその一つで、人工地盤の下の駐車場は鶴見川の遊水池であり、川が氾濫した場合には駐車場は水浸しになる。

ドーム式スタジアムの歴史

こうして、スタジアムは自然の土地や自然の空気から切り離された人工の空間に近づいていく。そうなれば、次に考えられるのは、完全に外気から密閉されたドーム式のスタジアムだろう。

大規模なドーム型スタジアムとしては、アメリカ合衆国テキサス州のヒューストンにある「アストロドーム」を嚆矢とする。

ベースボール、ナショナル・リーグの「コルト・フォーティーファイブス（45s）」はヒューストンをフランチャイズとしていたが、テキサスは夏場の気温が高く、降水量も多かった。そのため、一九六五年にここにドーム球場が建設されたのだ。ヒューストンにはアメリカ航空宇宙局（NASA）の有人宇宙船センター（現在の名称は「ジョンソン宇宙センター」）が置かれており、一九六〇年代はまさに人間を月に送り込むアポロ計画の真っ最中だった。そのため、スタジアム名は「天体」を意味する「アストロドーム」とされ、チームも「ヒューストン・アストロズ」に改名された。屋内スタジアムは世界でも初めてのもので、「世界の八番目の不思議」とまで称されていた。

収容力は完成当時で四万二二一七人。屋根の高さは二〇八フィート（約六三・四メートル）もあった。当初はアストロドームにも天然芝が敷かれ、採光のために透光性の高い屋根が使われていたが、フライを取る際に太陽光が邪魔になるためアクリル製の屋根に変えざるを得ず、天然芝を育てることは不可能になってしまった。そこで、世界で初めて人工芝が開発され、「アストロターフ」と名付けられた。すべてが世界で初めての技術であったが、その後、ドーム型野球場はアメリカや日本の各地に建設され、人工芝はさまざまなスポーツで利用されるようになっていく。

しかし、アメリカの野球界では人工芝が選手の膝に負担をかけることなどから、次第に天然芝に再転換されるようになっていく。世界初のドーム型野球場アストロドーム自体も老朽化してしまい、一九九九年を最後としてアストロズはヒューストンのダウンタウン地区に建設された新球場エンロン・フィールド（現・ミニッツ・メイド・パーク）に移転。アストロドームは二〇〇八年に閉鎖された。

日本では、一九八八年に東京都文京区の後楽園競輪場跡地に東京ドームが完成した。ここには「空気膜構造」と呼ばれる屋根が設置されている。ドーム内の空気圧を外部よりも三ヘクトパスカルだけ高くして屋根を膨らませているのだ。屋根までの高さはアストロドームよりやや低い六一・六九メートルとなっており、収容力は約四万六〇〇〇人。セントラル・リーグの読売ジャイアンツの本拠地として建設され、かつてはパシフィック・リーグの日本ハム・ファイターズも本拠地としていたが、ファイターズは二〇〇四年に札幌市の札幌ドームに移転した。

アメリカのメジャーリーグでは、ドーム球場は閉鎖され、天然芝で屋外のボールパーク（野球場）に回帰してきているが、日本のプロ野球では東京ドーム以降も数多くのドーム球場が建設され、二〇一七年現在一二球団中六球団がドーム球場を本拠地としている。もちろん、すべて人工芝である。

ドーム型スタジアムでのサッカーは可能か？

現在では、サッカーでも人工芝は各地で使用されている。練習場はもちろん、気候的に天然芝の維持が難しい寒冷地（北欧やロシア）や乾燥地帯（中東など）では全国リーグや国際試合にも人工芝が使われる。また、二〇一五年にカナダで開かれた女子ワールドカップでは全試合が人工芝の上で行われた。だが、天然芝に比べてスリッピーであったり、スライディングが難しかったりといった問題点があり、まだまだ人工芝での試合は一般的ではない。

一九九四年のアメリカ・ワールドカップでは、デトロイトでドーム型スタジアムが使用された。実際にはデトロイトの隣町、ミシガン州ポンティアックにある「ポンティアック・シルバードーム」だ。

アメリカン・フットボールのNFLのデトロイト・ライオンズの本拠地として一九七五年に完成したスタジアムで（完成当時の名称は「ポンティアック・メトロポリタン・スタジアム」）、収容力は八万〇三一一人。当時のNFLのスタジアムでは最大だった。屋根は、テフロン加工ガラス繊維製の布屋根を空気圧で膨らませる「空気膜構造」。後の東京ドームに使用された「エアドーム」方式がスタジアム建設に初めて採用された。

アメリカン・フットボールは冬のスポーツだから、アメリカ北部ミシガン州の厳しい冬でも快適に観戦できるドームの完成は歓迎された。だが、ポンティアックはデトロイト市から三〇マイル（約五〇キロ）も離れているため観客動員が難しく、ライオンズは二〇〇二年にはデトロイトのダウンタウンに建設された新スタジアム、フォード・フィールドに移転。シルバードームは売りに出されたものだが、買い手がつかず、今では屋根も壊れて廃墟と化してしまっているという。

そのシルバードームで、サッカーのワールドカップの試合が開催された。

人工芝の上に天然芝を敷き詰めて使用されたのだが、当然ピッチ・コンディションは悪く、さらにアメリカン・フットボールは冬に開催されるのでシルバードームには冷房装置がなく、そのため夏の猛暑の中で行われたワールドカップでは屋内の気温が四〇度を超えてしまったのだ。選手や観客が快適にプレーしたり、観戦したりできるというのがドーム型スタジアムの最大の利点であるはずなのに、これでは逆効果。ＦＩＦＡにはドーム型スタジアムに対する悪い印象だけが残ることになった。

ドーム型スタジアムと可動式ピッチ

シルバードーム以後、ドーム型スタジアムでサッカー・ワールドカップの試合が開催された唯一の例は二〇〇二年大会の札幌ドームである。

ドームが建設されたのは札幌市が二〇〇二年ワールドカップ開催地に立候補したのがきっかけだった。当初は屋外のサッカー専用スタジアムを建設する予定だったが、札幌市には一九八〇年代からプロ野球の開催を目的とした全天候型多目的スタジアム「ホワイトドーム」の構想があり、市は民間による資金調達を条件にドーム型スタジアム建設に乗り出した。そして、北海道財界の協力もあり、札幌市豊平区羊ケ丘にあった農業試験場（現・独立行政法人農業・食品産業技術総合研究機構）の甜菜試験場が十勝に移転した三〇万五〇〇〇平方メートルの跡地にドームが建設された。

こうして、クラーク博士像でも有名な観光地、羊ケ丘の麓にステンレス鋼製のドームの屋根が独特の景観が形作ることになった。札幌ドームの屋根は、雪かきをしないでも雪が自然に滑り落ちるような形状に設計されているため、独特のカーブが印象的だ。

最大の問題はドーム型スタジアムの中にどうやって天然芝のピッチを用意するかだった。そこで導入されたのが「ホヴァリング・サッカー・ステージ」という可動式の天然芝ピッチだった。

ドームの東隣、野球でいえば外野スタンド後方の屋外に設置した可動式ピッチ「サッカー・ステージ」上に天然芝を育成しておく。そして、サッカーに使用する時は、まず野球用に敷き詰められている人工芝を巻き取ると同時に外野スタンドの可動席を収納して壁を開いて幅九〇メートルの巨大な開口部を作る。そして、八三〇〇トンもある「サッカー・ステージ」を空気圧によって七・五センチ浮上させ、三四個の車輪によって分速四メートルで移動。屋内に入ってから九〇度回転させ、サッカー・モードに切り替えるのだ。これだけで約一〇時間の大規模な作業となるという。そして、試合が終了すれば、すぐこの逆の作業が行われ、ドームは野球モードに戻る。次の週末まで野球開催の予定がなくても、天然芝のサッカー・ステージは数日屋内に置いておくだけでたちまち状態が悪化してしまうからだ。

屋外で日光をたっぷり浴びて育った芝生の状態はもちろん常に良好で、二〇〇二年にはJリーグのベストピッチ賞を受賞した。

サッカーと野球、そして芝生を傷めることなくコンサートも開ける札幌ドーム。二〇〇四年にプロ野球の日本ハムファイターズが移転してきてから稼働率は大幅に上がり、二〇〇二年ワールドカップで使用されたスタジアムの中では圧倒的に高い稼働率を誇っている（ただし、二〇一六年になって北海道日本ハムファイターズは独自スタジアム建設の意向を明らかにした）。

屋外競技場と比べてドーム型スタジアムは建設費も維持費もかかる。札幌ドームの場合、建設費は屋外のサッカー専用競技場として想定されていた総工費を約一〇〇億円以超過してしまった。建設時にはまだファイターズの移転が決まっていなかったことを考えれば思い切った投資だった。また、モードの転換には野球場からサッカー場への片道だけで三〇〇万円の費用がかかるため使用料も高額になってしまう。また、スタンドが一層式のためメインスタンド（野球の内野席）がサッカーのピッチから遠すぎるとか、フェンスが高すぎるといった批判もあるのは確かだ。だが、五三メートルの高さから札幌市街を一望できる展望台でイベントを催したり、外野席後方に子供たちが遊べるキッズスペースを設置したりといった集客努力もあって運営会社は黒字を維持。ドームは市民からも親しまれ、寒さが厳しい札幌のスポーツ観戦環境を大幅に改善させた。

ドーム型スタジアムでなくても、大きな屋根を付けたスタジアムはどこでも芝生の維持管理に苦労しているのだから、今後、ホヴァリング・システムは普及していく可能性を持っている。

実は、可動式ピッチを実現させたのは札幌ドームが初めてではない。

世界最初の可動式ピッチは、一九九八年にオランダ・アーネムのヘルレドームで採用された。オランダ一部リーグ、エールディビジのサッカー・クラブ、フィテッセの本拠地で、収容力は二万五〇〇〇人だ。開閉式の屋根が付いたヘルレドーム。芝生のピッチをスタジアム外の駐車場のスペースに移動できるので、芝生を傷めることなく、コンサートなどが開催できる。

どこのスタジアムもコンサートなどに貸し出され、運営会社にとっては大きな収入源となっているが、その際、ピッチ上を利用するためにカバーをかけると、わずか二、三日であっても芝生に大きな損傷を与えてしまう。経営のために必要なコンサートは、同時に芝生の大敵なのだ。そのコンサート問題が、可動式ピッチによって解決できるのだ。

ドイツのゲルゼンキルヘンのアレーナ・アウフシャルケ（現在は命名権契約によって、「フェルティンス・アレーナ」）は二〇〇一年に完成した。ゲルゼンキルヘンはドイツ、ルール地方の炭鉱町で、サッカー・クラブのシャルケ04はドイツでも最も伝統のある名門クラブの一つだ。

アレーナ・アウフシェルケ
（World Stadiums）

シャルケは、西ドイツ・ワールドカップ前年の一九七三年に完成したパルクシュタディオン（六万二〇〇八人収容）を使用していたが、陸上競技兼用のパルクシュタディオンはシンプルなボウル状の構造で、メインスタンド以外に屋根がないなどの欠陥があり、老朽化も進んでいた。そこで、パルクシュタディオンの近くにアレーナ・アウフ・シャルケが建設されたのだ。もちろん、二〇〇六年のドイツ・ワールドカップでも使用された。

スタジアムには開閉式の屋根が設置されており、サポーターはパルクシュタディオン時代のように雨に打たれる心配なく観戦ができるようになった。そして、ピッチは可動式で芝生は屋外で養生され、試合の時だけ移動させるのだ。

アメリカ合衆国のアリゾナ州フェニックスにも、天然芝の可動式ピッチを移動させるドーム型スタジアムが建設されている。NFLのアリゾナ・カーディナルスの本拠地、ユニバーシティ・オブ・フェニックス・スタジアムだ（大学の名称は命名権契約によるもので、大学所有のスタジアムではない）。このスタジアムの場合、屋根が透光性の素材で作られているため、屋根を閉じても太陽光が届いて暗くならず、ドーム型スタジアムなのに、天然芝の上で太陽光を浴びてプレーできるのだ。

フェニックスは非常に気温が高く、NFLが開幕する秋口でも外気温が四〇度になることがある。しかし、屋根を閉じて空調を効かせれば快適なコンディションでプレーできるのだ。二〇〇八年には、スーパーボウルも開催され、二〇一六年にはサッカーの南米選手権「コパ・アメリカ」の百周年記念大会の会場ともなった。コパ・アメリカは六月に開催されたため外気温は五〇度にも達していたが、ドーム内は常に快適な状態に維持された。

札幌ドームでは野球モードとサッカー・モードを切り替えるため、芝生をスタジアム内に移動させてから九〇度回転させなければならないので、作業は複雑になり、時間もコストもかかる。だが、アーネムやゲルゼンキルヘン、フェニックスのスタジアムの場合、いずれもフットボール専用なので、芝生を直線的に移動させるだけですむから、建設費も維持管理費も少なくてすむ。

フットボール専用スタジアムの場合は野球兼用の札幌ドームのように稼働率を上げることはできないが、少なくとも芝生の心配をせずにコンサートを開催できるのは大きなメリットとなるはずだ。開閉式の屋根やドーム型スタジアム。そして、まだ世界に数例しかない可動式ピッチ。これらの技術は、今後もさらに発展と進化を続けていくことだろう。

第五章　独裁者とスタジアム

1　スポーツの政治利用のモデルを作ったムッソリーニ

ベニト・ムッソリーニの権力装置

二〇世紀には、世界中にいくつもの全体主義体制が出現した。ヨーロッパでは一八世紀から一九世紀にかけて「一つの国民（民族）が一つの国家を作る」という理念の下に「国民国家」というシステムが成立し、二〇世紀に入ると国家同士の競争のために「国民」という仮想的な集団が総動員されるようになった。指導者たちは「国語」を統一し、「国民の歴史」や「神話」を創造することによって「国民意識」を強化して、人々に国家に対する一体感や忠誠心を持たせようとした。自国民の優越性を唱え、さらに他国民（民族）に対する侮蔑や憎悪を掻き立てるような政治的なプロパガンダすら繰り返された。スポーツもそうした流れに巻き込まれ、国民意識の強化のために利用された。

その極限に位置するのが全体主義国家だ。国民共同体やイデオロギー共同体がすべてに優先され、政治指導者は無謬の絶対的な存在として神格化されることになる。

そうした全体主義的体制の指導者、つまり独裁者たちは一般的にスタジアムという「装置」を好んだ。彼らは、自らの権力を誇示するために大規模なスタジアムを建設し、そこで世界規模のスポーツ大会を催してみたり、あるいはそこでパレードやマスゲームを開催したりする。スタジアムには権威主義的な意匠が施され、体制を賛美したり、国民意識を高揚させたりするような名称で呼ばれた。

さて、「スポーツの政治利用」としてわれわれが真っ先に思い浮かべるのは、一九三六年にナチス・ドイツが開いた「民族の祭典」、ベルリン・オリンピックであろう。

だが、ヒトラーより前にスポーツの政治利用を思い付いてそれに成功したのがイタリアの独裁者ベニト・ムッソリーニ統領だった。イタリアでは一九二二年にムッソリーニの「国家ファシスト党」が黒シャツ隊のローマ進軍によって政権を掌握。ムッソリーニは着々と独裁体制を築き上げていた。そのムッソリーニは一九三四年にサッカーのワールドカップの第二回大会をイタリアで開催して国内外にその権力と威信を誇示しようとしたのだ。ムッソリーニは若いころからスポーツを愛好していたことで有名だが、そんなムッソリーニの経験も、スポーツの政治利用を思い付いた理由だったのかもしれない。

ムッソリーニは大会のため全国に八つのファシスト体制好みのスタジアムを建設した。

たとえばピエール＝ルイジ・ネルヴィが設計したフィレンツェの近代的なスタジアム（第四章参照）は地元フィレンツェ出身のファシスト党の活動家の名前を採って「スタディオ・ジョヴァンニ・ベルタ」と呼ばれた。また、そのフィレンツェとは対照的に煉瓦造りの古典スタイルのスタジアムとして建設されたボローニャのスタジアムには、より直接的にムッソリーニを賛美する仕掛けが施されていた。

一九二〇年代から一九三〇年代にかけて世界各地に造られたスタジアムには「マラソン・タワー」と

呼ばれるタワーが建てられることが多かった。とくに実用的な意味はない、シンボル的な存在である。そして、古典主義的なボローニャのスタジアムでは、タワー自体もまた煉瓦造りの重厚な古典スタイルのデザインで、ボローニャ市街を貫く「ポルティコ」と呼ばれる煉瓦のアーケードの一部を構成していた。そして、タワーの内側（スタジアム内に面した側）には大きなアーチがあり、ここにムッソリーニの黄金の騎馬像が飾られていた（ムッソリーニ像は第二次世界大戦後すぐに撤去され、現在タワーのアーチは大きな空洞になっている）。また、タワーの東側（スタジアムの外側）はバックスタンド裏のピエトロ・デ・コウベルティン通り（「ピエトロ・デ・コウベルティン」とは、ピエール・ド・クーベルタンのイタリア語読み）に面しており、指導者たちがタワーの上からこの通りで行われるパレードを観閲するためのバルコニーも備えていた。さらに、一九三六年にイタリアがエチオピアの植民地化に成功すると、マラソン・タワーの屋上には勝利の女神「ヴィットリア」像が設置された。まさに、独裁者の好みそうな仕掛けが数多く組み合わされていたのだ（勝利の女神像は、第二次世界大戦末期にこの町を占領したドイツ軍兵士が射撃訓練の的として破壊してしまった）。

スタディオ・レナート・ダッラーラの
マラソン・タワー（左側）（World Stadiums）

　そして、スタジアムは、ファシスト時代には「スタディオ・リットリアーレ」と呼ばれていた。「リットリアーレ」とは、古代ローマ時代に斧に木の束を結び付けた「ファスケス」という権力のシンボルを捧げ持った護衛官「リクトル」の現代イタリア語風の形容詞形だ。「ファスケス」は現代イタリア語では「ファッショ」となり、ムッソリーニが率いる政党

「国家ファシスト党」の語源となった言葉だ。

つまり、「スタディオ・リットリアーレ」は、デザインも名称もすべてファシスト体制を象徴するようなスタジアムだったのだ。もちろん、第二次世界大戦後には「スタディオ・コムナーレ（市営競技場）」と改名され、現在は一九三四年から三〇年間ボローニャのサッカー・クラブの会長を務めた人物にちなんで「スタディオ・レナト・ダッラーラ」と呼ばれている。

ムッソリーニはこうしてイタリア全土にさまざまなスタイルのスタジアムを建設し、そこにファシスト体制を賛美するようなデザインを施したり、ファシスト党にちなんだ名称を付けたりした。そして、ワールドカップ期間中、ムッソリーニはイタリア代表の試合にはすべてスタジアムまで自ら出向いて優勝までの軌跡を見届けた。

ムッソリーニが手掛けたローマのスタジアム

そんなムッソリーニにとって一つ心残りがあるとすれば、首都ローマに新スタジアムを用意できなかったことだろう。

一九二二年に政権を握ったファシスト党政府はローマ北部のテヴェレ川とモンテ・マリオの丘の間の土地に「フォロ・ムッソリーニ（ムッソリーニ広場）」と呼ぶスポーツ施設を造ることを決定した。かつては毎年のように洪水に見舞われていた荒地で、その後、陸軍士官学校の演習場となっていた場所だ。「荒地と軍用地」。まさに第二章で見たようにスタジアムの立地として典型的な場所でもあった。

工事は一九二八年に始まり、まずテヴェレ川に橋が架けられ、正面にムッソリーニを讃えるオベリスク（石柱）が建てられた。そして、一九三二年に古代ローマの石像のような像が立ち並ぶ小さなスタディオ・マルミ（大理石スタジアム）が完成したが、メイン・スタジアムとなるべき「スタディオ・チプレージ（糸杉スタジアム）」の工事は資金不足などのため大幅に遅れてしまう。そこで、第二回ワールドカップの決勝は約一・五キロ離れた「スタディオＰＮＦ」で開催された。第四章で紹介したように、「Ｕ字型」という変わったデザインのスタジアムだった。

ここに「スタディオ・ナツィオナーレ（国立競技場）」が初めて建設されたのは一九一一年のことだった。スタジアムは第一次世界大戦中に放棄されてしまったが、その後、一九二八年になって再建され、「国家ファシスト党」（Partito Nazionale Fascista）のイニシャルを採って「スタディオＰＮＦ」と命名されていた。「スタディオＰＮＦ」での決勝戦では、イタリアがチェコスロバキアを倒してムッソリーニの前で初優勝を決めた。

さて、ワールドカップ終了後もムッソリーニは、フォロ・ムッソリーニのメイン・スタジアムの建設を進めた。ここでオリンピックを開催するつもりだったのだ。

一九三六年大会はドイツのベルリンで開催されることに決まったので、ムッソリーニはその四年後の一九四〇年大会に照準を合わせており、実際、ローマは最有力候補と見なされていた。だが、一九三五年の初めにイタリアの同盟国だった日本のＩＯＣ委員である貴族院議員、副島道正伯爵が同じくＩＯＣ委員だった杉村陽太郎駐イタリア大使を伴ってムッソリーニを訪れ、「日本の皇紀二六〇〇年に当たる一九四〇年の大会をぜひ開催したい」と要請すると、意外にもムッソリーニはあっさりとこれを受け入れた。一九三六年のＩＯＣ総会で一九四〇年大会の東京開催が決定し、ムッソリーニは次の一九四四年大会開催を目指すつもりでいた。

ところが、日中戦争の激化のために日本（東京）は一九四〇年大会の開催を返上。結局、一九三九年に第二次世界大戦が勃発したため、一九四〇年大会も一九四四年大会も中止となってしまった。そして、イタリアは戦争に敗れ、一九四五年四月にムッソリーニは北イタリアでパルチザン部隊の手によって処刑された。

戦争が終わると「フォロ・ムッソリーニ」は「フォロ・イタリコ」と名称を変え、一九五三年に「スタディオ・オリンピコ」が完成した。

このように曲折を経て完成したスタディオ・オリンピコはスタンドに大理石がふんだんに使われており、かつて「糸杉スタジアム」と呼ばれたように、モンテ・マリオの丘の糸杉の緑に大理石の白が映えた美しいスタジアムだった。そして、新スタジアムは一九六〇年のローマ・オリンピックのメイン・スタジアムとなり、一九六八年と一九八〇年にはサッカーのヨーロッパ選手権決勝の舞台となり、さらに一九八七年には第二回世界陸上競技選手権大会もここで開催された。

スタディオ・オリンピコ

（World Stadiums）

だが、スタディオ・オリンピコはサイドスタンドがトラックやフィールドから遠いのが欠点だった。スタンドを古代の競技場に似せた細長い長円形にしたため、陸上競技のカーブの後方に傾斜の緩い立ち見席があり、スタンド最後列から近いほうのサッカーのゴールラインまでなんと一〇〇メートル以上もあったのだ。

ワールドカップ開催のためにはスタンドに屋根を付ける必要もあったため、一九九〇年ワールドカップを前に全面改装が決まったが、スタジアムの西側、モンテ・マリオの丘には枢機卿ジュリオ・デ・メディチが建てた一六世紀のルネサンス建築「ヴィラ・マダーマ」があり、スタンド全面を覆う大屋根がその景観を壊すという反対運動が起こり、屋根はテフロン膜製の平らなものに設計変更された。

また、当初はメイン、バックの両スタンドはそのまま残して改修する計画だったが、構造に問題があることが判明したため、テヴェレ川側のバックスタンド（写真の上側）を除いて全面的な改築となってしまった。そのため、工事は遅れ、完成はワールドカップ開幕直前にズレ込んでしまった。

一方、一九三四年のワールドカップ決勝の舞台となった「スタディオPNF」は、一九五三年にスタディオ・オリンピコが完成するとASローマやラツィオが本拠地をオリンピコに移転したことで稼働率が下がり、一九五七年には取り壊されてしまった。そして、その跡地には近代的な中規模のフットボール専用スタジアム、「スタディオ・フラミニオ」が建設された。設計したのはあのピエール＝ルイジ・ネルヴィとその息子のアントニオで、ネルヴィにとってスタジアムを設計したのは、フィレンツェのスタジアム以来のことだった。

スタディオ・フラミニオ
（World Stadiums）

五万五〇〇〇人収容のスタディオ・フラミニオは、スタディオ・オリンピコの補助スタジアムと見なされ、一九六〇年のローマ・オリンピックのサッカー競技に使われたほか、一九九〇年ワールドカップ前のスタディオ・オリンピコの改修工事中にはASローマとラツィオがホーム・スタジアムとして使用した。また、ラグビーのイタリア代表はシックスネーションズなどの試合にフラミニオを使用している。

2 ベルリン・オリンピックとヒトラー

「民族の祭典」ベルリン・オリンピック　「国家社会主義ドイツ労働者党（ナチス）」のアドルフ・ヒトラーは、長期にわたる権力闘争の末、議会で多数を獲得。一九三三年一月に首相に就任。翌一九三四年にヒンデンブルク大統領が死去すると、大統領職と首相職を合体させ、「指導者」を意味する「フューラー」（総統）を自称し、独裁的な権力を掌握した。

一九三六年のオリンピックは、ヒトラーが権力を掌握するより前にすでにベルリンでの開催が決定していた。しかし、ナチス党は政権奪取前には英米主導で行われてきたオリンピック・ムーブメントに批判的な立場を採っており、ヒトラーが個人的にスポーツ好きでなかったため、ベルリン開催を返上するのではないかとの観測もあったが、政権を握ったヒトラーはオリンピックの宣伝効果に気づき、ナチス・ドイツの宣伝のために最大限利用することを決めた。イタリアの国家ファシスト党の政治手法に影響を受けていたヒトラーが、スポーツ大会の政治利用についてもムッソリーニに学んだのかもしれない。

いずれにしても、ヒトラーはベルリン・オリンピックを過去に例のないほど大規模な大会とすることを決意した。

メイン・スタジアムは、ベルリンの西郊約一〇キロに建設されたオリンピアシュタディオンだった。この地に初めてスタジアムが建設されたのは一九一三年のことだった。一九一六年オリンピックのベルリン開催が決まったので、グリューネヴァルト競馬場の隣に「ドイッチェシュタディオン（ドイツ・

スタジアム）」が建設されたのだ。一周五〇〇メートルの陸上競技用トラックを持つ六万五〇〇〇人収容のスタジアムで、サッカーの全ドイツ選手権などにも使われた。しかし、一九一六年の大会は第一次世界大戦のために中止となってしまった。

その後、ベルリンが一九三六年大会の開催都市に選ばれると、当時の社会民主党主導の政府は「ドイッチェシュタディオン」の跡地に新スタジアムを建設することを決め、「ドイッチェシュタディオン」を設計したオットー・マルヒの息子ヴェルナー・マルヒに設計を依頼。そして、一九三三年に政権に就いたヒトラーは、ヴェルナーに対して金に糸目をつけずに豪華なスタジアムを建設するよう命じた。

当初はコンクリート建築の予定だったスタンドはバイエルン州特産のリーダースドルフ石で建造された。スタンドには一三六本の石柱を立てて古典様式の上下二層のアーケードを造り、ここを観客の通路とした。アーケードには郵便局から銀行まであらゆる施設がそろっていた。

オリンピアシュタディオン
（World Stadiums）

スタジアムの長径は東西方向で、西側サイドスタンド（写真手前側）にマラソン・ゲートが造られ、ここに二本の塔が建てられ、中央に聖火台が設けられた。競馬場跡の一三一ヘクタールの敷地内にはメイン・スタジアムだけでなく、プールや馬術競技場、二万人収容の野外劇場、そして「マイフェルト（五月広場）」と呼ばれる広大な芝生の広場が設けられた。ベルリン大会の翌一九三七年にムッソリーニ・イタリア統領が訪独すると、五月広場で歓迎集会が開催され、九〇万人が集まった。

一九三六年のベルリン・オリンピックでは、古代オリンピックを偲ぶ行事としてオリンピアからの聖火リレーが初めて行われ、ギリシャのオリンピアで採火された聖火はギリシャ、ブルガリア、ユーゴスラビア、ハンガリー、オーストリア、チェコスロバキアの三〇七五キロを走破してベルリンに運ばれた。

この大会の競技レベルは高く、陸上競技では二〇個もの世界記録が作られ、男子一五〇〇メートルは優勝したジャック・ラブロック（ニュージーランド）以下入賞者全員が世界記録を樹立するという伝説のレースとなった。また、陸上競技のスプリント種目ではアメリカのジェシー・オーウェンスが一〇〇メートル、二〇〇メートル、走り幅跳び、四〇〇メートル・リレーの四種目で世界記録を作って優勝したが、「アーリア人種の優越」を主張するヒトラー総統は黒人のオーウェンスと握手することを拒んだ。

大会直前のＩＯＣ総会で、一九四〇年大会の東京開催が決まったこともあって、ベルリン大会は日本国内でも大きな注目を集め、中でも水泳の女子二〇〇メートル平泳ぎでは前畑秀子が優勝し、全競技を通じての日本人女子初の金メダルを獲得したが、この時の河西三省《さんせい》アナウンサーによる「前畑がんばれ」を連呼する実況放送に全国民が固唾を呑んだ。また、ベルリン大会ではサッカーの日本代表が一回戦で優勝候補のスウェーデンに逆転勝ちしてドイツの観客を驚かせたほか、ホッケーとバスケットボールでも二勝するなどボールゲームでも日本チームが活躍を見せた。

マラソンでは孫基禎《ソンキジョン》が優勝、南昇龍《ナムスンヨン》が三位に入賞し、二本の日の丸がオリンピアシュタディオンに翻ったが、二人はともに当時日本の植民地となっていた朝鮮半島の出身だった。京城（現ソウル）の新聞『東亜日報』は孫基禎の胸の日の丸を塗りつぶした写真を掲載し、朝鮮総督府から発禁処分を受けるという事件も起こった。

歴史に翻弄されたオリンピアシュタディオン

ベルリン・オリンピックが開かれた一九三六年以降、ヒトラーは強硬な対外進出政策を進め、領土的野心を隠さなくなる。そして、一九三九年のポーランド侵攻によって第二次世界大戦が勃発。戦争はドイツの敗北によって終結し、ヒトラーはベルリンの総統官邸で自殺を遂げる。ドイツはアメリカ、イギリス、フランス、ソ連の四か国によって分割占領され、その後、西側三か国の占領下にあった地域にドイツ連邦共和国（西ドイツ）、ソ連占領地域にドイツ民主共和国（東ドイツ）が成立し、ドイツは東西に分裂してしまった。

首都のベルリンはソ連占領地域内にあったが、ベルリン市自身もソ連地区と西側三か国地区の東西に分断されてしまう。そして、ソ連地区の「東ベルリン」は東ドイツの首都となり、一方、西ベルリンは西側三か国の管理下にある西ドイツの飛地のような存在となった。東ドイツが西ベルリンを封鎖する事件もあったが、西側諸国は物資を空輸して西ベルリンを支えた。

ベルリンの強豪サッカー・クラブ、ヘルタ・ベルリンはもともとベルリン市中心部のゲズントブルンネンにあったヘルタプラッツ（一九二三年完成＝収容三万六〇〇〇人。通称プルンペ）を本拠地としていた。一九三六年のベルリン・オリンピックで日本代表がスウェーデンに逆転勝ちした伝説の試合の会場だ。だが、ベルリンは東西に分割されてしまった。そして、一九六一年には東ドイツ市民の西側への流出を防ぐために東ドイツ政府が東西ベルリンの間にコンクリートの巨大な壁を建築したため、以後東西ベルリン間は自由に移動できなくなってしまった。

そして、その「壁」はヘルタプラッツのすぐ東側を通っていた。

そのため、東ベルリン在住のヘルタ・サポーターはヘルタプラッツに来ることができなくなってしまった。そこで、ヘルタは一九六三年にオリンピアシュタディオンに移転した。戦争でベルリンの市街地は完全に破壊されてしまったが、オリンピアシュタディオンはほとんど被害を受けず、戦前の姿をそのままとどめていたのだ。

一九七四年のサッカーのワールドカップ西ドイツ大会では、オリンピアシュタディオンも会場の一つとされた。

オリンピアシュタディオンは二一世紀に入ってから大改装が行われ、スタンド全面を覆う大屋根が造られたが、石造りの外壁やスタンド下のアーケードを支える一三六本の石柱などはそのまま残っており、一九三〇年代の完成時の姿は今でもよく保存している。そして、二〇〇六年にはサッカー・ワールドカップ決勝の舞台となり、二〇〇九年には世界陸上競技選手権大会が開催されるなど、現在でもドイツ最大のスタジアムとして活用され続けている。

3 共産主義国が建設した都心のスタジアム

モスクワ中心に位置する旧レーニン・スタジアム

二〇世紀に入って政情が不安定化していたロシアでは、第一次世界大戦末期の一九一七年の二月革命でツァー(皇帝)ニコライ二世が退位し、ロマノフ王朝が倒れた。そして、一〇月革命によってウラディミール・イリッチ・レーニン率いるボリシェヴィキが権力を掌握。世界で最初の社会主義国家であるソビエト社会主義共和国連邦(ソビエト連邦＝ソ連)が成立した。

しかし、本来ボリシェヴィキが目指していた世界革命は実現せず、レーニンの死去後に権力を継承したヨシフ・スターリンの下でソ連は一国社会主義を目指し、共産党が独裁的な権力を確立していった。第二次世界大戦でのドイツの敗戦によってソ連の勢力圏は東欧から中欧へと拡大。東欧各国では、合法、非合法のあらゆる方法を使って共産党が政権を掌握していった。こうして、ヨーロッパ大陸は東西に分断され、両者が軍事的に対峙する「冷戦」が始まった。

社会主義を標榜する独裁政権も、その権力の誇示のために「スタジアム」という装置を最大限に利用した。ソ連や第二次世界大戦後の東欧の社会主義国の首都の中心部には大きなスタジアムが建設された。

ソ連の首都モスクワの「ルジニキ公園」内には、革命の指導者の名を冠した「チェントラルニ・スタディオン・レニーナ（レーニン中央スタジアム）」が建設された（ロシア語では、「スタディオン」は一万人収容の体育館や、やはり一万人以上収容の屋外プールなどの諸施設を含んだスポーツ・コンプレックス全体を指しており、一〇万人収容の巨大なメイン・スタジアムのことをとくに指す場合には「アレナ」と呼んだ）。

モスクワを西から東に流れるモスクワ川は、ソ連権力の中心だったクレムリンの西側で南に大きく蛇行して、半島のような形になっている。その半島の先端が「ルジニキ公園」だった（「ルジニキ」というのは、「沼地」といった意味）。クレムリンから六キロほどの距離にあり、モスクワ川の対岸、レーニン丘の上には巨大なモスクワ大学のビルが聳えていた。

帝政時代、ここには「モスクワ川ヨット・クラブ」があり、在住の外国人やロシアの富裕層がヨットやフットボールなど各種のスポーツを楽しんでいた場所だったが、ボリシェヴィキ政権が発足するとスポーツも国家が管理することになり、一九二〇年に、ソ連政府がルジニキ公園に「クラスナヤ・スタディオン（赤色スタジアム）」を建設。二年後の一九二二年には、モスクワ・スポーツ・クラブが設立され、「赤色スタジアム」を本拠地とした。同クラブはサッカーの全ソ連リーグが発足した一九三五年には「スパルタク」と改名され、モスクワで最も人気の高いサッカー・クラブとなった。

第二次世界大戦後の一九五五年には同じ場所に新しいスタジアムの建設が開始された。それが、「レーニン中央スタジアム」だった。

当時のソ連は「スターリン様式」と呼ばれる重厚なデザインの建築の全盛時代であり、とくにモスクワ市内にはこの様式で建設された七つの高層ビルが建設され、「セブン・シスターズ」、あるいは「スターリン・ゴシック」と称された。レーニン・スタジアムの正面に建つモスクワ大学本館もその一つだ。そして、レーニン中央スタジアムも列柱の建ち並ぶスターリン様式に則って建設された。

スタジアムでは、全国体育大会である「スパルタキアード」が開催され、マスゲームが繰り広げられ、サッカーの全国リーグ戦や国際試合、陸上競技、コンサートなど多くのイベントに使用された。そして、一九八〇年には巨大な照明塔の設置など改装がなされ、収容力も一〇万三〇〇〇人にアップ。オリンピックのメイン・スタジアムとして豪華な開会式の舞台となったのだが、ソ連のアフガニスタンに対する軍事介入を巡ってソ連と対立していた西側諸国はオリンピックをボイコットしてしまう。

オリンピック開催二年後の一九八二年には、サッカーのUEFAカップ、スパルタク・モスクワ対ハーレム（オランダ）の試合中にソ連スポーツ史上最悪の大事故が起こり、六九人の観客が死亡した。試合終了前に多くの観客が外に出ようとしていた時に、ホームのスパルタクがゴールを決めたのだ。大歓声を聞いた観客の一部がスタンドに戻ろうとして外に出ようとしていた観客と衝突し、倒れた観客の

モスクワ川対岸から見た
1980年代のレーニン中央スタジアム

下敷きになってしまったのだ（第八章を参照）。

ソ連が崩壊した後の一九九二年には、スタジアム名は現在の「スタディオン・ルジニキ」に改められ、一九九六年にはスタジアム全体を覆う新しい屋根が取り付けられた。収容力は七万人台となったが、ロシア最大のスタジアムであることに変わりはなく、サッカーをはじめ多くのイベントに使用されている。

二〇〇二年には人工芝が導入された。冬の寒さが厳しいロシアでは天然芝の育成が難しく、一九三〇年代から人工芝でサッカーが行われていた。もちろん、一九三〇年代のものと比べれば人工芝の技術は格段に進歩しているが、サッカーでは人工芝の上で最高レベルの試合を行うのは難しい。そこで、二〇〇八年のチャンピオンズリーグ決勝（チェルシー対マンチェスター・ユナイテッドのイングランド勢同士の対戦）がスタディオン・ルジニキで開催された際には、人工芝の上に天然芝を敷き詰めて使用されたのだが、芝生が根付いておらず、柔らかいピッチに両チームが苦しんでいるのがテレビ画面を通じてもはっきりとわかった。

その後、スタディオン・ルジニキでは二〇一三年には世界陸上競技選手権大会が開かれ、二〇一八年のサッカーのワールドカップでも決勝戦が行われる予定になっている。

東欧諸国のショーウィンドウ的スタジアム

ソ連の首都モスクワにレーニン中央スタジアムが建設され、共産党独裁政権はその権威を誇示するためにスパルタキアードと呼ばれる全国体育大会を開催したり、大規模なマスゲームを行ったりした。第二次世界大戦後にソ連の勢力圏に入った東ヨーロッパの社会主義諸国の指導者たちもこれを見習って、それぞれの首都の中心部にスタジアムを整備した。

たとえば、ソ連の構成共和国の一つだったウクライナの首都キエフの「NSKオリンピスキ」は、キエフの中心である独立広場から南に伸びる繁華街からほど近い便利な場所にあり、周囲には一流レストランや劇場なども多い（「NSK」は「ナショナル・スポーツ・コンプレックス」の略）。

キエフ市内チェレパノフの丘の西側に初めてスタジアムが建設されたのはロシア革命直後の一九二三年のことだった。当時の名称は「チェルボノム・スタディオニ・L・トロツィコゴ（レフ・トロツキー・赤色スタジアム）」だった。モスクワのルジニキに最初に建設されたスタジアムもそうだったが、革命直後にはあらゆる物が「赤」と名付けられた。レフ・トロツキーはウクライナ出身の有名な革命家だが、一九二四年のレーニンの死後は権力を失い、最終的にはメキシコに亡命する。それに伴って、一九二四年にはスタジアム名から「トロツキー」の名は消えて、一九三五年にスタジアム名は「ウクラインスキイ・レスプブリカンスキイ・スタディオン（ウクライナ共和国スタジアム）」となった。

その後、政治情勢の変化に翻弄されるかのように、スタジアム名は何度も変わった。「チェントラルニイ・スタディオン（中央スタジアム）」と呼ばれた時代もあったし、一九五三年の独裁者スターリンの死後、ソ連共産党第一書記と首相を兼務してスターリン批判を行ったニキータ・フルシチョフの名がスタジアム名とされたこともあった。フルシチョフはロシア人だが、ウクライナ東部のユゾフカ（現・ドネーツク）育ちでウクライナを権力基盤としていたからだ。そして、一九八〇年のモスクワ・オリンピックのサッカー競技に使用されてから、正式名称は「オリンピスキー」となり、現在もその名が使われている。

使用されずに打ち捨てられたスタジアムも……

二〇一二年のサッカーのヨーロッパ選手権（ＥＵＲＯ）はウクライナとポーランドの共同開催だった。

近代史だけを見れば、両国はまったく別々の道を歩んでいた。宗教的にもロシア正教会成立の中で重要な役割を果たしたのがウクライナの首都キエフだったのに対して、ポーランドは世界でも有数の熱心なカトリック国だ。しかし、長い国境線を接した両国は（かつてやはりソ連の構成共和国の一つだったベラルーシとともに）、もともとはポーランド人、ウクライナ人、リトアニア人、ベラルーシ人、ユダヤ人など多くの民族が混じって暮らす一体化された地域だった。

ワルシャワ・ナショナル・スタジアム
（World Stadiums）

共同開催のＥＵＲＯでウクライナ側のメイン・スタジアム（決勝戦の会場）となったのがキエフの「ＮＳＫオリンピスキ」だったのに対して、ポーランド側のメイン・スタジアム（開幕戦の会場）となったのは首都ワルシャワの「スタディオン・ナロドヴィー・ヴ・ヴァルシャヴィエ（ワルシャワ・ナショナル・スタジアム）」だった。

このスタジアムも、もともとは共産党（統一労働者党）の独裁政府がワルシャワ中心部に建設したスタジアムだったが、あまり活用されずに一度は打ち捨てられてしまった歴史がある。

第二次世界大戦中ポーランドを占領していたドイツ軍は、撤退直前にヒトラー総統の命令によってワルシャワの街を完全に破壊してしまった。

現在、われわれが目にする美しい旧市街は、戦後に復元されたものなのだ。

そのワルシャワの中心部からヴィスワ川を渡ってすぐ東側に建設されたのが「一〇周年スタジアム」だった。「一〇周年」というのは、「一九四四年に共産主義政権の前身『国民解放委員会（PKWN）』が樹立されてから一〇年」という意味で、スタジアムは一九五五年七月に完成した。ナチス・ドイツによって破壊されたワルシャワ市街地の瓦礫を積み上げて一〇万人収容の巨大なスタンドが造られた。

「一〇周年スタジアム」は、メインスタンドに小さな屋根があるだけの楕円形でボウル状のスタジアムだった。そして、何より問題だったのは一〇万人収容という規模がワルシャワという街には大きすぎたことだった。しかも、人気サッカー・チームだった「レギア」（当時は軍のクラブ）や「ポロニア」（同じく鉄道のクラブ）は、クラブ自身が所有していたスタジアムを使い続けた。

また、ポーランド・サッカーの中心は首都ワルシャワではなく、南部シロンスク地方の鉱山・工業地帯だったので、重要な国際試合は同地方にあるシロンスク・スタジアムで行われることが多かった。この地域なら、国際試合に一〇万人の大観衆が集まることもあるからだ。

この地方でサッカー人気が高いのは、一八世紀末から二〇世紀初めにかけてこの地方がオーストリア帝国に支配されていたからだ。オーストリアは二〇世紀の初頭にはヨーロッパ屈指のサッカー先進国だったのだ。ちなみに、一八九四年にポーランドで初めてサッカーの試合が行われたのも、一九一一年にポーランド・サッカー協会が初めて結成されたのも、やはり当時オーストリア領だったルヴフ市でのことだった。しかし、ルヴフは第二次世界大戦後はウクライナ領となり（ウクライナ語名はリヴィウ）、二〇一二年のEUROではリヴィウはウクライナ側の開催地の一つとなっていた。

こうした事情で首都ワルシャワの「一〇周年スタジアム」でサッカーの国際試合が開催されたのは一九八三年四月のフィンランド戦が最後となってしまった。そして、同年六月にはポーランド出身のローマ法王ヨハネ・パウロ二世がこのスタジアムで野外ミサを行い、一〇万人以上の信者がスタンドを埋めたが、この野外ミサの後「一〇周年スタジアム」はすっかり忘れ去られてしまっていた。

しかし、二〇〇八年には古いスタジアムは完全に取り壊され、新しく「ナショナル・スタジアム」として生まれ変わって二〇一二年ＥＵＲＯのメイン会場となった。

ヴァシル・レフスキ国立競技場
(World Stadiums)

数多くの細い柱に囲まれ、外壁は国旗を模した赤と白のカラーリングで覆われている新スタジアム。すぐ北側に「スタジアム駅」があり、中央駅からわずか一駅と交通の便もきわめて良い。レギアやポロニアが新スタジアムに移転することはなかったが、新スタジアムは開閉式の屋根を備えているため、コンサートや室内競技にも使われた。二〇一四年のバレーボール世界選手権開幕戦のポーランド対セルビアの一戦には六万一五〇〇人の観客が集まったが、これはバレーボールの観客数の世界最高記録となった。

開閉式のテフロン膜製屋根は、わずか二〇分で開閉できる性能を持つが、気温が摂氏五度を下回ると機能しないという欠陥があり、サッカーの国際試合が延期になったこともある。

かつて、ソ連に最も忠実な同盟国といわれていたバルカン半島の小国ブルガリアの首都ソフィアの中心部にも、教育スポーツ省所有の国営スタジアムが存在する。一九五三年完成の「ヴァシル・レフスキ国立競技場」である。メインスタンド側本館は第二次世界大戦直後にソ連に影響を受けた「スターリン様式」と呼ばれる列柱が立ち並んだ重厚なスタイルで、サッカーの国際試合やカップ戦決勝に使われている。

ブルガリアには「レフスキ・ソフィア」という総合スポーツ・クラブがある。一九一四年創設で、サッカー部門では全国リーグで優勝二六回という古豪だ。そのため、レフスキ国立競技場はレフスキ・ソフィアのホーム・スタジアムだと誤解されることがあるが、同クラブのホームは「スタディオン・ゲオルギ・アスパルホフ」であり、両者はまったく別のスタジアムである（アスパルホフは、ブルガリア・サッカー史上最高と言われたストライカーで一九七一年に自動車事故で死亡した）。

レフスキ・ソフィアは、じつはかつて国立競技場の隣にあった一万五〇〇〇人収容のレフスキ・フィールドを使っていたのだが、一九四九年に政権を掌握したばかりのブルガリア共産党が国立競技場の全面改築を決めたため追い出されてしまったのだ。現在の「スタディオン・ゲオルギ・アスパルホフ」は、後に政府から代償として与えられた土地に一九六三年に建設されたスタジアムなのである。

ソ連や東欧諸国では、政治集会などに使うためにスタジアムが都心部に建設されることが多かったので、ブルガリア共産党もそれに倣ってソフィア中心部のボリソヴァタ・グラディナ公園内にある「国立競技場」を拡張・整備しようとしたのだろう。

ちなみに、スタジアム名にもクラブ名にも登場する「レフスキ」というのは、一九世紀にオスマン・トルコの支配に抵抗し、一八七三年に三五歳で処刑されたブルガリアの革命家＝国民的英雄の名前だ。

東欧の社会主義諸国では政府や共産党などの肝煎りのクラブが作られた。ブルガリアでは、一九四八年に軍のクラブＣＳＫＡが創設され、リーグ優勝は実に三一回を数える。一方、伝統ある民間のクラブ、レフスキ・ソフィアの方は政府から数々の弾圧を受けた。一九八五年にはレフスキの選手とＣＳＫＡの選手が乱闘を起こしたのをきっかけに、共産党中央委員会がレフスキに対して「ヴィトシャ」と改名することを命じたことさえあった。クラブが「レフスキ」というクラブ名を取り戻したのは、一九八九年の東欧革命で共産党政府が崩壊した後のことだった。

4　シャーの夢と将軍様の祝祭の場

エスタディヨム・アザーディー
（World Stadiums）

エルブールズ山脈を背に威容を誇るスタジアム

アジア最大級のスタジアムの一つが、イランの首都テヘランにある「エスタディヨム・アザーディー」だ。スタジアムが建設されたのは一九七一年。イラン革命前、皇帝モハンマド・レザー・パフラヴィーがイランを統治していた時代で、皇帝はアメリカなど西側諸国に接近し、莫大な石油収入を使ってイランの近代化を推し進めていた。完成当時スタジアムは「エスタディヨム・アリアメール」と呼ばれていた。

一九七一年というのはペルシャ建国二五〇〇年祭が行われた年で、この年には市内にシャーヤード・タワーという記念碑も建設された。どちらも皇帝を称えるモニュメントだった。そして、一九七四年には第七回アジア大会が開催され、さらに一九八四年のオリンピックを招致する計画もあった。すべてが、独裁者である皇帝のペルシャ帝国の栄光復活という夢の産物だった。

しかし、皇帝の独裁と急激な近代化は各層からの反発を呼び、伝統的商人層や近代的リベラル派、共産党などが連携して立ち上がり、皇帝は一九七九年に国外に逃亡する。これが、イラン革命だ。その後、長い権力闘争の末にイスラム教指導者ホメイニ師の下にイスラム共和国が成立し、イランは欧米諸国と対立して孤立を深め、現在も厳格なイスラム法による統治が続いている。

政治は近代化路線からイスラム統治に変わったものの、皇帝が建設した数々の記念碑的建築物はそのままイスラム政権によって利用されることとなった。シャーヤード・タワーは現在「アザーディー・タワー」と呼ばれて今も首都テヘランのランドマークとなっており、スタジアムも「アザーディー」と名を変え、バックスタンド最上段に掲げられた巨大な肖像写真が皇帝のものからホメイニ師のものに変わりはしたが、現在でも多くの観客を集め続けている。「アザーディー」とは「自由」の意味だ。

テヘランの都心から西へ約一〇キロ。広さ約四五〇ヘクタールの広大なアザーディー・スポーツセンター内にはスタジアムのほか水泳プール、自転車競技場、体育館などいくつものスポーツ施設が建設された。中でもスタジアムは完成当時には一二万人を収容する巨大なスタジアムだった（現在は全座席化されて収容人員は減ったが、それでも八万五〇〇〇人ほどが入る）。全体が掘り込み式になっており、大屋根もないので外見は大きな丘のように見える。エルブールズ山脈の南に位置するテヘランは東京とほぼ同緯度だが、標高が一二〇〇メートルほどあるので気候は温暖。雨もほとんど降らないので屋根は必要ない。

最大の観客動員数を記録したのは一九九七年一一月に行われたフランス・ワールドカップ予選大陸間

プレーオフのオーストラリア戦で、なんと観衆は一二万八〇〇〇人と記録されている。ジョホールバルでの戦いで日本に敗れてアジア四位となったイランが、大陸間プレーオフでオセアニア代表のオーストラリアを迎えた一戦だった（二戦とも引き分けに終わり、アウェーゴールの差でイランが出場権を獲得）。国際試合だけでなく、テヘランでの人気を二分するペルセポリスとエステグラルのダービー・マッチでもエスタディヨム・アザーディーは満員の観衆で膨れ上がる。イランでは女性がスタジアムでサッカーの試合を観戦することは法律で禁止されているから、巨大スタジアムを埋める観客はすべて男性だ。男性ばかりの大観衆による歓声は、まさに迫力満点だ。

1945年に凱旋演説する金日成
（『金日成競技場』より）

偉大な将軍様の凱旋の場

朝鮮民主主義人民共和国（北朝鮮）では金日成《キムイルソン》、金正日《キムジョンイル》、金正恩《キムジョンウン》と三世代に渡って権力が世襲され、指導者は神格化されている。

朝鮮は一九一一年には日本の植民地とされてしまったが、日本が第二次世界大戦で敗れたことで独立を回復。日本の降伏直後には駐留日本軍の武装解除のために北からはソ連軍が、南からはアメリカをはじめとする連合国軍が朝鮮半島に入った。そして、両者の暫定的な境界が北緯三八度線と定められた。しかし、その後境界線は恒久化されてしまった。南側にはアメリカ主導で大韓民国が、そして、北側にはソ連の主導の下に朝鮮民主主義人民共和国が成立。一九五〇年六月には北朝鮮軍が南侵を開始したことから朝鮮戦争が勃発し、一九五三年に休戦協定が締結されたものの、南北朝鮮の分断は戦後七〇年が経過しても今なお続いている。

ソ連は、北朝鮮の指導者として金日成を擁立した。金日成は本名が金成柱《キムソンジュ》。平壌《ピョンヤン》近郊生まれだったが、満州に渡って抗日運動に携わっており、その後ソ連領極東に逃れ、そこでソ連軍に加わっていた。ソ連は、その金日成（金成柱）を使って傀儡政権を作ろうとしたのだ。

日本の敗戦後、一九四五年一〇月にソ連の軍艦で朝鮮に帰国した金日成は、首都の平壌で開催された「ソ連解放軍歓迎平壌市民大会」で民衆の前に初めてその姿を現わし、凱旋演説を行った。これが金日成のお披露目の場となった。その舞台となったのが日本統治時代の一九二六年に建設された「箕林里《キリムリ》公設運動場」。年に一度、平壌と京城のサッカーの対抗戦である京平戦《キョンピョン》の舞台となったスタジアムだった。「箕林里」とはスタジアムのある地名だ。

いずれにしても、この時、金日成が凱旋演説を行ったことによって、スタジアムは北朝鮮にとって特別な場所となった。筆者の手元にある金日成競技場のパンフレット『金日成競技場』（外国文出版社＝日本語版）には、この凱旋大会について「不世出の愛国者であり民族の英雄である敬愛する金日成将軍を迎えた朝鮮人民の歓喜は天をおおい、感激の波が全国をゆさぶった」とある。

一九五〇年から一九五三年にかけての朝鮮戦争で、「箕林里公設運動場」はアメリカ軍の空襲を受けて破壊されてしまう。しかし、休戦成立直後の一九五四年にスタジアムは再建され、以後、首都最大のスタジアムとして他の共産主義国家と同様、スポーツ・イベントだけでなく、政治的な集会の場ともなり、フィールド上では盛大なマスゲームが行われ、観客席には鮮やかな人文字が描き出された。一九六〇年には平壌直轄市内に新しい行政区、牡丹峰《モランボン》区域が新設されたので、その後は「牡丹峰競技場」と呼ばれることとなった。「牡丹峰」は、スタジアムの東側、大同江《テドンガン》との間にある風光明媚な丘の名である。

国際的に孤立していた北朝鮮では、国際競技といっても主にソ連や東ヨーロッパ諸国、中国との試合が多かったが、それでもサッカーの強化は進み、一九六六年にイングランドで開催されたワールドカップで北朝鮮はイタリアを破ってベストエイトに進出。準々決勝でも、ポルトガルを相手に一時は3対0でリードするなど世界に衝撃を与えた（最終的には3対5と逆転された）。

牡丹峰競技場は金日成主席の後継者となった息子の金正日の現地指導の下に、一九八一年末からわずか四か月という短期間で全面改築され、一九八二年四月には新スタジアムで金日成の七〇歳の誕生日が祝われた。スタンド全面を覆う大きな金属製の屋根が取り付けられ、スタンドはバックスタントと両サイドスタンドはカーブを描いた楕円形で、貴賓席のあるメインスタンドは直線状のスタンドというデザインだった。フィールドの部分には人工芝が敷設せれた。フィールド上でたびたびマスゲームが行われるために天然芝ではなく人工芝が選択されたのだろう。

金日成競技場
後方が牡丹峰の丘
（『金日成競技場』より）

そして、スタジアムは「金日成競技場」と改称された。

新スタジアム完成から三年後の一九八五年四月には、サッカーの日本代表が金日成競技場で北朝鮮と対戦した。メキシコ・ワールドカップの予選だった。固い人工芝に苦しめられ、一方的に攻め込まれながらも日本代表の守備が耐えきって0対0で引き分け。日本チームは二次予選進出を決めた。

しかし、北朝鮮指導部はこの八万人収容のスタジアムでも満足できなかったようで、一九八五年には、すでに市内を南北に流れる大同江の中州、綾羅島《ルンラド》にさらに巨大なスタジアムの建設を開始していた。「綾羅島五月一日競技場」（メーデー・スタジアム）は、一九八九年五月一日に完成。収容力一五万人という巨大なスタジアムだった。

メーデー・スタジアムは、大きなアーチが連なる屋根がかけられた陸上競技とサッカー兼用の近代的なスタジアムだが、サッカーのワールドカップ予選など北朝鮮代表の重要な試合はその後も主に金日成競技場で行われており、メーデー・スタジアムは八月から九月にかけて不定期に開催される体育と文化の祭典「アリラン祝祭」や、外国の首脳を招いてのマスゲームなど政治的集会に使われるだけだ。まさに、政治目的の、採算性をまったく度外視した巨大スタジアムだった。

第六章　戦争とスタジアム

1　スペイン内戦とスタジアムの受難

ヨーロッパの平和の夢を破ったスペイン内戦

二〇世紀に起きた、いくつもの戦争……。一九世紀までの戦争が職業軍人からなる正規軍同士が野戦を繰り広げるものだったのに対して、二一世紀の戦争はその様相がまったく異なっていた。

第一次世界大戦では機関銃や戦車、航空機、毒ガスといった殺傷能力の高い近代兵器が登場。多数の犠牲者を出して戦争が終わると、人々は二度と悲惨な戦争を繰り返すまいと考えて、一九二八年には主要国が「不戦条約」（ケロッグ・ブリアン条約）を締結し、軍縮の努力を重ねた。人々は「もう二度と戦争は起きない」と信じて束の間の平和を謳歌した。それが、一九二〇年代という時代で、スポーツ文化が花を開き、世界各地に大きなスタジアムが建設されるようになったのもこの頃だった。

だが、一九二九年に世界恐慌が起こると経済のブロック化が進み、世界は再び戦争の時代に向かって動き出した。二〇世紀に入って航空機の技術が急激に発達したため、新しい時代の戦争では互いに相手国の都市に対する空爆が可能となり、軍事的な目標に対する精密爆撃だけでなく、一般市民を対象にした無差別爆撃が行われるようになっていく。

一九三七年には、内戦の最中のスペイン、バスク地方のゲルニカで右派を支援するドイツ軍が無差別爆撃を行い、パブロ・ピカソがゲルニカに捧げる有名な絵を描いたこともあって「ゲルニカ」という小さな街の名は世界に知れ渡った。一九三九年には中華民国政府が臨時首都としていた四川省・重慶に対して日本軍が都市爆撃を開始した。

第二次世界大戦が始まると、ドイツ軍が首都ロンドンなど多くの都市に対する爆撃を敢行。戦争末期にはＶ２ロケットによるロンドン攻撃も行われた。一方、連合国側もドイツの多くの都市を目標に戦略爆撃を実施。たとえば、一九四五年にはドレスデンに対する空襲で約一〇万人ともいわれる犠牲者が出た。また、アメリカ軍は「木と紙でできた」日本の都市を焼き尽くすために開発した焼夷弾による大規模な戦略爆撃を実施。多くの都市で一般市民が被害者となり、一九四五年八月には広島、長崎に対して人類初の原子爆弾による攻撃が行われ、数十万人の市民の命が一瞬にして奪われた。

第一次世界大戦後、永久の平和が訪れたかと思われていたヨーロッパの地で再び戦争の火の手が上がったのは南欧スペインでのことだった。

一九三一年の選挙で左派勢力が勝利。国王アルフォンソ一三世が退位して第二共和制が成立。一九三六年の選挙でも左派が勝利して人民戦線政府が成立する。すると軍部によるクーデターが発生。以後、隣人同士、家族同士が殺し合い、憎しみ合う悲惨な内戦が三年にわたって続き、右派の軍人フランシスコ・フランコの独裁政権が誕生することになる。

この戦争はあくまでもスペインという国の内戦ではあったが、ナチス・ドイツやイタリアなどファシスト勢力がフランコ将軍率いる右派を支援し、一方、ソ連が人民戦線軍を支援。共和国側には西側諸国からの義勇軍も加わり、さらにアーネスト・ヘミングウェイやジョージ・オーウェルといった著名人が従軍して戦争の実態を報道したことなどから世界の注目を集め、スペイン内戦は国際化していった。

軍事的に利用されたスタジアム

そうした悲惨な内戦の最中に、スペイン各地のスタジアムは軍事拠点などとして利用された。都市の中心部にあり、平坦な土地とスタンドというオープンスペースの多い建造物を持つスタジアムは、戦時には軍需物資の集積場や司令部、あるいは収容所などとして使われることがあったのだ。そして、当然のように敵軍からの攻撃の目標にもされた。

レアル・マドリードは一九二四年にマドリード市北部のチャマルティンに新スタジアムを建設したが、収容力は一万五〇〇〇人ほどでしかなく、ライバルであるアスレティック・マドリード（現・アトレティコ）がすでに収容力四万人程度のスタジアム、エスタディオ・メトロポリターノを持っていたので、レアルは新スタジアム建設を計画していた。だが、内戦勃発により、計画は中断してしまう。内戦で、マドリードは最後まで共和国側の拠点となっていたが、この間、エスタディオ・チャマルティンは捕虜収容所として使用され、そして、スタンドは解体されて燃料にされてしまった。

内戦が終了すると、レアル・マドリードはスタンドを修復したが、一九四三年に新しく会長に就任したサンティアゴ・ベルナベウはすぐに新スタジアムの建設を決意し、翌一九四四年に建設が開始された。

ちなみに、ベルナベウ会長はフランコ政権の指名によって会長に就任している。

レアル・マドリードはソシオ制のクラブだから、本来であれば会長は会員全員の投票によって選出される。しかし、フランコ独裁政権が発足した当時のスペインではあらゆるレベルで選挙というものは行われず、すべての団体の長は政府によって任命されることになっていた。フットボール・クラブもその例外ではなく、政府は保守派で、フランコ軍側に立って従軍した経験もあるベルナベウを会長に選んだのだ。もちろん、会長としてクラブのために大きな貢献をしたベルナベウは、その後ソシオ会員による選挙によって会長に再選されて、一九七八年に八二歳で亡くなるまでその職に留まり続けた。

いずれにしても、「ヌエボ・エスタディオ・チャマルティン」（後のエスタディオ・サンティアゴ・ベルナベウ）は一九四七年一二月に完成し、それが後のレアル・マドリードの発展につながったことは第三章で紹介した通りだ。内戦による旧スタジアムの破壊が、新スタジアム建設を後押ししたともいえる。

内戦終結でスタジアム整備が進む

同じように、バレンシアのホーム・スタジアム「メスタージャ」も内戦で破壊された。

メスタージャは、一九二三年に当時の会長で、建築家でもあったフランシスコ・アルメナールの設計で建設され、一九二七年にはメインスタンドなどが完成して約二万五〇〇〇人収容のスタジアムとなり、地理的にマドリードとバルセロナの中間にある貴重な中立のスタジアムとしてコパ・デル・レイ（国王杯）の決勝も何度か開催された。しかし、内戦が勃発すると、兵舎や港湾施設に近かったためメスタージャは戦火に巻き込まれてしまう。そして、政治犯収容所としても使用され、スタンドは解体されてしまった。

それでも、内戦が終わるとすぐにメスタージャの再建が始まった。しかも、内戦直後の一九四〇年代はバレンシアの黄金時代であり、一九四〇年代にはリーガで優勝三回、コパ・デル・ヘネラリッシモ

メスタージャ（World Stadiums）

（総統杯＝現在の国王杯）で優勝二回という戦績を収めている。当然、観客動員も伸びる。そこで、当時の会長ルイス・カサノバはメスタージャを五万人規模に拡張したのだ。とくに二層式メインスタンドに取り付けられたキャンティレバー式の大屋根は当時としては破格のものだった。

拡張されたスタジアムは、同会長の功績を称えて一九六九年に「エスタディオ・ルイス・カサノバ」と名付けられたが、二五年後の一九九四年には八五歳になったカサノバ元会長自身がスタジアム名を元に戻すように提案し、スタジアムは再び「メスタージャ」と呼ばれることになった。

その後、クラブはメスタージャをさらに拡張しようとするが、市街地にあったため周辺には拡張のための土地がなかった。そこで、ピッチを掘り下げて既存スタンドの下に新しくスタンドが造られた。その結果、スタンド最前列はピッチぎりぎりにまで近づき、独特の雰囲気のあるスタジアムが完成した。メスタージャは一九九二年のバルセロナ・オリンピックの会場の一つとなり、優勝したU23スペイン代表は準決勝までの全五試合をメスタージャで戦っている（決勝はバルセロナのノウカンプで行われ、ポーランドに逆転勝ちした）。

南部アンダルシア自治州の州都セビージャは、一六世紀には新大陸との交易で栄えた古都だが、スペインで最も早い時期からサッカーに親しんできた町でもある。スペイン最古のクラブは一八八九年に鉱山と鉄道で働いていたイギリス人たちが作ったレクレアティボ・ウエルバだが、ウエルバに近いセビージャにも一八九〇年代にはクラブが作られ、ウエルバとの間で試合が行われていた（セビージャFCの発足は一九〇五年）。

セビージャFCは、一九二八年にネルビオン侯爵から借りた土地にスタジアムを建設。これがエスタディオ・ネルビオンだった。セビージャは一九三五年にはコパ・デル・プレジデンテ（大統領杯。共和制期には現在の国王杯はこのように呼ばれていた）で優勝したが、翌一九三六年には内戦が始まり、エスタディオ・ネルビオンは右派軍の司令部にされてしまう。

だが、当時会長だったラモン・サンチェス・ピスファアンは、スタジアムを修復するだけでなく、将来を見越してより大きなスタジアムを建設することを決意しており、内戦が終わるとすぐにネルビオン侯爵からさらにスタジアム周囲の土地四万二〇〇〇平方メートルを購入した。そして、一九五四年に旧スタジアムの東隣に新スタジアムの建設を始めた。それが、現在の「エスタディオ・ラモン・サンチェス・ピスファアン」である。

ところが、土地が軟弱だったために建設費が膨らみ、さらに一九五六年には新スタジアム建設を推進してきたピスファアン会長が急死してしまうというトラブルにも見舞われた。だが、会長が購入していたスタジアム周囲の土地を売却することによって資金が調達できたのでスタジアムの建設は進められ、一九五八年には新スタジアムの使用が始まった。だが、この時は二層式のスタンドが当初の計画の通りに完成していたのはメインスタンドだけで、二層式スタンドが四面とも完成したのは一九七五年のことだった。そして、一九八二年のワールドカップ前にメインスタンドが拡張され、また地元の芸術家サンティアゴ・デル・カンポによる巨大なモザイク壁画が完成した。セビージャFCのエンブレムと、このスタジアムを訪れたことのある国内外六〇クラブのエンブレムをモチーフにした巨大壁画は現在もスタジアムの象徴となっている。

このように、内戦によって、スペインの多くのスタジアムが戦争のために利用され、破壊されてしまったが、内戦が終結するとすぐに各クラブはスタンドを修復して活動を復活させたし、さらに、経営的に成功しているビッグクラブでは、内戦による破壊が逆に新スタジアム建設の契機にさえなったのである。

2　戦争に翻弄された東欧のスタジアム

中止となったスタジアム完成記念試合

一九三九年九月、ドイツ軍がポーランドに対する侵攻を開始したことによって第二次世界大戦が勃発した。その後、イギリス、フランス、さらに日本やアメリカも巻き込んで大戦は世界に拡大し、一九四五年五月にドイツが降伏文書に調印し、同八月に日本がポツダム宣言を受諾して無条件降伏するまで六年の長きに渡って続いた。

ドイツ軍がポーランドに侵攻したのに続いて、東側からはソ連軍もポーランドに兵を進め、ヒトラーのドイツとスターリンのソ連によってポーランドは分割されてしまう。だが、一九四一年六月には東ヨーロッパに勢力圏を拡大しようとするヒトラーはソ連に対して侵攻を開始して独ソ戦も始まった。

当初、優勢なドイツ軍はソ連領内深くまで侵攻し、首都モスクワ間近にまで迫ったが、厳しい冬の到来によって進撃は止まり、その後一進一退の泥沼の攻防が続いたが、最終的にはソ連軍がベルリンを陥落させて独ソ戦に勝利する。ソ連側が「大祖国戦争」と呼んだこの戦争によって、ソ連では民間人を含めて二〇〇〇万人から三〇〇〇万人もの人々が犠牲になったという。その結果、ソ連は国境を西側に移動させ、また東ヨーロッパ諸国はソ連の勢力圏に入ることになる。

一九四一年六月、ソ連を構成する共和国の一つ、ウクライナの首都キエフでは「ウクラインスキイ・レスプブリカンスキイ・スタディオン（ウクライナ共和国スタジアム）」の改装工事が完成したところだった（第五章も参照）。一九三五年にサッカーのソ連リーグが始まり、ウクライナからはディナモ・キエフが参戦。初年度の春季リーグで準優勝するなどモスクワ（つまりロシア）のクラブを相手に善戦したことで、その人気が一気に高まった。ウクライナの人々にとって、当時のディナモ・キエフはロシアと戦う、事実上のナショナル・チームのような存在だったのだ。そこで、スタジアムを五万人規模に拡張することが決まり、五年の歳月をかけて完成。一九四一年六月二二日にスタジアムの完成記念式典およびディナモ・キエフ対CSKAモスクワの記念試合が予定されていた。

ところが、式典当日の未明、独ソ不可侵条約を破棄したドイツ軍が大挙国境を越えて侵攻を開始したのだ。もちろん式典は中止となった。そして、ウクライナ共和国政府は「記念式典の入場券は平和回復後に行う式典に有効」と布告する。しかし、平和はすぐには訪れなかった。キエフは同年九月にドイツ軍に占領されてしまったのである。スタジアムもドイツ軍に接収された。

キエフがドイツに占領されていた一九四二年八月には、ディナモ・キエフを中心とする元選手たちが結成したチームがドイツ軍選抜チームと試合を行った。ドイツ側は「アーリア民族の優越」を示すためにドイツ軍選抜に勝たせるように露骨にキエフの選手たちを脅迫したのだが、キエフの選手たちは圧力に屈することなく勝利する。そして、メンバーのうち数人が後日処刑されてしまうという悲劇的な事件も起こっている（この試合の舞台となったのは、「共和国スタジアム」ではなかった）。

その後、ソ連侵攻作戦に失敗したドイツ軍は一九四三年になってキエフからの撤退を開始する。ドイツ軍が撤退した後、破壊された「共和国スタジアム」はすぐに修理され、一九四四年六月に改めて完成記念式典が行われた。政府の布告の通り三年前に販売された入場券は有効とされたが、入場券を買っていた人の多くは式典に来場することができなかった。ドイツ軍の占領中にキエフでは約二〇万人もの市民が犠牲になっていたのだ。

ディナモ・キエフの活躍は、第二次世界大戦後も続いた。ソ連リーグではモスクワ（つまり、ロシア）のチームが覇権を独占していたが、一九六一年にモスクワ以外のチームとして初めて優勝を遂げたのがディナモ・キエフだった。そして、それに伴ってスタジアムも二階席の建設など改築を重ねて大規模化していった。さらに、一九七〇年代から一九八〇年代には名将ヴァレリー・ロバノフスキー監督の下でディナモ・キエフは全盛期を迎え、ロバノフスキーはソ連代表監督も兼任し、オレグ・ブロヒンなどディナモ勢がソ連代表の主力を構成していた。

ウクライナはソ連の崩壊に伴って一九九一年に独立。二〇〇八年一二月には再びスタジアムの全面改修工事が始まり、メインスタンドが新築された、採光のための丸窓がいくつも付いた屋根が取り付けられて工事は二〇一一年一〇月に完了。翌二〇一二年には、サッカーのヨーロッパ選手権（EURO）決勝の舞台となって世界の注目を集めた。

国境線の変更によって数奇な運命をたどったスタジアム

一九四五年四月。ソ連軍が東から進撃してドイツの首都ベルリンを占領し、総統のアドルフ・ヒトラーは自殺。五月の初めにドイツが降伏してヨーロッパでの戦闘は終結する。東ヨーロッパ各国はソ連の勢力圏に入り、共産党の独裁政権が誕生した。軍事同盟「ワルシャワ条約機構」が結成され、西側諸国と対峙。「冷戦」と呼ばれる一触即発の睨み合いが一九九一年のソ連崩壊まで半世紀近くも続くことになる。

東ヨーロッパ諸国を支配下に置くと同時に、ソ連は国境の変更も行った。ソ連の国境が西に移動し、かつてポーランド領だった土地がソ連の（ウクライナ共和国およびベラルーシ共和国の）領土となった。たとえば、数百年にわたってポーランドの一部であり、オーストリア帝国に支配され、一九世紀にポーランド・スポーツ発祥の地となったルヴフ（ウクライナ語名はリヴィウ）という都市はこの時ウクライナ領に編入され、二〇一二年にサッカーのヨーロッパ選手権（ＥＵＲＯ）がポーランドとウクライナの共同開催で行われた時には、リヴィウはウクライナ側の開催都市の一つとなった。

ポーランドは、この国境の移動によって東部の領土を失ったが、その代わりにポーランドとドイツの国境が西に移動し、旧ドイツ領だった地域が新たにポーランド領土に編入された。この地域に住んでいたドイツ人の大半はドイツ領に引き揚げ、そこに住むところを失ったポーランド東部の国民の多くが移住してきた。

ヴロツワフという都市は、そんな旧ドイツ領の中心都市だった。一〇世紀にミエシュコ一世の下にポーランドという国が誕生したころのポーランドの古都だったが、一六世紀にはオーストリアの支配下に置かれ、一七四一年からはプロイセン（ドイツ）領となっており、以後ドイツ語で「ブレスラウ」と呼ばれていた。

そして、この街にある、「スタディオン・オリンピスキ」と呼ばれている古いスタジアムは、国境の変更によって二つの国の代表チームがホームとして使用した世界で唯一のスタジアムとなった。つまり、ドイツ領だった時代にはこのスタジアムでドイツ代表の試合が行われ、第二次大戦後にポーランド領となってからはポーランド代表がここで戦ったのだ。

オリンピスキが建設されたのは一九二八年。つまりドイツ領だったころのことだ。陸上競技とフットボールの兼用競技場で、南側のサイドスタンドには蔦の絡まる美しいマラソンゲートがあり、バックスタンド中央には四角い煉瓦造りの時計塔が聳え立っていた。完成当時は「レアーボイテル・スポーツ公園」と呼ばれていたが、一九三三年にナチスが政権を握ると、その指導者の一人（航空相、プロイセン州首相）の名を取って「ヘルマン・ゲーリング・カンプバーン（運動場）」となり、さらに改装が終わった一九三五年には「オリンピアシュタディオン」と名称が変わった。ブレスラウ市が、一九三六年のベルリン・オリンピックの競技の一部を分散開催しようと考えたのだ（ヒトラー総統はオリンピックの分散開催を認めなかった）。

このスタジアムで行われた最初のサッカーの国際試合は一九三〇年一一月のドイツ対ノルウェー戦だった。そして、一九三五年九月にはポーランドとの試合も行われている（ＦＩＦＡのウェブサイトではこの試合はポーランドのホームゲームとされているが、これは誤り。当時のブレスラウはドイツ領だったのだから、この時の試合はドイツのホームゲームのはずである）。

第二次大戦後の国境移動によって、ヴロツワフ（ブレスラウ）は約四〇〇年ぶりにポーランドに復帰。戦争で破壊された旧市街は、ヴロツワフ市民の寄付によって再建され、同時にポーランド語で「スタディオン・オリンピスキ」と呼ばれるようになったスタジアムも改修され、四万八〇〇〇人収容とポーランドでも有数のスタジアムとして生まれ変わった。

ポーランド代表が（ホームチームとして）初めてオリンピスキでプレーしたのは、一九五〇年五月のルーマニア戦だった。さらに、一九六一年一〇月には、かつてこの町を支配していたドイツ（東ドイツ）の代表も訪れた。だが、オリンピスキは老朽化のため、国際試合の開催は一九八七年三月が最後となってしまったが、この時の対戦相手は奇しくもドイツ時代の最初の国際試合の時と同じノルウェーだった。

ヴロツワフは二〇一二年のヨーロッパ選手権（ＥＵＲＯ）の開催地となり、当初はオリンピスキを改装する計画もあったが、結局郊外に新スタジアム「ヴロツワフ市立スタジアム」が建設された。現在、オリンピスキは主にオートバイレースの会場となっているが、少年サッカーなどにも使われており、今も完成当時のままの姿をよく残している。

さらに歴史に翻弄され続けるウクライナ

ソ連の構成共和国の一つだったウクライナは一九九一年のソ連崩壊と同時に独立した。しかし、独立後のウクライナは政情が安定せず、とくに東部の親ロシア派と西部の親西欧派の対立は根深いもので、外交姿勢を巡って両派の間で権力闘争が渦巻いた。

二〇一〇年には親ロシア派のヴィクトル・ヤヌコビッチが大統領選挙で当選。ヨーロッパ連合（ＥＵ）との政治・貿易協定の調印を見送ったヤヌコビッチ大統領に対して、野党勢力による反政府運動が起こり、大統領は退陣。二〇一四年の大統領選挙では新西欧派のペトロ・ポロシェンコが当選した。これに対して、ウクライナ東部では親ロシア派武装勢力が政府軍と衝突。二〇一四年三月にはロシアがついにウクライナの一部だったクリミア自治共和国をロシア領に編入。同年四月には親ロシア派が支配するドネーツク州の一部が独立を宣言した（どちらも、国際的には承認を受けられていない）。

この親ロシア派武装勢力と政府軍との衝突によって、大きな被害を受けたのが二〇〇九年に東部のドネーツクに完成したばかりのサッカー・スタジアム「ドンバス・アレーナ」だった。

ウクライナのサッカー界では首都のキエフのクラブ、ディナモ・キエフがソ連時代からの強豪だったが、独立後に台頭してきたのがドネーツクのシャフタールだった。ドネーツクは炭坑で栄えた町で、「シャフタール」とはウクライナ語で「炭坑夫」の意味。サポーターはチームカラーのオレンジ色のヘルメットをかぶって応援する。

一九九六年には、ドネーツク出身で、政治的な影響力の強い新興財閥（オリガルヒ）の一人リナト・アフメトフが会長となり、シャフタールはその支援の下で着実にチーム力を上げてきた。

ドンバス・アレーナ（World Stadiums）

アフメトフ会長は新スタジアム建設を計画。ドンバス・アレーナが二〇〇九年に完成した。「柿落とし」として歌手のビヨンセのコンサートが行われたという。ちなみに、「ドンバス」とはこの国最大の工業地帯となっているドネーツク周辺の盆地の名前である。

ドネーツク市の中心部、市民のレクリエーションの場となっている広大なレーニン・コムソモール公園内にある五万二五一八人収容のドンバス・アレーナ。天然芝の養生のための日光と風を取り入れられるように、スタンドの屋根は北側が高く、南側が低く設計されていた。また、スタンド下にはレストランやバー、商店などが並び、市民生活の一部ともなっていた。二〇一二年にはＥＵＲＯの準決勝、スペイン対ポルトガルの試合も行われた。

しかし、二〇一四年にウクライナ紛争が勃発すると、ドンバス・アレーナはボランティアによる物資集積場となり、食糧品の分配作業などに使われていた。だが、同年八月と一〇月には砲撃を受けてメインスタンドとバックスタンドが破損して使用できなくなってしまう。アレーナが被害を受けただけでなく、ドネーツク市も政府軍と反政府武装勢力の戦闘地域となったため、シャフタールは本拠地ドネーツクで活動を続けることができなくなり、そのため、クラブ事務所やトレーニング施設は首都のキエフに移し、試合はウクライナ最西部のリヴィウのスタジアムで開催している。

3　空襲で破壊されたスタジアム

「バトル・オブ・ブリテン」で被弾

一九三九年九月に勃発した第二次世界大戦。ドイツ軍は「電撃戦」で瞬く間にポーランドを占領。翌一九四〇年の五月にはドイツは西側にも軍を進め、ベルギー、オランダ、フランスを屈服させてしまう。ドイツ軍は次にイギリスに侵攻すべく、制空権確保のためにドーバー海峡を挟んでイギリス空軍との間で激しい航空戦を展開した。これが、「バトル・オブ・ブリテン」と呼ばれる戦いである。

当初、ドイツ軍の攻撃はドーバー海峡付近の輸送船や沿岸の港湾、あるいは飛行場などの軍事目標に限られていたが、一九四〇年九月からはロンドンを目標とする都市爆撃が始まり、ロンドン空襲は一九四一年一二月のアメリカの参戦まで続いた。「ザ・ブリッツ」と呼ばれたロンドン空襲によって、一九四一年五月末までに四万人以上の民間人が死亡した。

ドイツ軍の空襲に対抗してイギリス軍側がベルリンを爆撃したこともあったが、連合軍による本格的なドイツ爆撃は連合軍側が優勢となった戦争の末期に行われた。連合軍による爆撃は軍事目標に対する精密爆撃だけでなく、相手国の戦争遂行の意思を挫くために行う市街地での無差別爆撃に変わっていく。その中でも、最も有名なのが一九四五年二月のドイツ東部ドレスデンへの空爆だ。ドレスデンの市街の八五%が破壊され、被害者の数は一説には一五万人ともいわれている。気候的な条件などが重なって、ドレスデン爆撃は一連のドイツ爆撃の中で最大の被害を出したのだ。

ドイツ軍の空襲によって、イングランドのいくつものサッカー・スタジアムが被害を受けた。中でも最大の被害を被ったのがマンチェスター・ユナイテッドの本拠地オールド・トラフォードだった。

オールド・トラフォードが爆撃の被害を受けたのは、スタジアムのすぐ北側を流れるマンチェスター運河のトラフォード・ドックが空襲の目標になっていたからだった。爆撃は何度もあったが、最悪のものは一九四一年三月の空襲で、メインスタンドや選手の更衣室、オフィスなどが破壊されてしまい、立ち見席やピッチも被弾した。スタジアムが破壊されてしまったため、ライバルであるマンチェスター・シティーからの申し出によって、その後ユナイテッドはシティーのホームであるメイン・ロードで試合を行うようになる。

終戦後、政府の戦争被害評価委員会は瓦礫の撤去費用として四八〇〇ポンド、スタンド再建費用として一万七四七八ポンドをマンチェスター・ユナイテッドに供与することを決定したが、これだけでは再建費用は賄いきれず、ユナイテッドは多額の負債を抱えることになる。だが、チーム強化には成功し、観客動員が伸びたことによってユナイテッドは危機を脱した。ユナイテッドは、メイン・ロードで過去最高の観客動員を記録したのだ。それを見たシティーはメイン・ロードの使用を終了するように要請。一九四九年にオールド・トラフォードの再建が始まり、同年八月のシーズン開幕からユナイテッドは本拠地に戻った。だが、メインスタンドにはまだ屋根を架けることができず、屋根の再建は資材不足がようやく解消した一九五一年にようやく終了した。

北ロンドンにあるアーセナルの本拠地ハイバリーは、戦争が始まると防空部隊に接収され、ピッチ上には空襲監視部隊が展開し、立ち見席には物資が積み上げられた。この間、アーセナルは北ロンドンのライバル、トッテナム・ホットスパーの本拠地ホワイトハート・レーンを借りて試合を行っていた。

しかし、一九四〇年にはハイバリーの南側立ち見席「クロック・エンド」（大時計があったため、こう呼ばれていた）に爆弾が落ち、防空用気球を用意していた空軍の兵士二名が死亡した。また、一九四一年四月の空襲では北側ゴール裏の立ち見席に積み上げられていたキャンバス布製の簡易ベッドが燃え上がり、スタンドの屋根が燃え落ちてしまった。

イングランド中部の大都市バーミンガムでは二つのクラブで明暗が分かれた。

アストンビラのフレッド・リンダー会長は第一次世界大戦前の一九一四年に、本拠地ヴィラ・パークを一〇万人規模に改築する提案をしていたが、株主の同意を得られず、さらに世界大戦が始まったので計画は棚上げとなっていた。一九三九年に南側ゴール裏立ち見席の拡張工事が始まったのは、皮肉にもそのリンダー会長が亡くなった数か月後のことだった。しかし、第二次世界大戦が始まったので工事は再び中断してしまう。だが、今回は戦時下であるにもかかわらず工事は再開され、一九四〇年には完成した。開戦直後には戦争が長期化、大規模化するとは誰も考えていなかったのだ。だが、実際には、戦争は一九四五年まで続く。そして、戦争が終わると、戦時中に造られた新しいゴール裏スタンドには多くのサポーターが詰めかけた。

一方、アストンビラのライバル、バーミンガム・シティーのホーム、セント・アンドリュースは、一九四〇年三月の空襲で二〇発もの爆弾を被弾してしまい、さらに一九四二年の一月には消防士のミスによってメインスタンドが焼失してしまった。セント・アンドリュースの被害はイングランドのサッカー・スタジアムの中で、オールド・トラフォードと並んで最大のものとなった。

戦略爆撃の被害を受けたドレスデンでの悲劇

一方、連合軍の爆撃によってドイツでも多くのスタジアムが被害に遭っている。首都ベルリンは、戦争末期には空襲と地上戦によって完全に破壊されてしまったが、一九三六年のオリンピックのメイン会場だったオリンピアシュタディオンは、郊外にあったためかほとんど被害を受けることがなかった。一方、多くの犠牲者を出した一九四五年二月のドレスデン爆撃では、「イルゲン・カンプバーン」（イルゲン運動場）が完全に破壊されてしまった。

ワイマール共和国時代の一九二三年に建設された「イルゲン運動場」（ヘルマン・イルゲンは実業家であり、リベラル派の政治家）は、陸上競技場のほかに、水泳プール、テニスコート、ホッケー場などを含む、当時のドイツで数多く造られたスポーツ・センターの一つだった。

破壊されたスタジアムは、戦争が終わった一九四七年に再建が始まり、「ルドルフ・ハルビッヒシュタディオン」として一九五一年に完成（ルドルフ・ハルビッヒはドレスデン出身の陸上競技の選手）。その後、東ドイツ政府の支援を受けたディナモ・ドレスデンが強豪サッカー・チームに成長したため、一九七二年からは「ディナモシュタディオン」が正式名称となったが、一九九一年の東ドイツ政権の崩壊と再統一によって「ルドルフ・ハルビッヒシュタディオン」の名称が復活した。スタジアムは二〇〇九年にはフットボール専用スタジアムに改装され、二〇一一年の女子サッカーのワールドカップでも会場の一つとなり、現在はドイツのブンデスリーガ二部に所属する1FCディナモ・ドレスデンの本拠となっている（現在の収容力は三万二〇〇〇人ほど）。スタジアムはフットボール専用となったのに、スタジアム名には今でも陸上競技選手の名が冠されている。

ルドルフ・ハルビッヒシュタディオン
（World Stadiums）

たとえば、アーセナルの本拠地ハイバリーのように、スタジアムは軍事利用されることも多かった。スペイン内戦ではスタジアム内に司令部が置かれたり、政治犯収容所として利用されたりした例も見てきた。同様に第二次世界大戦前の日本を代表するスタジアムである明治神宮外苑競技場も、やはり、軍事利用された。

一九四一年一二月の対米開戦後も、日本国内ではまだスポーツ行事がそれまでとほぼ同じように開催され、日本の傀儡国家だった「満州国」や中国国内で日本が支配していた地域などとの国際試合も行われていた。だが、一九四二年から一九四三年ころを最後にスポーツ大会は次々と中止されていく。そして、一九四三年一〇月には、雨の明治神宮外苑競技場で出陣学徒の壮行会が挙行された。

それまで兵役を猶予されていた文科系の学生が召集され、前線に送り出されることになり、政府は明治神宮外苑競技場で壮行会を計画。その模様は全国にラジオで生中継された。そして、壮行会直後の一九四三年一一月には第一四回明治神宮大会中央大会が開催された。一九二四年に第一回大会が開催された伝統ある明治神宮競技大会もこれが最後の大会となってしまう。

戦争末期には明治神宮外苑競技場は軍馬の徴用場となり、野球場は倉庫、水泳場は宿舎として使われた。そして、聖徳記念絵画館前の中央広場には高射砲が据え付けられた。一九四四年には競技場は東部軍司令部・陸軍需品本廠、野球場は東部第百部隊経理部・農商務省薪炭備蓄用、水泳場は近衛師団司令部といったように、神宮外苑は完全に軍に掌握されてしまった。

一九四四年にアメリカ軍がマリアナ諸島を制圧すると、東京に対する爆撃も本格化。当初は、軍事的な目標や軍需工場に対する精密爆撃だったが、一九四五年に入ると爆撃は市街地に対する無差別爆撃が主となってくる。そして、五月二五日から二六日にかけての空襲では、明治神宮外苑競技場や野球場が焼夷弾によって被災。野球場では三塁側スタンドに焼夷弾が落ち、倉庫に引火して大火災となり、競技場では配給用薪炭が二昼夜にわたって燃え続けた。

4　墓地となったスタジアム、収容所となったスタジアム

観客席の椅子が棺に使われた内戦の悲劇

ユーゴスラビアは、第一次世界大戦後、それまでオーストリア＝ハンガリー帝国やオスマン・トルコの支配下にあった南スラブ系の諸民族が集まって独立した国だった（「ユーゴスラビア」という国名が使用されたのは一九二九年から）。第二次世界大戦後は、社会主義の道を歩んでいたが、ソ連やほかの東ヨーロッパ諸国とは異なる独自の政策を採っており、ソ連共産党と

は対立していた。

ユーゴスラビアはスポーツ大国でもあった。とくに、サッカーをはじめ、バスケットボールやハンドボール、水球などさまざまなボールゲームに強く、世界的な名選手、そして名監督を生んでいる。

ユーゴスラビアは民族別の六つの共和国と二つの自治州からなる連邦国家だった。しかし、第二次世界大戦中にドイツに対して抵抗したパルチザンの司令官を務め、戦後は首相、大統領として連邦を指導したヨシップ・ブロズ・ティトーというカリスマ的指導者が一九八〇年に死去すると、民族間の対立感情が噴出し、一九九〇年代に入ると各共和国が独立を宣言して連邦は解体され、内戦状態に突入。各共和国の指導者が民族主義を煽ったために、「民族浄化」の名の下に各地で虐殺事件が多発した。

ボスニア・ヘルツェゴビナが独立を宣言したのは一九九二年三月。ムスリム人、セルビア人、クロアチア人が混住していたこの国では、各民族に分かれて激しい内戦に突入。虐殺も行われた。

ボスニア・ヘルツェゴビナもスポーツの伝統がある国だ。かつてサッカーの日本代表監督を務めたイビツァ・オシムもボスニアの出身だったし、二〇一六年に代表監督に就任したヴァイッド・ハリルホジッチも同じくボスニア出身だ。首都のサライェヴォは山間の美しい都市で、一九八四年には冬季オリンピックが開催された。だが、オリンピック施設の多くも内戦で破壊され、ゼトラ屋外リンクは内戦の間になんと共同墓地となってしまった。

サライェヴォ・オリンピックでは、開会式は陸上競技とサッカーの兼用スタジアムであり、FKサラエヴォのホーム・スタジアムであるスタディオン・コシェボ（二〇〇四年から「スタディオン・アシム・フェルハトヴィッチ・ハセ」＝現在の収容力三万四六三〇人）で行われ、フィギュア・スケートとアイスホッケー、閉会式がゼトラの「オリンピック・アイスホール（オリンピスカ・ドヴォラーナ）」で、そしてスピード・スケートが同じゼトラにある屋外リンクで行われた。

一九八三年に完成したアイスホールはオリンピック終了後もスケート競技に使われ、いくつもの世界記録が生まれていた。しかし、内戦が始まるとアイスホールはボスニア軍の物資集積場となり、一九九二年の五月にはセルビア軍の砲撃や爆撃を受けて破壊されてしまう。そして、一九九二年のセルビア軍によるサライェヴォ包囲下、亡くなった人々の遺体を墓地まで運ぶことができなかったため、アイスホール横の屋外リンクのあった場所は共同墓地とされてしまったのだ。破壊されたアイスホールの観客席の木製の椅子が、遺体埋葬のための棺として利用されたという。

内戦は一九九五年に終結。破壊されたアイスホールはIOCの支援もあって一九九七年に再建工事が始まり、一九九九年に完成。同年七月には南東欧安定協定サライェヴォ・サミットの会場として使われ、その後はアイスホッケーやバスケットボールなどのスポーツやコンサート会場として頻繁に利用されている。そして、二〇一〇年にサライェヴォ・オリンピック当時のIOC会長だったサマランチ氏が亡くなると、「オリンピック・ホール・フアン・アントニオ・サマランチ（ボスニア語で「オリンピスカ・ドヴォラーナ・フアン・アントニオ・サマランチ」）と改名された。

そして、その横には共同墓地が横たわる。

政治犯収容所となったスタジアムをめぐる皮肉の物語

南米大陸の太平洋側にあるチリは、大陸を南北に貫くアンデス山脈に沿った細長い国である。一九七〇年の大統領選挙では左派人民連合のサルバドール・アジェンデ候補が当選し、世界で初めて自由選挙によって選ばれた社会主義政権が誕生した。

アジェンデ政権はアメリカ合衆国が支配する銅鉱山の国有化などを行ったが、保守派やアメリカがこれに猛反発。一九七三年九月一一日には、ついにチリ陸軍がクーデターを起こした。

アジェンデ大統領は大統領官邸であるモネダ宮で自ら銃を取って戦った末に自殺したと言われるが（諸説あり）、結局、陸軍のアウグスト・ピノチェト将軍が全権を掌握。軍事政権は権力を握るとすぐに数万人といわれる左派系市民を「エスタディオ・ナシオナル」（国立競技場）に収容し、ここで活動家ではない一般市民を含む多くの人々が処刑された。

「エスタディオ・ナシオナル」は陸上競技とサッカーの兼用競技場で、同じ高さの一層のスタンドが取り囲むシンプルなデザインのスタジアムだ。

オリンピック・ホール・ファン・アントニオ・サマランチ
（World Stadiums）

二〇世紀初頭からスポーツの会場として使われていたサンティアゴ東部ニュニョア地区に一九三八年に完成。完成時には陸上競技のトラックの外側に自転車競技用のトラックも併設されていたが、自転車用トラックは一九六二年のサッカーのワールドカップ前の改装で撤去された。スタジアム周辺にはテニスコートや自転車競技場、野球場などが並んでいる。

完成はベルリン・オリンピックの二年後のことで、当時から「ベルリンのオリンピアシュタディオンに似ている」といわれていた。たしかに、一層式でボウル状のスタンドはオリンピアシュタディオンを思わせるが、子細に見ればオリンピアシュタディオンはメイン、バックの両スタンドがカーブした「楕円形」のスタジアムだったのに対して、エスタディオ・ナシオナルは両スタンドが直線状の「長円形」

のスタジアムであるといったように根本的な違いがある。

現在、エスタディオ・ナシオナルにも屋根を付ける計画があり、その計画もベルリンのオリンピアシュタディオンの屋根と同じような構造のようだが、これはもともとスタンドの構造が似ているのだから当然のことだろう。ただし、バックスタンドからアンデス山脈の雄大な風景が眺められることもこのスタジアムの最大の魅力の一つなので、屋根を付けてしまうのはもったいないような気もする（サンティアゴは曇りや霧は多いが、雨は少ない）。

ちなみに、現在の正式名称は「エスタディオ・フリオ・マルティネス・プラダノス」。プラダノスはチリを代表するサッカー専門記者で、二〇〇八年一月に八四歳で亡くなると二日後にはチリ政府がスタジアム名変更を決めた。

エスタディオ・ナシオナル
（World Stadiums）

さて、ピノチェト将軍がクーデターを起こした一九七三年秋には、翌年西ドイツで開かれるサッカーのワールドカップ予選が最終段階に差し掛かっていた。一次予選でペルーを破ったチリは大陸間プレーオフでソビエト連邦と対戦することになっており、クーデター直後の九月二六日に行われたモスクワでの第一戦はスコアレスドローに終わっていた。そして、ホームでの第二戦は一一月二一日にエスタディオ・ナシオナルで行われる予定だった。

しかし、死亡したアジェンデ大統領の社会主義政権の後ろ盾だったソ連は、左派系市民の収容所として使われた血塗られたスタジアムでの対戦を嫌ってＦＩＦＡに対して会場の変更を求めた。ホームで引き分けてしまったソ連としては「もし第二戦が中立地での開催となれば有利」という思惑もあったことだろう。だが、ＦＩＦＡは要求を却下。すると、ソ連はチリとの対戦を拒否して第二戦を棄権してしまった。試合が予定されていた日、エスタディオ・ナシオナルのピッチにはチリ代表の選手たちが姿を現わし、無人のゴールにボールを蹴り込んで予選突破を祝うセレモニーが行われたという（公式スコアは、ソ連の棄権によりチリの2対0での勝利）。

こうして、チリのワールドカップ進出が決まったのだが、物語はまだ終わってはいなかった。

ソ連や東側諸国は西ドイツ・ワールドカップの試合が西ベルリンで開催されることに強く反対していた。つまり、「西ベルリンは法的にはアメリカ、イギリス、フランスの占領地域であって西ドイツの領土ではない」というのが東側諸国の主張だった。一方、西ドイツ側は「西ベルリンは西ドイツの一州」との立場で、なんとしても西ベルリン開催を実現しようとした。そして、ＦＩＦＡも西ベルリンでの開催を認め、開催国の西ドイツはＡ組に入って、初戦を西ベルリンで戦うことになっていた。

ところが、組分け抽選の結果、その初戦の対戦相手がチリに決まったのだ。さらに、なんと東ドイツも西ドイツと同じＡ組に入り、東ドイツが試合開催に強く反対していた西ベルリンのオリンピアシュタディオンで戦わなければならなくなったのだ。しかも、その西ベルリンでの試合の対戦相手は社会主義政権を力で倒した軍部が支配するチリということになったのだ。

それでも、東ドイツは棄権などせずにワールドカップに参加。一九七四年六月一八日、西ベルリンでの試合で東ドイツとチリは１対１で引き分け、さらにハンブルグのフォルクスパルクシュタディオン（一九五三年完成。一九九八年全面改築＝五万七〇〇〇人収容）で行われたグループ最終戦で、東ドイツは西ドイツを1対0で破ってしまったのだ。なんという皮肉な巡り合わせだったのであろうか……。

第七章　スタジアムの記憶——遺産としてのスタジアム

1　住宅街に残るスタジアムの記憶

スタジアムの構造をそのまま利用した集合住宅

ロンドン地下鉄のピカデリー線に「アーセナル」という駅がある。多くのフットボール・クラブがあるロンドンでも、クラブの名前が駅名になっているのはここだけだ。そのアーセナル駅を出て、サポーターたちに混じって右手（西方向）に向かえばすぐにエミレーツ・スタジアム（二〇〇六年完成＝収容力六万〇四三二人）の威容が目に飛び込んでくる。だが、エミレーツ・スタジアムには向かわずに、駅の出口を出て目の前のハイバリー・ヒル通りを南に向かってしばらく行くと、通りの左側に「ＡＲＳＥＮＡＬ ＳＴＡＤＩＵＭ」という大きな赤いロゴが見えてくる。これが旧アーセナル・スタジアム（通称ハイバリー）の西スタンドだった建物のアールデコ調のファサードである。

二〇〇六年に閉鎖された旧スタジアムの跡地は再開発され、現在は「ハイバリー・スクウェア」という高級集合住宅になっている。ピッチ跡が中庭となり、中庭を囲んでスタンドの構造をそのまま利用した集合住宅が建っており、当時のスタジアムの様子が容易に想像できる。中庭に面して建てられた四棟の集合住宅は「西スタンド」、「南スタンド」といった名前で呼ばれており、建築家クロード・W・フェリアーとウィリアム・ビニーが設計し、一九三二年に完成した西スタンドのアールデコ調のファサードもそのまま残されているのだ。

「記憶」が大事にされているのが嬉しい……。この地で紡がれたイングランド・サッカー史上のいくつもの「記憶」である。

アーセナルは一八九三年にフットボール・リーグ（FL）二部に加盟した。実は、ロンドンのクラブでFLに加盟したのはアーセナルが初めてだった。FLというのはもともと北部工業地帯の労働者たちのクラブ、つまりプロのクラブが作った組織だった。プロのクラブは安定した収入が必要となるから、定期的に公式戦ができるリーグ戦という形式の大会を始めたのだ。それに対して、フットボール・アソシエーション（FA）を作ったロンドンのフットボール・クラブというのはほとんどが上中階級のアマチュア・クラブでありFLに加盟することはなかった。

アーセナルは労働者のクラブだった。

「アーセナル」というのは海軍工廠を意味する言葉だ。ロンドン中心街から二〇キロ近く東に行ったテームズ川南岸のウーリッチにある海軍工廠。その労働者たちが作ったクラブ。それが「アーセナル」で、労働者の多くはイングランド北部の工業地帯やスコットランドの出身だった。ちなみに、ウーリッチの対岸のテームズ川北岸には、現在、近距離便が発着するロンドンのシティー空港がある。

当初は「ウーリッチ・アーセナル」と名乗り、グラウンドもウーリッチのプラムステッドにあった。

だが、ウーリッチはロンドン市内からの交通が不便だったせいで観客動員は伸び悩んでいた。

転機となったのは、不動産開発業者のヘンリー・ノリスによる買収だった。

ロンドン西部のクラブ、フルアムのオーナーだったノリスはアーセナルを買収して、フルアムと合併させて強豪クラブを作ろうとしたのだが、FLがクラブの合併を認めなかったため、ノリスは一九一三年にアーセナルをロンドン市内北部のハイバリーにあるセント・ジョンズ・カレッジが使っていた土地に移転させた。ノリスがこの場所を選んだのは、一九〇六年に地下鉄のギレスピー駅が開業していたからだった。そして、フルアムのクレーヴン・コテージのスタンドを設計したアーチボルド・リーチに東スタンドの設計を依頼。三角形の屋根が連なる東スタンドが完成した。

元の本拠から一〇マイル（約一六キロ）も離れたところに移転するのは経営的には危険な賭けだった。それまで観戦に来ていたサポーターが離れてしまうからだ。また、ハイバリーにはすでに住宅が建ち並んでいたので住民から移転反対の声も上がった。だが、アーセナルの移転は成功した。まだFL二部に所属していたにもかかわらず、観客数は前シーズンの二・五倍の一試合平均約二万三〇〇〇人に達し、一九一五年には一部昇格も果たした。そして、その後、アーセナルは一度も二部に降格したことがない。こうして、一九一三年に移転してから二〇〇六年まで、アーセナルはハイバリーで多くの歴史を作っていくことになったのだ。

アーセナルを特別なクラブにしたのは一九二五年に就任した名将ハーバート・チャップマンだった。一九三〇年代にFLで五回、FAカップで二回優勝という常勝チームを作っただけではない。チャップマン監督はアイディアマンだった。

一九三二年に、チャップマンはフェリアーとビニーに近代的な西スタンドを造らせた。あの「ハイバリー・スクウェア」の一部として残っている赤いロゴの入ったアールデコ風建築である。また、チャップマンはスタジアムに夜間照明設備も取り付けさせた（サッカー協会が夜間試合開催に反対していたので、公式戦に使われるようになったのは第二次世界大戦後のことだった）。その他、赤のシャツに白い袖という独特のユニフォームを発案したのも、シューズにゴム製のスタッドを付けたのも、選手のシャツに背番号を付けたのもすべてチャップマンのアイディアだった。そして、一九三二年にチャップマンは地下鉄ギレスピー駅の駅名を「アーセナル」に変更させた。

こうした数々の記憶に彩られたスタジアムだったからこそ、旧スタジアムは「ハイバリー・スクウェア」として残され、その記憶が大切にされることになったのであろう。

街路名などに残るスタジアムの記憶

スタジアムの構造そのものを利用して再開発された「ハイバリー・スクウェア」のような例は、さすがに本場イングランドでもほかに例がない。だが、再開発された街路などに何らかの形でスタジアムの記憶が残されることは珍しくない。

たとえば、イングランド北部の古豪ミドルスブラの本拠地だったエアーサム・パーク。

一九〇三年、ＦＬ一部に昇格したばかりのミドルスブラだったが、それまで使っていたリンソープ・ロードのクリケット・グラウンドが使用できなくなったため、急遽造られたのがエアーサム・パークだった。エアーサム・パークはわずか九か月で完成した。設計はアーチボルド・リーチ。スコットランドのグラスゴーでレンジャーズのアイブロックス・パークなどすでにいくつかのスタジアムを手掛けていたリーチがイングランドで初めて本格的に設計したのがこのスタジアムだった。

しかし、ミドルスブラは一九九五年にティーズ川沿いのリバーサイド・スタジアム（三万五一〇〇人収容）に移転し、エアーサム・パークは一九九七年までに解体され、現在、その跡地は住宅街になっている。ハイバリー・スクウェアのような高級集合住宅ではなく、ごく普通の煉瓦造りの住宅街だ。

しかし、スタジアムの記憶はあちらこちらに残されている。たとえば、住宅街を走る通りには「ターンスタイル」や「ミッドフィールド」といった名前が付けられている。「ターンスタイル」というのは、イングランドのスタジアムには必ずあった回転式の入場口のことだ（自動的に入場者数が計算できる）。また、エアーサム・パークのピッチ上の、かつてペナルティーエリアがあった場所は小さな芝生になっており、ペナルティースポットにはブロンズ製のボールが置かれている。また、エアーサム・パークで行われた一九六六年のイングランド・ワールドカップの北朝鮮対イタリアの試合（1対0で北朝鮮が勝って「世紀の番狂わせ」と言われた）で朴斗翼《パクトゥイク》が決勝ゴールを決めた地点やセンターサークルがあった場所にも記念碑などが置かれている。

同じく、イングランド北部、北海に面した港町サンダーランドの名門クラブＡＦＣサンダーランドのかつての本拠地、ローカー・パークの跡地も住宅として再開発された。

それまでの多くのグラウンドではゴール裏の立ち見席は土や瓦礫などを積み上げた「バンク」と呼ばれる土手構造だったが、リーチによって設計されたローカー・パークには鉄筋コンクリートの柱によって支えられた巨大なゴール裏スタンド「ローカー・エンド」が建設された（一九八二年には倒壊の危険があるとして上層部が取り壊された）。

かつては最高で七万五〇〇〇人以上を収容したローカー・パークだが、スタンドの座席化などによって一九九〇年代には二万人強しか収容できなくなってしまった。しかも、かつて農地だったローカー・パーク周辺もすでにすっかり市街地化していたため拡張の余地がまったくなかった。そこで、サンダーランドは一九九七年に新しく「スタジアム・オブ・ライト（光のスタジアム）」（四万二〇〇〇人収容、現在は四万九〇〇〇人に拡張）を建設して移転した。

ＡＦＣサンダーランドというクラブはもともと教員のクラブとして発足したのだが、プロとなったクラブを熱心にサポートしたのはウェア川上流の炭坑労働者たちだった。ウェア川沿いの炭鉱で掘り出された石炭は河口のサンダーランドから積み出された。同様に、ティーズ川上流の炭鉱の石炭はミドルスブラから、タイン川上流の炭鉱の石炭はニューカッスルから積み出された。港町と炭鉱は川を通じて経済的にも社会的にも強く結びついており、一九世紀の末には試合の日に炭鉱労働者たちが河口の町まで観戦に行くための特別列車が走っていたという。サンダーランドのエンブレムに炭坑の設備などが描かれているのもその名残だ。

一九九〇年代にサンダーランドが新スタジアムを建設するために見つけた用地は中央駅からも近い石炭置き場の跡地だった。交通も便利だったし、また「石炭とのつながり」というクラブの歴史を思い起こさせる土地でもあったのだ。それも、移転成功の理由の一つだった。

旧ローカー・パークの跡地も住宅街として再開発され、サンダーランドのサポーターなどが争って入居した。そして、この住宅街の中央を横切る街路には「ミッドフィールド・ドライブ」という、かつての記憶を背負った名前が付けられている。また、「スタジアム・オブ・ライト」には、ローカー・パークのスタンドの一部、あのアーチボルド・リーチのスタンドの特徴である鉄の筋交いの入った二階席最前列（バルコニー）の手摺が保存されている。

2　グラウンドとして利用されているスタジアム跡地

子供のサッカー教室に使われる旧スタジアム

ポルトガル北部のポルトは、ワイン産地のドエロ川河口に位置する古い港町だ。一八世紀に戦争のためフランス・ワインを輸入できなくなったイギリスは、代わりにポルトガルからワインを輸入することになった。だが、フランスと比べて輸送距離が長いので輸送中にワインが傷んでしまう恐れがあったので、ブランデーを添加してアルコール度数と糖度が高い酒精強化ワインを作った。それが、有名なポートワインだった。

つまり、一九世紀のポルトはイギリス向けワイン輸出で栄えており、多くのイギリス人も住んでいた。一八九三年、ワイン商人の一人で、イギリス留学中にサッカーを覚えて帰国したアントニオ・ニコラウ・デ・アルメイダが結成したのがFCポルトだった。

そのFCポルトが一九一三年に市内コンスティトゥサオン通り九〇〇番地に建設したのが「カンポ・ダ・コンスティトゥサオン」。二万人を収容できるスタジアムだった。だが、一九五二年には市の東部アンタス地区に新スタジアム（エスタディオ・ダス・アンタス）が完成し、FCポルトは移転した。しかし、旧スタジアムの跡地は今でも子供たちのサッカー・スクールに使われている。通りに面した白い塀には一〇〇年前と同じように「Foot-Ball Club do Porto」と大きく書かれている。「フットボール」、「クラブ」は英語のスペルのままで、しかも昔風に「Foot」と「Ball」の間にはハイフンが入っている。スタンドは取り壊され、グラウンドも荒れてしまっていたが、二〇〇八年には改修され、FCポルト主催のサッカー教室などが開かれ、多くの子供たちがサッカーに親しんでいる。

ちなみに、FCポルトが移転したアンタスは陸上競技兼用のスタジアムで、当初は東側のバックスタンドがなかったためスタンドは「C字形」をしていた。その後、一九七六年にはバックスタンドが建設されて楕円形のスタジアムとなり、さらに一九八六年にはグラウンドを六メートル掘り下げて陸上競技のトラックを撤去してサッカー専用となり、アンタスの収容力は最大時で九万五〇〇〇人に達した。

だが、二一世紀にはいるとアンタスは老朽化。アンタスのすぐ東側、サブ・グラウンドや体育館があった場所に新スタジアムが建設されることになった。ドエロ川の対岸、ヴィラ・ノヴァ・デ・ガイア市の協力を得て近代的なトレーニング場を造り、不要になったサブ・グラウンドの跡地にエスタディオ・ド・ドラガオンを建設。古いスタジアムがあった土地は再開発されてオフィスビルとなった。

スタジアムとトレーニングセンターを近代化させ、同時に余った土地を生かしてクラブの収入源にするというこのプロジェクトを進めたのは、クラブ経営に長けたピント・ダ・コスタ会長だった。ジョゼ・モウリーニョ監督の下でFCポルトがチャンピオンズリーグ優勝に向けて快進撃を続けていた二〇〇三年一一月にドラガオンは完成。完成記念試合ではFCポルトがバルセロナに2対0で勝ったが、この試合で一六歳のリオネル・メッシがトップチーム・デビューを果たしている。

日本サッカーの記憶を留めるプルンペ跡

サッカーの日本代表が初めて世界に挑んだのが一九三六年のベルリン・オリンピックだった。オリンピックのサッカー競技は、現在では二三歳以下の代表チーム（年齢制限なしの「オーバーエイジ」が三名）によって争われているが、一九三六年当時はプロ選手でなければ誰でも参加できた。しかも、ヨーロッパ大陸で正式にプロ化されていたのはオーストリアなど一部の国だけで、スペインやイタリアなど多くの国では制度的にはすべての選手がアマチュアだった。したがって、オリンピックのサッカー競技にはほとんどの国がフル代表チームを送り込んでいた。

日本が一回戦で対戦したスウェーデンもそうで、当然スウェーデンが圧倒的に有利と見られていた。だが、結果は日本が3対2と逆転勝ち。日本はその後、二回戦でイタリアに0対8と大敗するが、イタリアは一九三四年のワールドカップ優勝チームであり、さらに一九三八年にも連覇することになるチームだった。ベルリン・オリンピックに参加していたのは若手中心のチームではあったが、れっきとしたイタリア代表であり、監督は名将ヴィットリオ・ポッツォその人だった。

日本戦に出場していたFBのアルフレド・フォニとピエトロ・ラヴァ（ともにユベントス）、そしてMFのウーゴ・ロカテッリ（アンブロシアーナ・インテル＝インテル・ミラノの前身）は一九三八年のフランス・ワールドカップの優勝メンバーとなる選手であり、フォニは後に最終ラインの後方にDFを一人余らせる「カテナチオ戦術」の創始者の一人として有名になる。

ベルリン・オリンピックでは準決勝と決勝はメイン・スタジアムであるオリンピアシュタディオンで行われたが、他に三つのスタジアムが使用された。そのうち、日本がスウェーデンを破った歴史的試合の会場はヘルタプラッツだった。

ヘルタプラッツは名門クラブ「ヘルタBSC」の本拠地で、通称「プルンペ」。ベルリンの中心街ミッテ地区から北に約三キロ、Sバーン（ドイツ国鉄の電車）のゲズントブルンネン駅のそばという便利な場所にあり、ゴール裏には巨大な立見席があるサッカー専用スタジアムだった。

第二次世界大戦後、ベルリンは連合国（米、英、仏、ソ）によって分割占領され、ソ連地区、つまり東ベルリンは東ドイツの首都となっていた。そして、一九六一年には東ベルリンを管理していたソ連が、東ドイツ国民の流出を防ぐ目的で「ベルリンの壁」を築いてしまう。そして、「壁」はヘルタプラッツのすぐ東側を通っていたので、東側に住んでいたヘルタのサポーターは観戦に来ることができなくなってしまった。その結果、一九六三年にブンデスリーガが発足するとヘルタは、西ベルリン西部にあるオリンピアシュタディオンに移転。その後、ゲズントブルンネンの街も壁の存在のおかげですっかり寂れてしまっていた。

一九九〇年に東西ドイツが統一され、壁が取り壊されると、この地区では再開発が始まった。ゲズントブルンネン駅には大きなショッピングセンターが作られたが、このショッピングセンターの北東側に、ヘルタプラッツの跡地が残されている。かつてのスタンドはすっかり取り壊されてしまっているが、子供たちがサッカーをしている人工芝のピッチの外をよく見ると、かつてのスタンドの最前列の一部が見える。日本のサッカー界にとっての重要な記憶がベルリンの街角に残されているのだ。

3　韓国スポーツの記憶を残す記念館

ソウルの繁華街にあったスタジアム

ソウルの繁華街の一つ東大門《トンデムン》地区を散策していると、照明塔が二基見えてくる。二〇〇三年に閉鎖され、二〇〇八年に取り壊された東大門運動場の記憶として保存されている照明塔だ。スタジアム跡地一帯は「東大門歴史文化公園」となっており、解体工事中にはソウルを東西に貫く清渓川《チョンゲチョン》が流れる二間《イガン》水門の遺構が発見され、今では水門も修復されて美しい石積みを見ることができる。清渓川自体もかつてはごみ捨て場のようになって、その後暗渠化されていたのだが、二一世紀に入って李明博《イミョンバク》市長（後の大統領）によって川の流れが復活され、美しい遊歩道として整備されている。

一三九二年に朝鮮王朝を開いた初代国王李成桂《イソンギュ》（太祖）は、二年後の一三九四年に都を開城《ケソン》から漢城《ハンソン》（現・ソウル）に遷し、王宮や城壁を建設した。城壁の東西南北には大きな門が造られたが、東側に設けられたのが「興仁之門《フンインジムン》」（一三九六年建造）で、一般には「東大門」と呼ばれた。ちなみにソウルの北門と西門は現存せず、南大門《ナンデムン》（崇礼門《スンネムン》）は国宝第一号に指定されていたが、二〇〇八年に放火によって焼失。現在の南大門は二〇一三年に再建されたものだ。

李成桂がこの地を首都としたのは風水思想によるもので、北に北漢山《プカンサン》が聳え、市内を東西に清渓川が流れる地形が風水的な観点から首都に相応しいものとされていた。その清渓川が城壁を貫いている大事な場所、それが東大門だったのだが、一九一〇年に韓国を併合した日本は清渓川が東大門を貫いていた水門を埋め立ててしまった。そして、その場所に当時の皇太子、裕仁（後の昭和天皇）の結婚を記念して建設されたのが京城運動場だった（「京城」は、ソウルの日本統治時代の名称）。

一九二六年に完成した陸上競技場のほか、野球場やプール、テニスコート、シルム（朝鮮式相撲）場が文字通り軒を接するように建ち並んでおり、さまざまなスポーツイベントがここで開催された。

一九四五年に韓国が独立してからは「ソウル運動場」、「ソウル・スタジアム」と名称を変えたが、一九八四年に漢江《ハンガン》の南の蚕室《チャムシル》にオリンピック競技場が完成するまでソウルのメイン・スタジアムだった。

サッカーでは、大学、実業団、高校などの全国大会や国際大会のメイン会場として使われ、プロリーグ（現在のＫリーグ）開幕後には一和天馬《イルファチョンマ》やＦＣソウルの試合にも使われた。蚕室競技場完成後の一九八六年には「東大門運動場」と改称され、同年のアジア大会、一九八八年のソウル・オリンピックでもサッカー競技の一部が行われた。

日本にとって鬼門となった東大門

韓国の独立後、日本と韓国はサッカーのオリンピック予選やワールドカップ予選で何度も顔を合わせたが、日本にとって韓国は分厚い壁のような存在だった。一九六〇年のローマ・オリンピック予選で勝って（一勝一敗、得失点差で韓国の勝利）以来、一九七五年まで日本は韓国に一回も勝てなかった。

日本代表が初めてソウルでアウェー・ゲームを戦ったのは一九六〇年一一月のチリ・ワールドカップ予選だったが、会場はソウルに新設された孝昌《ヒョチャン》運動場だった。その後、東大門運動場では日本代表は一九六九年のメキシコ・ワールドカップ予選以来韓国と一一回戦い、通算成績は二分九敗。日本人が建設したこのスタジアムで、日本代表はとうとう一度も勝てなかったのだ。ちなみに、韓国の独立前の一九四二年にも、満州国で開かれた「満州国建国十周年東亜競技大会」に出場した日本代表が帰国の途中に京城（ソウル）に立ち寄って、当時の京城運動場で「朝鮮代表」と戦ったことがあるが（当時、朝鮮は独立国ではなかったから公式国際試合ではない）、この時も金容植《キムヨンシク》をはじめ朝鮮の代表的な選手が四人も日本チームに入ってプレーしていたにもかかわらず、日本代表は朝鮮代表に０対５と大敗を喫している。

清渓川の流れが復活し、その清渓川が城門を貫く水門が復元されたことは、ソウルが本来の姿を取り戻したことを意味していた。だが、同時に、東大門運動場の照明塔が記念として残され、また文化歴史公園の一角には「東大門運動場記念館」も設けられ、韓国スポーツに関する資料が展示されている。たとえそれが日本人によって建設されたものであったとしても、また、ソウルの風水を断ち切るような存在だったとしても、東大門運動場はソウル市民、韓国国民にそれだけ親しまれていたのである。

東大門周辺は今では何本もの地下鉄路線が交差し、ファッション関係の店が集まり、日本人観光客にも人気のショッピング街の一つとなっている。

4　日本におけるスタジアム遺産

開港当時から残る、神戸、横浜の数々の遺産

神戸の中心地、三宮駅から南に「フラワーロード」を三〇〇メートルほど歩くと右手に神戸市役所のビルがあり、その先に「東遊園地」が見えてくる。東遊園地では阪神淡路大震災の後毎年、追悼行事が行われており、また、年末には「神戸ルミナリエ」の会場としても広く市民に親しまれている。その東遊園地内には数々のスポーツの発祥の地としての碑が立ち並んでいる。

神戸は横浜と並んで日本のスポーツの発祥地と言われているが、時期的に早いのは横浜だった。一八五八年に幕府が欧米五か国と修好通商条約を締結し、神奈川、兵庫など五港の開港を約束。神奈川（横浜）は条約に基づいて一九五九年に開港されたが、一八六三年とされていた兵庫（神戸）の開港は延期され、一八六八年一月一日にようやく開港が実現した。その、わずか二日後の一月三日には王政復古が宣言され、戊辰戦争の結果、徳川幕府は倒れ、明治新政府が樹立される。

従って、神戸が開港された頃には、横浜ではすでにさまざまなスポーツが行われていたから、神戸は「日本初」の座は譲ることになった。また、横浜には一時は英仏両国軍が駐留しており、外国人人口が多かったのに対して、神戸の居留地外国人は三〇〇人程度だったのでスポーツをするにも選手集めに苦労したようだ。

「居留地」というのは外国人商人が住む町で、治外法権があり、日本の法律は適用されなかった。現在、神戸市営地下鉄で「三宮・花時計前」駅からウィングスタジアムのある「御崎公園」駅に向かうと、一つめが「旧居留地・大丸前」である。当時、その居留地のすぐ東側には生田川が流れていたが、一八七一年には治水対策のため流路が変更された。現在のフラワーロードはその旧生田川を埋め立てた跡地なのだ。その旧生田川の河川敷や堤防跡で、居留地の外国人たちはスポーツを楽しむようになり、一八六八年には堤防跡の県有地に正式に「外国人居留遊園」が設置され、そこに芝生のグラウンドが設けられ、クリケットやフットボールなどのゲームが行われるようになった。これが「東遊園地」だ（「東」というのは、「居留地の東」という意味であり、「遊園地」というのは今で言う「公園」のこと）。

東遊園地は一八七五年に初代兵庫県知事、伊藤博文（後に初代内閣総理大臣）の手で整備され、一八七〇年に結成され外国人たちのスポーツクラブ「神戸レガッタ&アスレティック・クラブ」（KR&AC）の本部も海岸（現在の税関付近）のボートハウスから移転してきた。東遊園地は、当初は外国人専用だったが、後に日本人にも開放されて「内外人公園」となり、一八九九年には不平等条約に代わる新条約が発効。居留地全体が日本に返還された。

東遊園地の芝生はすばらしいものだったらしい。

サッカーの全日本選手権が始まったのは一九二一年のことで、第一回大会（ア式蹴球全国優勝競技大会決勝大会）では東京蹴球団が兵庫の御影師範を破って優勝を飾ったのだが、決勝戦を観戦した新田純興（後の日本サッカー協会常務理事）は観戦記に「広いグラウンドを有し、絶へず外人の刺戟を受けた関西の蹴球は、テイームワークのある蹴球らしい蹴球をやつてゐる」と書いている。関西には芝生の広いグラウンドがあるからよいサッカーができるというのだ。それが、東遊園地のことだった。

日本最高の芝生を管理していたのは、山本由太郎という日本人だった。

ＫＲ＆ＡＣができたころ、庭師だった父親に連れられてやって来て、子供時代からクラブで球拾いなどをしていたので外国人たちからは「チーサイ君」と呼ばれていたが、じつは身長一八〇センチほどある大男でスポーツ万能。ＫＲ＆ＡＣの外国人たちにまじって、サッカーではＧＫ、野球では捕手として活躍したという。

第二次大戦後の一九五六年の兵庫国体の時にも、東遊園地はラグビー、ホッケーの会場となったが、

東遊園地

翌一九五七年には神戸市役所の拡張のためスポーツ施設としての役割を終え、ＫＲ＆ＡＣは三ノ宮駅近くの磯上公園に移転した。しかし、今でも東遊園地に行くと、当時使われたクラブハウスを模した建物や「ボウリング発祥の地」などの碑があちらこちらに残っており、そこが日本のスポーツ揺籃期に重要な役割を果たした場所であることが分かる。

神戸より先に居留地の外国人がスポーツに興じていた横浜

にも、当然、スポーツ発祥の地としての記憶が数多くある（第三章を参照）。

関内駅前、横浜市役所にも近い横浜公園は、横浜居留地の外国人たちの要求によって作られた「彼我公園」だった場所であり、その中央の芝生では、ＹＣ＆ＡＣ（横浜クリケット＆アスレティック・クラブ。一八六八年に横浜クリケット・クラブとして創設）の外国人たちがクリケットやフットボール、ベースボールなどを楽しんだ場所だった。そして、その跡地に建っているのが現在横浜ＤｅＮＡベイスターズの本拠地となっている横浜スタジアムなのだが、残念ながら、その経緯を知らない人も多いし、現地に行っても歴史を示すような表示は少ない。

横浜市中区の根岸には、居留地のイギリス人の要求で幕府が開設した競馬場の跡地（現・根岸森林公園）もあり、スタンドの遺構も残っている。横浜市は、明治期の古い建築物の保存に力を入れている自治体なのだから、こうしたスポーツ遺産もより積極的に保存修復すべきではないだろうか。

東京、大阪に残されるスポーツ遺産

毎年、元日に決勝が行われているサッカーの天皇杯全日本選手権大会。第一回大会の開催は一九二一年一一月のことだった。当時の大会名は「ア式蹴球全国優勝競技会」。当時の用語では「フットボール」には「蹴球」の訳語が当てられ、アソシエーション式（サッカー）は「ア式」、ラグビーは「ラ式」として区別されていた。その第一回大会の決勝では御影師範（兵庫）を１対０で破った東京蹴球団が優勝している。そして、その会場は日比谷公園だった。

日比谷公園は東京都心にある公園で、現在もサラリーマンたちの憩いの場として有名だが、公園内でどうやってサッカーの試合をしたのだろうか。

日比谷は江戸時代の初めに大きな入り江を幕府が埋め立てて造成された土地で大名屋敷が並んでいた

地域だったが、明治維新後は陸軍の練兵場となっていた。その練兵場は一八八八年に青山に移転し、跡地の大部分は公園となることが決まり、東京市が「日比谷公園」を設置した。

日比谷公園の設計はドイツ留学帰りで当時三四歳の若き建築家、本多静六が設計を担当することになったが、本多はもともと林業の専門家だったので（後に明治神宮の森の造営を担当）、公園の設計をしたことはなかった。そこでドイツで買い求めてきた『造園設計図集』にある図面を参照して設計し、日比谷公園は一九〇三年六月に開園した。その公園の東南部の一角に運動場が設けられたのだ。

公園内に運動場を作るというのは日比谷が初めてではない。明治政府は、西洋化の一環として都市公園の整備を目指しており、一八七三年には江戸時代から人々が花見などに興じていた上野や飛鳥山などを太政官布達に基づいて東京府が公園に指定した。新しく公園を造成するだけの土地も予算もなかったため、江戸時代以来の遊興地を公園に指定したのだ。そのうちの一つ「芝公園」（増上寺＝徳川家霊廟）にも競技場と水泳場などが設置されていた。今でも、東京タワーの展望台から芝公園を見下ろせば、競技場（トラック）の跡を見ることができる。

日比谷公園

日比谷公園の競技場は、『造園設計図集』に載っていたコーニッツ市（現・ポーランド領ホイニツェ市）の公園の運動場をコピーしたものだった。陸上競技のトラックと芝生のグラウンドが造られ、当時の設計図を見ると芝生は長さ二〇〇メートル、幅八〇メートルもあり、フットボールをするにも十分な大きさだった。

日比谷公園の完成から三年足らずの一九〇六年二月には、ここで東京で初めてのラグビーの試合が行われた。日本で最初にラグビーを始めた慶應義塾蹴球部は、それまで横浜に遠征してYC&ACに何度も挑戦していたが、彼らを東京に招待して初めて試合を行ったのだ。試合の前日には、日比谷公園で日露戦争の「凱旋将士歓迎会」が行われており、試合開始前に選手たちはその後片付けに追われたという逸話も残っている。珍しいラグビーの試合には多くの観客が集まり、慶應義塾に大歓声を送ったが、慶應は三トライを許して0対9の完敗に終わった（当時は、一トライが三点だった）。

そして、一九二一年にはサッカーの全国優勝競技会が行われた。大会前日の夜中に東京高等師範学校の学生たちが校庭にあったゴールを大八車（人力の運搬車）に載せて日比谷まで運んで運動場の芝生に立てて使用したのだが、夜中に大八車を引く学生たちが警察官に呼び止められたというエピソードも残っている。都心の公園で行われたため、この大会にも多くの観衆が集まっている。

日比谷公園にはガス燈が灯り、西洋式花壇に花が咲き乱れていた。また、園内の松本楼や麒麟亭では洋食が食べられ、音楽堂では西洋音楽も聴けた。つまり、日比谷公園は一般市民が「西洋文化を体験する空間」だったのだ。その意味で西洋生まれのスポーツ、ラグビーやサッカーをお披露目するのにはふさわしい場だったともいえる。

その後、一九二九年に日比谷公会堂が建設されたため運動場は縮小され、一九五八年に営団地下鉄丸ノ内線が公園の真下を通るのと同時に日比谷公園は大改造され、一九六一年には地下駐車場が完成。運動場は第二花壇と大噴水に姿を変えた。それでも、日比谷公会堂前から北の大噴水の方角を眺めれば、今でも運動場の光景が容易に想像できる。

一九一七年に第三回極東選手権大会を開催するために仮設の運動場が作られた芝浦の埋立地。あるいは、オリンピック派遣選手を選ぶための予選会が行われた京浜急行電鉄所有の羽田の運動場跡など、東京都内にもスポーツ遺跡は少なくない。プロ野球関係だけでも、その揺籃の地の一つである江東区の洲崎球場（一九三六年完成＝一九四三年解体）、杉並区の上井草球場（一九三六年完成、一九五九年解体＝収容二万九五〇〇人）、武蔵野市のグリーンパーク野球場（一九五一年完成、一九五六年解体＝収容五万一〇〇〇人）、また東京スタジアム（一九六二年完成、一九七七年解体＝収容三万〇七二〇人）など、今は姿を消してしまった野球場が数多くある。

大阪で最も親しまれた野球場といえば、難波にあった大阪スタヂアム（通称「大阪球場」。一九五〇年完成、一九九八年閉場＝収容三万一三七九人）だろう。かつての南海ホークスの本拠地である。その跡地には二〇〇三年に「なんばパークス」という複合施設が建設されているが、野球場時代にピッチャーズプレートやホームプレートがあった場所にモニュメントが設置されるなど、当時の記憶が大切に残されている。

大阪には、一九二三年の第六回極東選手権大会開催のために建設された陸上競技場、大阪市立運動場の跡地がある。一九二三年といえば、東京の明治神宮外苑に競技場が、兵庫県に甲子園球場がそれぞれ完成する一年前のこと。つまり、大阪市立運動場こそ日本で最初の本格的スタジアムだったのだ。

当時の大阪市は繁栄を謳歌していた。池上四郎、関一両市長の下で都市基盤が整備され、大阪港が建設され、市内を南北に貫く御堂筋が拡幅された。一九二五年に周辺の郡部が編入されると人口は二一一万人に達し、日本で最大、世界でも第六位という巨大都市となった。こうした時代に建設された大阪市立運動場は二〇〇メートルの直線走路を含む八レーンのトラックを持つ陸上競技場で、一万人以上を収容することができた。周囲にはプールや野球場や二面のテニスコートも作られた。

一九一七年に東京で開かれた第三回極東選手権大会の時には人々の関心は低かったが、六年後の大阪大会は全国民注目のビッグイベントとなっていた。日本チームも健闘し、陸上競技や水泳で得点を稼いで総合優勝した。もっとも、球技では中国、フィリピンに歯が立たず、日本で最も盛んだった野球までもフィリピンに敗れてしまったのだが……。

大阪市中央体育館

大阪市立運動場は、その後収容力二万人以上に拡張されたものの、あまり有効活用はされず、第二次世界大戦直後の一九四六年に一度閉鎖される。一九五一年に大改修を受けて「大阪運動場」として復活し、同年の日独対抗陸上競技大会に使用されたが、一九五九年には最終的に閉鎖されて取り壊されてしまった。跡地は見本市会場として使われた後、一九七二年に「交通公園」となり、現在は「八幡屋《やはたや》公園」と呼ばれている。大阪市営地下鉄中央線の「朝潮橋《あさしおばし》」駅前にある同公園には一九九六年に大阪市中央体育館と大阪プールが完成。翌一九九七年の第五二回国民体育大会（なみはや国体）の会場となった。市立運動場の跡地は再びスポーツの表舞台となったわけだ。

かつての陸上競技場の跡地に建てられた中央体育館のメインアリーナは一万人収容。三五八〇平方メートルのフロア面積は国内最大級だ。「半地下式」という世界的にも珍しい構造で、屋根の上には木々が植えられ、花々が咲き乱れる遊歩道となっている。一九九八年と二〇〇六年には女子バレーボールの世界選手権、二〇一三年にはフィギュアスケートの四大陸選手権などが開催された。

しかし、八幡屋公園を訪れてみても、そこにかつて大阪市立運動場という大規模スタジアムが存在していたということを示す表示も記念碑も立っておらず、そのことを知る人も少ない。日本でも、スタジアムの記憶がもっと大事にされるといいのだが……。

第八章　スタジアムの悲劇とその近代化

1　繰り返される事故とスタジアムの近代化

工業都市グラスゴーにおけるスタジアム事情

数万人もの観客が詰めかけるスタジアムという施設。その長い歴史の中では、悲惨な事故が何度も繰り返されてきた。サッカー・スタジアムでの最初の大事故が起こったのは一九〇二年四月五日。スコットランド最大の都市グラスゴーでのことだった。

スコットランドの政治的な首都はエディンバラだが、人口や経済規模が最大なのは工業都市グラスゴーだ。現在の人口は約六〇万人だが、二〇世紀前半には一〇〇万人を超え、ヨーロッパでもロンドン、パリ、ベルリンに次いで四番目の都市だった。鉄鋼業や綿工業、造船業で栄え、建築技師や鉄道技術者も数多く輩出した。たとえば、一八世紀に蒸気機関を改良して実用化した技術者ジェームス・ワットもスコットランド生まれで、一四五一年創立の名門グラスゴー大学に工房を設けていた。

一九世紀のグラスゴーは工業都市として発展していく。そして、一九世紀も後半になると、イングランド北部の工業地帯と同じように工場労働者の間でフットボールが盛んになり、スコットランドからは数多くのテクニックあふれるプレーヤーが生まれ、「国境」を越えてイングランドのプロ・クラブで活躍したスコットランド人選手も多い。

また、一九世紀のグラスゴーには工場労働者として多くのアイルランド人が移住してきていた。アイルランド人はヨーロッパの先住民であるケルト系の民族であり、同じく古くはケルト系民族の国だったスコットランドとは親しい関係にあったからだ。一八八七年にはグラスゴーのイーストエンドに住む、そんなアイルランド人労働者たちのためのサッカー・クラブとして「セルティック」が結成された。「セルティック」とは「ケルトの」という形容詞であり、チーム・カラーはアイルランドのナショナル・カラーである緑が採用された。

一方、セルティックに対抗するかのように、プロテスタント系のイギリス人は一八七二年結成の「レンジャーズ」をサポートし、グラスゴーのサッカーは「セルティック」と「レンジャーズ」のダービーマッチで盛り上がっていく。いわゆる「オールドファーム・ダービー」である。

ちなみに、スコットランドの政治的な首都であるエディンバラではラグビーが盛んで、ユニオン・ラグビーのスコットランド代表のホーム・グラウンド「マレー・フィールド」(一九二五年完成、六万七八〇〇人収容)はエディンバラにある。

アイブロックスの惨事とその影響

レンジャーズは一八八七年にグラスゴー西部のアイブロックス地区に移転し、現在のスタジアムの一五〇メートルほど東に初代の「アイブロックス・パーク」(一万五〇〇〇人収容)を建設した。だが、一八九二年にセルティックがより大きく近代的な「セルティック・パーク」(完成当時約五万七〇〇〇人収容。陸上競技と自転車用のトラック付き)を完成させたため、レンジャーズも新スタジアム建設を計画。レンジャーズがリーグ戦の全勝優勝という偉業を達成した直後の一八九九年末に現在と同じ場所に新しい「アイブロックス・パーク」が完成した。陸上競技のトラックが付いた東西方向に長い楕円形のスタジアムだった。

南側メインスタンドは、後にスタジアム建築で有名になるアーチボルド・リーチの設計だった。工場の建築技師としてグラスゴーで働いていたリーチは、スタジアムが完成する二年ほど前まで自身アイブロックスの近くに住んでおり、スタジアム設計に携わる前からレンジャーズをサポートしていたといわれる。

アイブロックス・パーク
手前がリーチが造った南スタンド
（World Stadiums）

「セルティック・パーク」に続いて「アイブロックス・パーク」が完成したことによって、グラスゴーにはクイーンズパークFCの本拠地である「ハンプデン・パーク」も含めて、五万人以上収容のビッグ・スタジアムが三つも存在することになった。当時、世界中にそんな都市はどこにもなかった。

各クラブは、大きな収入が得られるカップ戦の決勝や国際試合を招致するためにスタジアムを少しでも大きくしようと競い合っていた。そのため、レンジャーズは「アイブロックス・パーク」の西側ゴール裏に三万六〇〇〇人を収容できる巨大な立ち見席スタンドを建設した。それまで立ち見席は土や瓦礫を積み上げた土手の上に築かれることが多かったのだが、「アイブロックス・パーク」の立ち見席は鉄骨の枠組みの上に木の板をボルトで取り付けた構造だった。この立ち見席もリーチの設計だった。

一九〇二年四月五日、そのアイブロックス・パークでスコットランド対イングランドの国際試合が行われた。イギリス（連合王国）国内の四協会の代表チームによる全英選手権の試合で、六万八一一四人の観客が詰めかけた。そして、後半戦が開始された直後の午後四時一五分頃、西側立ち見席の後部に二〇メートル四方の大きな穴が開き、約一〇〇人の観客が約一二メートル下の地面に落下。周囲の観客がスタンド前方に避難しようとして、スタンド下部でもパニックが起こり、ここでも死者が出た。こうして、二五人の観客が死亡し、五一七人が負傷するという大惨事が引き起こされたのだ。

混乱が拡大するのを防ぐために試合はそのまま続行されたが、結局、試合結果は無効とされ、翌五月にイングランドのバーミンガムにある「ヴィラ・パーク」で再試合が行われ、その収益が犠牲者遺族に対する義援金に充てられた。

事故原因としてはスタンドに使われた木材の質が悪かったことなどが指摘され、またリーチの責任を問う声もあったが、明確な原因は分からないままに終わった。いずれにせよ、その後は鉄骨と木材で立ち見席スタンドを造ることはなくなり、それまでと同じく土や瓦礫を積み上げた土手構造か、当時の新しい工法である鉄筋コンクリートで造られるようになった。実際、アイブロックス・パークでも事故の後、ゴール裏に土手を築いて立ち見席スタンドが再建された。

一九一〇年には再びリーチの設計でアイブロックス・パークは拡張された。そして、その後リーチは活躍の場を「国境」の南のイングランドに移していく。

一九二八年に初めてリーグ戦とカップ戦のダブル・チャンピオンとなったレンジャーズは、翌一九二九年に再びリーチの設計による二階建ての巨大な南メインスタンドを完成させた。その象徴となったのが赤煉瓦のファサードだった。

それまで、スコットランドのスタジアム建築では煉瓦はあまり使われておらず、石造建築が一般的だったが、レンジャーズの役員たちがイングランド中部バーミンガムのヴィラ・パークのメインスタンドを見学して、その影響を受けて煉瓦造りとすることに決めたという。赤煉瓦のファサードの中央には大きなアーチの正面入り口が設けられた。また、メインスタンドの屋根の中央付近には城のような形の記者席が聳えていた。

リーチは一九〇二年の事故を教訓に、安全を心がけて鋼鉄製の枠組みを多用。アイブロックス・パークのメインスタンド。二階席最前部のバルコニーにはリーチのスタジアムの象徴である桝形の鋼鉄製の枠組みが見られる。

二〇世紀後半に起きたいくつもの事故

アイブロックス・パークでの一九〇二年の事故の反省から、スタジアム建築に当たっては安全性が強く意識されるようになった。しかし、その後も世界の各地でスタジアム事故は何度も起こっている（表1）。

史上最大の犠牲者を出したのは一九六四年五月、南米ペルーの首都リマのエスタディオ・ナシオナルでの事故だった。

この年の一〇月に開催される東京オリンピック・サッカー競技の南米予選、ペルー対アルゼンチン戦での出来事だった。

試合はアルゼンチンが先制したが、終了間際の85分にアルゼンチンのオウンゴールでペルーが同点に

エスタディオ・ナショナル
（World Stasiums）

追いついたと思われた。だが、レフェリーがこのゴールを認めず、判定に怒った観客の一人がピッチに乱入。この男が警官隊に暴行されたことで観客が暴徒化した。軍事政権下の当時のペルーでは警察の弾圧に対して民衆が怒りの感情を抱いていたことが背景にあったという。警官隊が催涙弾を使用したため観客が出口に殺到したが、出口は閉鎖されており、多くの観客が圧死。犠牲者の数は警察官二名を含めて三二八人に達した。

　グラスゴーのアイブロックス・パークでも、六六人が死亡し、二〇〇人以上が負傷するという重大な事故が再び起きた。一九七一年一月二日。オールドファーム・ダービーの直後だった。北東側の第一三階段で肩車されていた子供が父親の肩から落ちたのをきっかけに人雪崩が起きたのだ（この第一三階段では、一九六一年九月にも事故があり、二人が死亡しており、施設は改修されていたはずだった）。

　一九七一年のこの事故を受けて、イギリス政府は「スポーツ・グラウンド安全法」を制定。そして、アイブロックス・パークも一九七八年から八一年にかけて全面改装された。メインスタンド以外のスタンドや立見席はすべて取り壊されて新スタンドが建設され、陸上競技のトラックが撤去されて四角形のサッカー専用スタジアムに生まれ変わったのだ。新スタジアム建設の前には、当時の監督だったウイリー・ワデルが西ドイツのドルトムントを訪れ、完成から間もないヴェストファーレンシュタディオンを見学して設計のコンセプトを作ったという。

表1　第2次世界大戦後の主なスタジアム事故

年/月/日	スタジアム名	国名	都市名	死者
1946/ 3/ 9	バーンデン・パーク	イングランド	ボルトン	33
1964/ 5/24	エスタディオ・ナシオナル	ペルー	リマ	328
1968/ 6/23	エスタディオ・モヌメンタル	アルゼンチン	ブエノスアイレス	71超
1968/ 9/17	アタテュルク・スタジアム	トルコ	カイセリ	44
1971/ 1/ 2	アイブロックス・パーク	スコットランド	グラスゴー	66
1982/10/20	レーニン・中央スタジアム	ソ連	モスクワ	66超
1985/ 5/11	ヴァレー・パレード	イングランド	ブラッドフォード	56
1985/ 5/29	スタディオン・エゼル	ベルギー	ブリュッセル	39
1988/ 3/12	ナショナル・スタジアム	ネパール	カトマンドゥ	93
1989/ 4/15	ヒルズボロ・スタジアム	イングランド	シェフィールド	96
1991/ 1/13	オッペンハイマー・スタジアム	南アフリカ	オークニー	42
1992/ 5/ 2	スタッド・フリアーニ	フランス	バスティア	18
1996/10/16	エスタディオ・マテオフローレス	グアテマラ	グアテマラ市	80超
2001/ 4/11	エリス・パーク	南アフリカ	ヨハネスブルグ	43
2001/ 5/ 9	アクラ・スポーツ・スタジアム	ガーナ	アクラ	126
2012/ 2/ 1	ポートサイド・スタジアム	エジプト	ポートサイド	79

ただし、リーチが設計した南側メインスタンドは二階席までの部分とあの巨大な赤煉瓦のファサード（文化財登録されていた）がそのままの形で残されたうえで、三階席が増築された。メインスタンドの両側にタワーを設けて巨大な梁を渡す工法を採用することでスタンドの構造には手を付けずに大屋根も架けられた。こうした工夫によって、アイブロックス・スタジアムを訪れれば、現在でもリーチが造った一九二九年完成の赤煉瓦のファサードやスタンドをそのまま見ることができる。

一九八二年一〇月にはソ連の首都モスクワにあるチェントラルニ・スタディオン・レニーナ（レーニン中央スタジアム＝現・ルジニキ）でも六六人以上が死亡する大事故が起こっている。

事故はUEFAカップ二回戦のスパルタク・モスクワ対HFCハーレム（オランダ）の試合で起こった。スパルタクが1対0でリードして迎えた終盤戦、勝利を確信した観客の一部はすでに帰途に就き始めていた

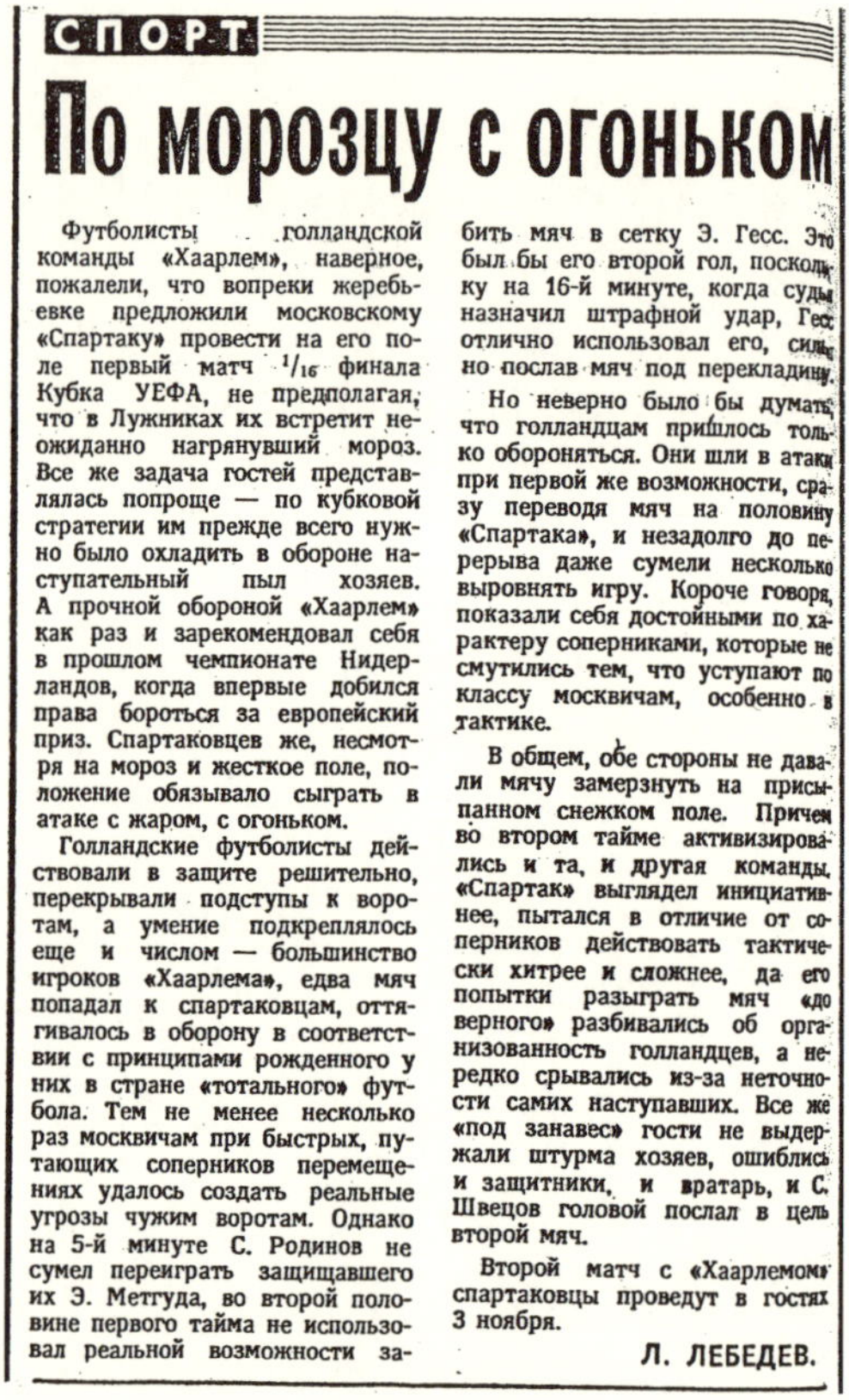

СПОРТ

По морозцу с огоньком

Футболисты голландской команды «Хаарлем», наверное, пожалели, что вопреки жеребьевке предложили московскому «Спартаку» провести на его поле первый матч 1/16 финала Кубка УЕФА, не предполагая, что в Лужниках их встретит неожиданно нагрянувший мороз. Все же задача гостей представлялась попроще — по кубковой стратегии им прежде всего нужно было охладить в обороне наступательный пыл хозяев. А прочной обороной «Хаарлем» как раз и зарекомендовал себя в прошлом чемпионате Нидерландов, когда впервые добился права бороться за европейский приз. Спартаковцев же, несмотря на мороз и жесткое поле, положение обязывало сыграть в атаке с жаром, с огоньком.

Голландские футболисты действовали в защите решительно, перекрывали подступы к воротам, а умение подкреплялось еще и числом — большинство игроков «Хаарлема», едва мяч попадал к спартаковцам, оттягивалось в оборону в соответствии с принципами рожденного у них в стране «тотального» футбола. Тем не менее несколько раз москвичам при быстрых, путающих соперников перемещениях удалось создать реальные угрозы чужим воротам. Однако на 5-й минуте С. Родинов не сумел переиграть защищавшего их Э. Метгуда, во второй половине первого тайма не использовал реальной возможности забить мяч в сетку Э. Гесс. Это был бы его второй гол, поскольку на 16-й минуте, когда судья назначил штрафной удар, Гесс отлично использовал его, сильно послав мяч под перекладину.

Но неверно было бы думать, что голландцам пришлось только обороняться. Они шли в атаки при первой же возможности, сразу переводя мяч на половину «Спартака», и незадолго до перерыва даже сумели несколько выровнять игру. Короче говоря, показали себя достойными по характеру соперниками, которые не смутились тем, что уступают по классу москвичам, особенно в тактике.

В общем, обе стороны не давали мячу замерзнуть на присыпанном снежком поле. Причем во втором тайме активизировались и та, и другая команды. «Спартак» выглядел инициативнее, пытался в отличие от соперников действовать тактически хитрее и сложнее, да его попытки разыграть мяч «до верного» разбивались об организованность голландцев, а нередко срывались из-за неточности самих наступавших. Все же «под занавес» гости не выдержали штурма хозяев, ошиблись и защитники, и вратарь, и С. Швецов головой послал в цель второй мяч.

Второй матч с «Хаарлемом» спартаковцы проведут в гостях 3 ноября.

Л. ЛЕБЕДЕВ.

スパルタク対ハーレム戦の試合経過を報じるソ連共産党機関紙『プラウダ』（1982年10月22日号）

スタジアムでの事故については一言も触れていない。

が、終了間際にスパルタクのセルゲイ・シュヴェツォフが追加点を決めて歓声が上がった。そこで、帰りかけた観客の一部がスタンドに戻ろうとして出口付近でスタンドから出ようとする人たちと衝突し、人雪崩が発生したのだ。観客が少なかったため出口が一か所しか開かれておらず、また、気温が低く階段が凍っていたのも原因の一つだった。ところが、情報閉鎖社会だった当時のソ連のメディアの多くは事故をまったく報道せず、死者数などが明らかになったのはミハイル・ゴルバチョフ大統領の下でグラスノスチ（情報公開）が進んだ一九八九年七月になってからのことだった。一方、欧米や日本のメディアは数日後には事故の発生を伝えている。

このように、スタジアムにおける事故は頻繁に起こっていた。だが、その多くは警備の不備が原因と考えられ、スタジアムの構造についての問題提起はなされてこなかった。

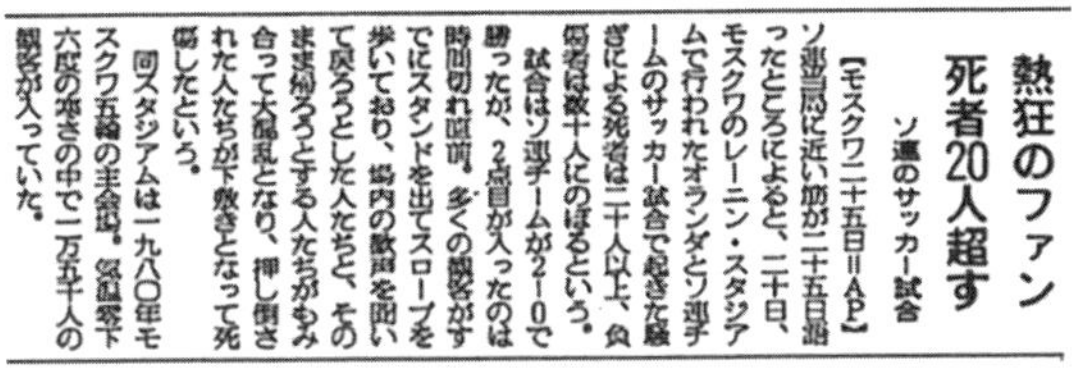

熱狂のファン死者20人超す

ソ連のサッカー試合

【モスクワ二十五日＝AP】ソ連当局に近い筋が二十五日語ったところによると、二十日、モスクワのレーニン・スタジアムで行われたオランダとソ連チームのサッカー試合で起きた騒ぎによる死者は二十人以上、負傷者は数十人にのぼるという。

試合はソ連チームが2―0で勝ったが、2点目が入ったのは時間切れ直前。多くの観客がすでにスタンドを出てスロープを歩いており、場内の歓声を聞いて戻ろうとした人たちと、そのまま帰ろうとする人たちがもみ合って大混乱となり、押し倒された人たちが下敷きとなって死傷したという。

同スタジアムは一九八〇年モスクワ五輪の主会場。氷点下六度の寒さの中で一万五千人の観客が入っていた。

モスクワでの事故を伝える『朝日新聞』
（1982年10月26日夕刊）

たとえばリマでの事故は当時のペルーは軍事政権下にあり、警察と民衆が対立関係にあったことが指摘されており、警察が乱入した観客に暴力を振るったりせずに取り押さえればその後のパニックは起こらなかったろうといわれた。また、モスクワでの事故は凍り付いた階段が原因だったとされ、その後数年間、スタディオン・レニーナでは一〇月以降の寒い時期には試合が開催されなかった。

スタジアムの構造自体に目が向けられたのは、一九八〇年代後半に起こったいくつかの事故の後だった。

2　一九八〇年代に連続した重大事故とテイラー報告

ブラッドフォードの火災

一九八〇年代半ばになってスタジアムでの大事故が連続して起こった。しかも、事故が起こったのは遠い南米大陸や情報が遮断されていたモスクワなどではなく、イングランド、ベルギーといったスポーツ先進国でのことだった。そのため、事故原因は徹底的に究明され、その後のスタジアム建設に大きな影響を与えたのである。

最初に起こったのがイングランド北部、ブラッドフォード・シティーの本拠地「ヴァレー・パレード」での火災だった。一九八五年五月一一日のリンカーン戦を前に、ブラッドフォードはすでにフットボール・リーグ（FL）三部優勝と一九三七年以来約半世紀ぶりの二部昇格を決めており、一万一〇七六人の観客が詰めかけたスタジアムはお祭りムードだった。古いスタンドはこの試合を最後に取り壊され、「スポーツ・グラウンド安全法」に基づいてより安全なスタジアムとして再建されることになっていた。木造の屋根は鉄製のものに架け替えられ、また同じく木造の立ち見席はコンクリート製に造り変える予定だった。リンカーン戦は、古いスタンドとのお別れの試合でもあった。

だが、前半終了の五分ほど前に、築七七年という立ち見席から白煙が上がった。観客が捨てた煙草が木製の床の隙間からスタンド下に溜まっていたゴミの中に落ちて発火したのだ。炎が上がり始めたためレフェリーが試合をストップ。警察はファンを誘導し、人々はピッチ上に避難を始めた。しかし、折からの強風に煽られて火は数分のうちにメインスタンドに燃え広がり、メインスタンド後方にいた観客が通路に閉じ込められてしまったのだ。スタンド下部からは火の手が迫り、後方の出入り口は閉じられていた。木造の屋根にも火は燃え広がり、屋根のタールが溶けて観客の頭上に流れ落ちた。

こうして、五六人が犠牲となり、二六五人が負傷するという大惨事が起こったのだ。

ヴァレー・パレードは、一八八六年にオープンした古いグラウンドだった。ミッドランド鉄道の土地を、当時のマニンガム・ラグビー・クラブが借りてグラウンドとして使用し始めたのだ。二年後の一八八八年一二月にはスタンドが壊れて死者一名を出す事故を引き起こしていた。一八九六年には、経営が悪化したクラブがサッカーに転向してフットボール・リーグ（FL）に加盟。一九〇〇年にはクラブ名も「ブラッドフォード・シティー」と変更された。

ブラッドフォード・シティーは、一九〇八年にアーチボルド・リーチに依頼して新スタンドを建設した。スタンドは五三〇〇名を収容でき、最前列の立ち見席にはさらに七〇〇〇人を入れることができ、当時としては非常に大きなスタンドだったが、このスタンドが七七年後に焼け落ちることになった。老朽化した木造のスタンドは、出火の危険性がすでに何度も指摘されており、そのため改築が計画されていた矢先の大惨事だった。

ヘイゼルの悲劇

ブラッドフォードでの火災からわずか三週間後の一九八五年五月二九日、再び大惨事が起こった。ベルギーの首都ブリュッセルにあったヘイゼル・スタジアムでの事件だったため、「ヘイゼルの悲劇」として知られることになる。この事件の舞台は三部リーグなどというローカルな試合ではなく、ヨーロッパ・サッカー界で最も重要な大会であるチャンピオンズカップ決勝だった。試合開始前にリバプール（イングランド）のフーリガンに襲われたユベントス（イタリア）・サポーターがパニックを起こし、ブロックを隔てる古い煉瓦製の壁が崩れたこともあってイタリア人を中心に三九人が死亡した。

ダフ屋からチケットを買ったイタリア人サポーターがリバプール側の席近くの「ブロックZ」に多数入場したことがきっかけとなり、警備の手薄さも絡んだ悲劇だった。

これだけの大惨事が起こりながら試合は強行され、ミシェル・プラティニのPKが決勝点となってユベントスが1対0でリバプールを下した。

事故の原因の一つは、スタジアムが老朽化していたことだった。スタジアムが完成したのは一九三〇年だから、完成からすでに半世紀以上が経過していた。

一九三〇年はベルギーの独立宣言からちょうど百年目だったため、スタジアムは「百周年競技場」と名づけられた。ワロン語で「スタッド・サンテネール」、フラマン語で「ユーベルスタディオン」だ。だが、一般的にはスタジアムがある地区名を採ってワロン語で「スタッド・ドゥ・エゼル」、フラマン語で「アイゼルスタディオン」と呼ばれることが多かった（その英語読みが「ヘイゼル・スタジアム」）。一八三〇年にオランダからの独立を宣言したベルギー王国は南部のワロン語（フランス語）地域と北部のフラマン語（オランダ語）地域に分かれており、どちらもこの国の公用語となっている（東部ではドイツ語も公用語）。さらに、首都のブリュッセルはフラマン語地域の中にあるが、市内ではワロン語話者の方が多いという複雑な事情がある。

完成直後の一九三〇年八月にはベルギーで盛んな自転車競技の世界選手権が開かれ、九月には初めてサッカーの国際試合が行われ、ベルギーがオランダを4対1で破った。

スタジアムが建設されたエゼル地区はブリュッセル北西部にあり、一九三五年と一九五八年に万国博覧会の会場ともなった公園が広がっている。スタジアムのバックスタンド後方には一九五八年万博の呼び物となった「アトミウム」が聳えている。鉄の分子模型を拡大した高さ一〇二メートルのモニュメントで、今も多くの観光客を集めている。

ヘイゼル・スタジアムは特定のクラブのホーム・スタジアムではなく、サッカーとラグビーのベルギー代表のホームとなったほか、カップ戦の決勝も何度も行われた。ブリュッセルは一九五七年にEEC（欧州経済共同体＝EUの前身）が発足した際にその本部が設置され、北大西洋条約機構（NATO）の本部もブリュッセルにあるため、しばしば「欧州の首都」と呼ばれ、パリやアムステルダム、ロンドンから近く、地理的にも「西欧の中心」といってもいい。そのため、ヘイゼル・スタジアムは国際大会にも頻繁に使用された。サッカーだけでも、チャンピオンズカップ決勝が四度、カップウィナーズカップの決勝が三度も開かれ、一九七二年にはヨーロッパ選手権決勝の舞台ともなり、フランツ・ベッケンバウアーとギュンター・ネッツァーの西ドイツが優勝を決めている。その他、陸上競技や自転車競技（第二次世界大戦前は自転車用の木製トラックも設置されていた）、体操、さらには熱気球の大会などにも使われ、欧州で最も多くの国際大会を開催したスタジアムの一つだった。

ボードワン国王スタジアム
右上に「アトミウム」が見える

一九八五年の惨事の後、旧ヘイゼル・スタジアムはサッカーには使われなくなった。そして、一部改修か全面改築かの議論が長引いたため、改築が終わったのは悲劇から一〇年後の一九九五年八月にズレ込んだ。新スタジアムは完成二年前に死去した前国王を偲んで「ボードワン国王スタジアム」と名づけられた。新スタジアムでは再びサッカーのビッグゲームも開催されるようになり、二〇〇〇年にはオランダとの共同開催となったヨーロッパ選手権（EURO）の開幕戦の舞台ともなった。

ヘイゼルの悲劇の原因は、一つには経験の少ないベルギー警察がフーリガンをコントロールできなかったこと。そして、ブロックを分ける壁が簡単に崩れてしまったように、スタジアムが老朽化し、メンテナンスが悪かったことに尽きる。

ヒルズボロの悲劇とテイラー報告

ブラッドフォードでの火災とヘイゼルの悲劇から四年後の一九八九年四月一五日、またも死者九六人、重軽傷者七六六人という大事故が起こった。イングランド中部シェフィールドにあるヒルズボロ・スタジアムでのことだ。

シェフィールドという街とヒルズボロについては、第三章ですでに触れている。イングランドでも有数の古い歴史を持つシェフィールド・ウェンズデーの本拠地ヒルズボロは、一九六一年に巨大なキャンティレバー式の屋根が建設され、一九六六年のワールドカップでも使用された名スタジアムだったが、ここも一九八〇年代にはすでに老朽化が進んでいた。

試合はシェフィールド・ウェンズデーの試合ではなく、FAカップ準決勝のリバプール対ノッティンガム・フォレスト戦だった。FAカップは準々決勝まではどちらかのチームのホーム・グラウンドを使って行われるが、準決勝と決勝は中立のグラウンドで行われる。

この試合、「スパイオン・コップ」と呼ばれる東側ゴール裏スタンドはノッティンガム、西側ゴール裏の「レッピングス・レーン」はリバプールのサポーターにそれぞれ割り振られていた。当時のイングランドのほとんどのスタジアムと同じく、どちらもすべて立見席だった。しかし、リバプール側のサポーターの入場に手間取って、試合開始までに全員が入場できそうもなくなってしまった。イングランドのスタジアムの入場口は「ターンスタイル」と呼ばれる回転扉の付いた入口になっているが、通過に時間がかかる。そのため、混乱を恐れた警察が出口用の大きなゲートを開放させたのだ。多数のサポーターが一斉にスタジアムになだれ込んだ。

CIRCULATION (APRIL 9) 1,290,000 16 APRIL 1989 No 8,592 Price 60p

THE SUNDAY TIMES

OVERSEAS PRICES

● Nearly 300 dead or injured in Britain's worst football disaster ● Fans crushed and suffocated

Tragedy on the terraces

Desperation: fans who were trapped on the pitch near the *Liverpool* goalmouth try to scramble up over a grandstand balcony. Minutes before, hundreds of other fans had managed to clamber over the ground's perimeter fence to safety

AT LEAST 93 people were crushed to death and 200 were injured yesterday – including many teenagers and children – when the FA Cup football semi-final between Liverpool and Nottingham Forest turned into Britain's worst sporting tragedy.

Last night police were under pressure to explain why they had allowed between 3,000 and 4,000 Liverpool supporters to surge into the Hillsborough ground in Sheffield just before the kick-off.

Witnesses said that when the new arrivals, who did not have to show their tickets, came on to the terraces, the crowds were forced down the steps towards the fence behind the Liverpool goal.

Six minutes into the game, police ordered the referee to stop the match as Liverpool supporters, 2,000 of whom were crammed into a small area behind their goal, began climbing an 8ft fence to escape the crush.

As dozens cleared the fence, police opened a small gate behind the goal to allow others to get out. Within seconds, spectators were falling over one another through the gate and on to the field.

The scenes were reminiscent of the Heysel stadium tragedy four years ago but without the violence. Most of the deaths are thought to have happened as fans were pressed against crush barriers and the fence, although some died trying to escape through the small gate. Most people died from asphyxiation, some because of the internal injuries they suffered in the crush.

Last night Peter Wright, South Yorkshire's chief constable admitted that a senior police officer had given the order to open the 16ft-wide steel gates that allowed the latecomers in. But he denied that this was what caused the tragedy. "I am not aware of any connection between the surge on the terrace and the gate being opened," he said.

"There was danger to life outside, as perceived by the police. In order to relieve the pressure on the turnstiles the gate was opened."

According to Wright, the senior officer's decision was made at 2:50pm, as a large crowd of Liverpool supporters became restless at the length of the queues to get in. The officer had about 40 of the game's 800 police officers at the Leppings Lane entrance.

However, some Liverpool fans say the gates were opened less than two minutes before the match. The spectators filed into the ground, some peeling off to take their seats in the stand, others moving through a tunnel on to the terraces behind the Liverpool goal. Michael Owens said: "We all walked straight through in an orderly way. Then the crush began.

"Gradually we felt more and more pressure from behind. The police ahead of me opened a small gate onto the pitch but that was useless, it was so small. People began to panic. The man next to me fainted and we managed to lift him up. There were just too many people. Too many people were let in."

Russ Green, 29, a journalist from Wavertree, Liverpool, was in the stands above the chaos. "I heard the most appalling screams. All I could see were people clinging to a fence, and people trying to climb over."

Thomas Byrne, 37, of Marathon Close, Everton, who escaped with crush injuries to his ribs, said: "I have no idea how I got out. Some people were walking on other people's heads to get away from the crush."

There were 8,000 to 9,000 supporters in the section of the ground behind the Liverpool goal, banked 30 deep up the terraces. Above them sat Russ Green and 4,500 other spectators, who could only watch as fans struggled to get out.

Desperation: the awful truth dawns as the crush clears to reveal its toll of dead and wounded

Many fans were taken away on makeshift stretchers, their heads covered by coats, while others lay spreadeagled on the pitch. When the stretchers ran out, Liverpool supporters pulled away advertising hoardings to carry off their injured friends.

After 45 minutes some supporters were still being given heart massage.

As the ground's gymnasium was turned into a mortuary, the injured were taken to four hospitals, the Royal Hallamshire, the Northern General, King Edward VII and Barnsley district general. Last night 73 people were being detained, 22 in intensive care.

The Queen said in a message to the Lord Mayor of Sheffield that she was shocked. "Please give my deepest sympathy to the bereaved families and to all those who were injured."

Last night, however, evidence was emerging that poor organisation and stadium design faults had contributed to the crush. Liverpool had been given 24,000 tickets when its average following is 40,000, yet Nottingham Forest was allocated 30,000 when it is normally watched by only 17,000. Peter Robinson, Liverpool's chief executive, had lodged an official complaint before the match, but was told that if Liverpool had been given any more tickets, it would have caused traffic problems and potential clashes.

The crush barriers, similar to those at all football grounds, prevented escape. A doctor told of the "sheer mayhem" when he ran to help the dying and injured, and of inadequate emergency facilities.

The sorry catalogue of errors did not end there. There was also an apparent breakdown in communications among the emergency services. Harry Wright, South Yorkshire's chief fire officer, said: "We were informed by the police that there was a major incident at the ground and sent six pumping machines and an emergency tender, but on arrival we had great difficulty in discovering what the incident was."

As soon as they knew, they sent for an additional four appliances and another emergency tender.

It was the police who came in for most criticism. A gateman at the ground, who asked not be named, said: "The police opened the big gates because they thought someone might get crushed.

"It was a free-for-all. There were thousands coming in. I said to the police 'What are you doing that for?' and a policeman said, 'Someone is going to die if we don't'. Opening those gates caused the tragedy."

The gateman's account was supported by many spectators. Timothy Cook, a professor of surgery who was at the centre of the tragic scenes, said the seed of the disaster was police mishandling of the crowd outside the stadium in the minutes before the match.

He had also been appalled by a lack of co-ordination in efforts to rescue dying people from the melee after the disaster had occurred.

Speaking from his parents' house in Liverpool, with his clothes still covered in vomit from the victims he tried to revive, Cook said he arrived at the Liverpool end of the ground at about 2.45. But for almost the entire 15 minutes before kick-off, the turnstiles were closed and nobody was getting through.

"There was a vast crush, because people were coming up behind but they wouldn't let anyone through. People were already getting hurt – some were having to put children on their shoulders to protect them. It was an appalling situation. It got so bad that I saw a policeman helping fans to climb the wall into the ground to avoid the crush.

"The fans were demanding that the police open the main gate to let everyone through, and at about one minute to three it did open. I was about three feet away from it. It was not forced by anybody from outside; it was opened by a policeman, or a steward, from the inside. There was a line of policemen immediately inside the gate.

"I was absolutely furious, and spoke to one of them to say what a dangerous situation they had allowed to build up outside. The only person controlling the crowd outside had been one mounted policeman, who had been unable to do anything."

Witnesses said the tragedy was not caused by violence. It came four days after Uefa, the European football authority, announced that, given government support and continued improvement of behaviour, English clubs could be allowed back into Europe after 1990.

"There was no fighting, just a crush too horrible to describe," said Peter McGuinness, 26, a Liverpool supporter from Prescott. "Moments be-

Continued on page 2

COMMENT

The final whistle

"FOOTBALL is irrelevant now, nobody is even asking after the other scores." Mr Kenny Dalglish's comment last night on the worst tragedy in the history of British football summed up every fan's feelings. But when the sadness has faded, when the Football Association has held its inquiry, and when the match is finally played, will anything change?

After the Heysel and Bradford disasters The Sunday Times said British football was a slum sport played in slum stadiums, and that radical steps were needed to modernise the grounds and stamp out violence. We were roundly condemned by the football authorities and their apologists for being so blunt.

But what we said was true, and we wanted those who preside over the sport to be shocked into action. Sadly, they were not, and what we said four years ago remains tragically true today. Yesterday, around 100 people were crushed to death and at least 200 more injured because they went to a football stadium incapable of accommodating them. It looks as if the police blundered by opening a gate to allow thousands into the ground without checking their tickets. But the exact cause does not really matter: what does is the fact that, in 1989, 54,000 people cannot peaceably attend a football match without risk to life and limb.

Despite disaster after disaster, nothing seems to shake the complacency and incompetence of those who run the country's most popular spectator sport. Soccer stadiums, and their administration, remain a disgrace. They are filthy, dangerous places that spectators only put up with because of their enthusiasm for what happens on the pitch.

Sheffield's Hillsborough is supposed to be one of the best grounds in the country; a modest £1m has been spent supposedly modernising it. But only by soccer's shoddy standards could it be regarded as modern. In America or Europe it would be a joke.

Yesterday fans were herded in cramped conditions behind fencing, with seating only for the privileged. Crowd control and safety standards were obviously a disgrace. Theatres or cinemas would not survive if they repeatedly suffered such disasters. But football grounds, for some bizarre reason, are different. For God's sake, no longer. It is time to start closing grounds that cannot meet the most rigorous standards.

This is a job for the government, for football is incapable of reforming itself (it has even opposed the government's sensible plan for identity cards to keep out the hooligans). As in the aftermath of Heysel and Bradford, so now after Hillsborough, the same excuses will be trotted out, the reasons for not doing anything explained. But if it takes stringent legislation for football to put its stadiums in order, so be it. If this also means fewer clubs, so be it.

When football bosses start bleating about cost, they must be told sternly that, like any other business in which crowds gather to be entertained, if they cannot meet the standards they will have to close. After all, they show a blatant disregard for money when it comes to players. For every Gary Lineker,

ROUND UP OF THE REST OF THE NEWS

Dock strike poll held up for talks

publish next week. The figures are based on hourly productivity levels and are now close to those achieved in West Ger-

penalties are proposed in a new "workers' charter", drawn up during Labour's sweeping policy review.

other civil disturbances, involving the use of special squads of officers armed with short shields and truncheons to

RSC may quit the Barbican

THE Royal Shakespeare

summer unless he delivers a victory in next month's crucial Vale of Glamorgan by-election, senior ministers predict.

cure and is probably shortening the lives of some patients.

Spectrum, page 18

ヒルズボロの悲劇を報じる英紙（*The Sunday Times*）

すでに満員となっていた第三ブロックと第四ブロックにも後方から多数のサポーターが入場してきた。両ブロックは過密状態となり、前列にいたサポーターは後方からの強い圧力を受け、息もできないような状態になった。だが、スタンド最前列は鉄製の柵になっていて扉も閉じられており、ほかのブロックとの間も柵があって移動できない状態となったため、多くのサポーターが逃げ場を失って圧死してしまった。意識不明のままだった一人の若者は、家族が尊厳死を求めたため四年後に生命維持装置を外されて亡くなった。この若者を含め、最終的には死者は九六人となった。

犠牲者の多くが一〇代、二〇代の若者だった。イングランドのサポーター文化では、若いサポーターが立見席の最前列に陣取るのが伝統だったからだ。

事故の背景には、一九八〇年代のイングランドで深刻だったフーリガン問題があった。

スタンド最前列に頑丈な鉄製の柵が設けられていたのはフーリガンのピッチへの乱入を防ぐためだったし、警備に当たる警察側も、サポーターの乱入を阻止することを第一に考えていたため、柵を越えて逃げようとした最前列のサポーターを追い返してしまったり、柵の扉を開けるのが遅れたりしてしまった。また、事故発生後には「リバプール側のサポーターが乱入を図ったことが原因」といった誤った報道もなされた。

ちなみに、この試合は、その後マンチェスターのオールド・トラフォードに場所を移して再試合となり、多くのサポーターが犠牲となったリバプールが勝利。ウェンブリーでの決勝でも宿敵エバートンを破って優勝を決めている。

政府の委託を受けてこの大事故を調査したピーター・テイラー判事は、中間報告で事故の原因を警察による群衆制御の失敗であると結論付けた。そして、一九九〇年一月の最終報告では老朽化したスタジアムと貧弱な設備についても指摘。立見席を廃止し、すべてのスタンドに椅子席を導入することを提唱した。この最終報告書を受けて、イギリス政府は立見席の廃止と椅子席への改修を義務化。事故の要因となったスタンドとピッチを隔てるフェンスは廃止された。

こうして、イングランドのサッカー観戦文化において重要な役割を果たしてきた「テラス」と呼ばれる立ち見席は廃止され、スタジアムは全座席化されていく。古いスタジアムの多くは全面改築され、また新スタジアムが建設されたケースも多い。

テラス席が廃止されて全座席化されれば、観客のコントロールは容易になるが、スタジアムの収容力は減ってしまう。そのため、入場料金が引き上げられた。これまで立ち見席を埋めてサッカーを支えてきた貧しい労働者階級にとっては入場料金の引き上げは大きな負担となってしまった。こうした貧しい人々に代わって、スタジアムには中産階級の家族連れがやって来るようになる。かつては、老朽化し、不潔で危険な場所だったサッカー・スタジアムは、近代的で快適な娯楽施設に変化していくのだった。座席も昔のような窮屈なものではなくなり、スタジアムには高額な入場料金に見合うだけの快適な環境が求められるようになった。

一九〇二年。二〇世紀が幕を開けた直後に起こったアイブロックス・パークでの事故の後、安全を重視したアーチボルド・リーチの手によってイングランドのサッカー・スタジアムの形式が確立されていった。だが、二〇世紀前半に建設された多くのスタジアムは時代とともに老朽化し、また時代に合わなくなっていた。フーリガン現象も、ある意味ではそうした汚くて危険なスタジアムのあり方が生み出したようなものでもあった。そして、二〇世紀も一〇年余りを残す一九八〇年代に起こったいくつかの事故の結果、スタジアムの構造自体についても問い直されることになったのである。

二一世紀という新しい時代に相応しいスタジアムとはどのようなものなのか。そんな模索の中で、世界各地に新しい形のスタジアムが建設されるようになっていった。

3 新しい世紀のスタジアム

兼用（多用途）スタジアムから専門スタジアムへ

スポーツ先進国であるイギリスでは、一九世紀のうちからスポーツ・クラブが自らスタジアムを建設して所有していた。当時は、政府がスポーツのために資金を投じることなどなかった。

一九世紀の初めに、しっかりした組織を確立し、スタジアムを建設したのはクリケット・クラブであり、そのためフットボール・アソシエーション（サッカー協会＝ＦＡ）発足当初はＦＡカップの会場としてクリケット・グラウンドが使用されたが、その後、フットボール・クラブ（サッカー、ラグビーを問わず）もそれぞれのグラウンドを整備していった。初期のころには、フットボールのピッチの外に陸上競技のトラックが設けられているスタジアムが多かったが（トラックは後にオートバイ・レースやドッグレースにも使用され、スタジアムの所有者に収入をもたらした）、第一次世界大戦後にフットボール人気が高まると、トラックを撤去してスタンドが拡張され、クラブ所有のスタジアムは専用スタジアムに改装されていった。それが、長方形のフットボールのピッチの四面に四角形のスタンドが並ぶ、いわゆる「イングランド・スタイル」と呼ばれるスタジアムだった。

スペインやポルトガルでは、クラブはフットボールだけでなく、陸上競技やほかのボールゲームなども含む総合スポーツ・クラブとして発展していったが、ここでもスタジアムは一般的にクラブ自身の所有で、フットボール（サッカー）専用のビッグ・スタジアムを中心に陸上競技場や体育館、プール、テニスコートなどが別に設置される形式で発展していった。

一方、ドイツやフランス、イタリアなどでは、スタジアムは公営（市営）の施設を使用するのが一般的だった。そして、公営のスタジアムの多くは陸上競技とフットボールの兼用だった。フランスやベルギー、オランダなど自転車競技が盛んだった国では、陸上競技のトラックの外周に自転車競技用のトラックが併設されることも多かった。

陸上競技のトラックは、かつては三〇〇メートル台のものもあれば、五〇〇メートル、六〇〇メートルといったトラックがいくらでもあったが、一九二〇年代になって一周が四〇〇メートルという規格が一般化した。そして、その一周四〇〇メートルのトラックの中央のフィールド部分は、ちょうどサッカーやラグビーの長方形のピッチが収まる大きさだった。そこで、陸上競技とフットボールの兼用のスタジアムが一般的になった。

だが、大きな楕円形の芝生が必要なクリケットや内野を中心に外野が扇型に広がる特殊な形をしているベースボールの場合、兼用スタジアムの建設は難しかった。

また、四〇〇メートル・トラックの中に規定通りの大きさのサッカーのピッチを収めるのは実際には難しかった。そこで、サッカーのピッチを規則よりほんの少しだけ小さくするか、陸上競技のカーブの部分を二心円にして曲率を高くする（急カーブにする）必要があった。そのため、ヨーロッパの兼用スタジアムの中には、トラックのカーブが急なスタジアムも多く、慣れない日本の陸上競技選手が曲がり切れずにコースアウトしてしまうことさえあった。

さらに、ラグビーの場合、ゴールラインの後ろのインゴールを十分にとることができないことも大きな問題だった。兼用スタジアムでラグビーを行うことが多いフランスでは、冬のラグビー・シーズンには陸上のトラックの部分にも芝を張ってラグビーのインゴールとする場合もあった。

一方、観客の立場からも、陸上競技のトラックがあることで、ピッチからスタンドまでの距離が遠くなってしまうので、当然、フットボールの試合は見にくくなってしまう。これは、たとえばサンドニのスタッド・ド・フランスのように可動式のスタンドを設けてスタンド最前列をピッチに近づけても解決できる問題ではない。可動式スタンドがあったとしても、固定スタンドの大部分はピッチから遠いままだからだ。ピッチまでが近ければ、スタンド上部からピッチを俯瞰的に眺めることができ、ピッチ上の両チームの選手の配置や動きなどがよく見える。逆に、ピッチから遠ければ、同じ高さのスタンドでも俯角が小さくなってしまい、俯瞰的に試合を見ることがなくなってしまう。

しかも、かつて陸上競技のトラックは八レーンで足りていたが、現在では九レーンが必要とされるし、かつての兼用スタジアムでは陸上競技のトラックのすぐ外側までスタンド最前列が迫っていたものだが、最近では陸上競技の運営用のスペースが取られるため、トラックの外側とスタンドまでの距離は昔に比べてさらに遠くなってしまっている。

逆に、陸上競技の側としてもフットボールとの兼用の場合、たとえばピッチの芝生の保護のために投

表2　1974年西ドイツ・ワールドカップの使用スタジアムの改築の状況

都　市	スタジアム名	完成	1974	2006	備考
ベルリン	オリンピアシュタディオン	1936	兼	兼	
ドルトムント	ヴェストファーレンシュタディオン	1974	専	専	数回の拡張
デュッセルドルフ	ラインシュタディオン	1925	兼	専	04年に改築
フランクフルト	ヴァルトシュタディオン	1925	兼	専	05年に改築
ゲルゼンキルヘン	パルクオンシュタディオン	1973	兼	不	08年に閉鎖
ハンブルク	フォルクスパルクシュタディオン	1953	兼	専	98年に改築
ハノーファー	ニーダーザクセンシュタディオン	1954	兼	専	04年に改築
ミュンヘン	オリンピアシュタディオン	1972	兼	不	
シュトゥットガルト	ネッカーシュタディオン	1933	兼	兼	09年に専用化

注：「兼」は陸上競技とサッカー兼用　「専」はサッカー専用　「不」は不使用

擲種目の投擲数が制限されるようなこともあるので、トラックの中央のフィールド部分を自由に使える陸上競技専用のスタジアムの方が使い勝手が良いことは間違いない。また、陸上競技の観客動員力は、陸上競技の盛んなヨーロッパやアメリカ合衆国でもフットボールには及ばない。

かつては、アメリカ合衆国でも陸上競技とフットボール（アメリカン・フットボール）の兼用スタジアムが使用されることが多かったが、アメリカでは第二次世界大戦前からフットボール・スタジアムは専用化していた。そして、ヨーロッパ大陸では二〇世紀後半までサッカーと陸上競技の兼用スタジアムが一般的だったが、最近は専用スタジアム化が進んでいる。

ドイツW杯に見る専用スタジアム化

一九七四年のサッカーのワールドカップは西ドイツで開催され、この大会では九つの都市の九つのスタジアムが使用された。そして、ドルトムントのヴェストファーレンシュタディオンを除いて、ほかのすべてのスタジアムは陸上競技との兼用スタジアムだった（表2）。

唯一のサッカー専用スタジアムだったヴェストファーレンシュタディオンはルール工業地帯の労働者たちの支持を受けるボルシア・ド

ルトムントのホームであり、一九七四年の完成以降も何度も拡張を重ね、今では世界最高のサッカー・スタジアムといわれるようになっている。二〇一〇年から香川真司がドルトムントで大活躍したことで日本人にとってもお馴染みのスタジアムとなったし、二〇〇六年のワールドカップでは日本代表がこのスタジアムでブラジルと戦った。

しかし、ここも実は当初は陸上競技との兼用スタジアムを建設する計画だったのだ。

一九〇九年に誕生したボルシア・ドルトムントは、一九二五年からドルトムント市が建設した市営の陸上競技場「ローテ・エルデ・カンプバーン」（強いて訳すなら「赤土グラウンド」）でプレーしていた。

一時は破産状態にもなったボルシア・ドルトムントだったが、一九六〇年代には黄金時代を迎え、一九六六年にはヨーロッパ・カップウィナーズカップのタイトルも獲得する。ファンは急増し、三万人収容の「ローテ・エルデ・カンプバーン」は手狭になっていた。そこで、市は一九六五年に新スタジアムの建設を決定するが、建設資金が不足したため、計画はなかなか進まなかった。

しかし、ちょうどそのころ、一九七四年ワールドカップの西ドイツ開催が決定し、しかも、開催を予定していたケルン市が新スタジアム建設を中止したため、地理的に近いドルトムント市が開催地に選ばれた。そこで、連邦政府、ノルトライン・ヴェストファーレン州、ドルトムント市、ドイツ・サッカー協会（DFB）が共同出資して、「赤土グラウンド」のすぐ西隣に新スタジアムを建設することになった。それが、ヴェストファーレンシュタディオンだった。

当初は陸上競技場を建設する予定だったが、カーブしたスタンドが必要な陸上競技場を造るには、予算も工期も足りなかった。そこで、より安く短期間で建設できる四角いスタンドを四つ配置しただけのシンプルなサッカー専用スタジアムが建設されることになったのだ。スタジアムは一九七一年一〇月に着工され、ワールドカップ開幕直前の一九七四年四月に完成。オープニングゲームは、もちろんボルシア・ドルトムントとシャルケ04の間の「ルール・ダービー」だった。

当初は立見席を含めて五万三八七二人収容だったが、その後、何度も拡張された。完成当時は四つのコーナー付近にはスタンドがなかったが、ここにもスタンドが造られ、スタンド自体も増築に増築を重ね、八万人以上を収容するビッグ・スタジアムに成長していった。ちなみに、旧スタジアムである「ローテ・エルデ・カンプバーン」も、ヴェストファーレンシュタディオンのすぐ東隣に残っており、ボルシアの二軍戦やトレーニングに使われている。

ヴェストファーレンシュタディオン
右手に旧スタジアムが見える（World Stadiums）

実はこの「ローテ・エルデ・カンプバーン」は、一九五三年に国際学生スポーツ週間（ユニバーシアードの前身）が開かれたスタジアムであり、この大会にはサッカーの日本学生選抜も出場している。

日本のサッカー・チームがヨーロッパに遠征するのは一九三六年のベルリン・オリンピック以来二度目のことで、当時の日本蹴球協会は「将来のリーダーを育てるために」遠征を敢行し、チームは大会終了後も欧州各国を見学して帰国した。遠征費の一部は自己負担で、各大学が寄付を集めて選手を送り出したという。そして、実際、遠征メンバーの中からは長沼健や岡野俊一郎のような優れた指導者（ともに日本代表監督、協会会長を歴任）が育った。

さて、一九七四年の西ドイツ・ワールドカップではサッカー専用スタジアムはドルトムントのヴェストファーレンシュタディオンだけだったが、それから三二年後に再びドイツの地で開催された二〇〇六年の大会では、全一二会場中で陸上競技との兼用スタジアムは決勝会場となったベルリンのオリンピアシュタディオンとシュトゥットガルトのネッカーシュタディオン（一九三三年完成。六万〇四四一人収用）、ニュルンベルクのフランケンシュタディオン（一九二八年完成。四万四四三〇八人収用）の三か所だけだった（ネッカーシュタディオンは、二〇〇九年に改築して現在は専用化）。

一九七四年大会の時に使用された九つのスタジアムは表2に示したように、全面改装（あるいは改築）されてサッカー専用となるか、陸上競技場とは別にサッカー・スタジアムが新設されるかしていた。もちろん、ワールドカップ開催が一つの契機となってスタジアムが改築されたケースもあるが、基本的にはスタジアムの改装もしくは新設はブンデスリーガで戦う地元クラブのための建設だった。

観戦環境の良いサッカー専用スタジアムの普及によって、ドイツのブンデスリーガの観客動員数は大幅に伸びた。東西ドイツが統一される直前の一九八〇年代後半にはシーズンを通じてのブンデスリーガの一試合平均観客動員数は二万人程度だったが（現在のJ1リーグ並み）、現在は平均四万人を大きく上回るようになっているのだ。

複合施設化が進む欧州のスタジアム事情

かつて、世界各国で陸上競技とフットボールの兼用（多用途）スタジアムという形で大規模スタジアムが建設されてきた。「一つの都市に、すべての競技に使用できる象徴的な一つの巨大なスタジアムを」という大艦巨砲主義的な発想である。

だが、時代とともにスタジアムはそれぞれの競技別に専門化していった。同時に、スタジアムには採算性も求められるようになってきた。そのためには、アクセスの良い都心部に、高額な入場料を払っても満足できる快適性の高いコンパクトなスタジアムを建設し、集客力を上げなければならない。また、競技が行われる日以外にも収入が得られるように、スポーツ競技以外の目的にも使用可能な複合施設化も進んでいる。

スタジアム内にレストランや会議場などを設けるのは、今ではもはや常識というべきだ。その都市や国を代表するような有名チームの本拠地スタジアム内の会議場やレストランであれば、来客の接待に使えば大いに喜ばれる。こうして、競技のない日にもスタジアムは活用できるのだ。

スタディオン・ハルヘンヴァールト
コーナー付近のオフィスビルに注目
（World Stadiums）

スタジアムの複合施設化の初期の例として有名なのが、オランダのユトレヒトにあるスタディオン・ハルヘンヴァールトだ。ユトレヒトは、地理的にオランダの中央に位置しており、鉄道網の結節点でオランダ鉄道の本社も置かれている。この町には、一九三六年に建設されたフットボールのピッチの周囲に陸上競技のトラックと自転車競技の走路が併設された兼用スタジアムがあったが、次第に老朽化が進んでいた。そして、一九七〇年に市内の三つのクラブが合併してFCユトレヒトが発足したのをきっかけにサッカー専用スタジアムへの改築が計画された。

こうして一九八二年に完成したのがスタディオン・ハルヘンヴァールト。FCユトレヒトの本拠地として使用され、二〇〇五年にはU20ワールドカップのメイン会場となり、リオネル・メッシのいたアルゼンチンが優勝を遂げている。

新スタジアムは、タッチラインとゴールラインの後ろに四つの長方形の一層式スタンドを配置する球技専用のスタジアムとなった（オランダで盛んなフィールド・ホッケーにも使用される）。建設工事は一九八一年に始まり、ＦＣユトレヒトはそのシーズンは三キロほど北に造られた九〇〇〇人収容の仮設のスタジアムで試合を開催。そして、翌シーズンから新スタジアムが使用されることとなった。

スタジアムの構造的はきわめてシンプルだったが、ユニークなのは四つのスタンドうちＦＣユトレヒトのクラブ事務所が入った南側メインスタンド以外の三つのスタンドに商店やオフィスがテナントとして入っていることだった。さらに、スタジアムの四つのコーナー付近に「Ｌ」字型の平面を持つ三階建ての独立したオフィスビルが建てられており、オフィスビルのピッチに面した側は中庭になっており、そこに照明塔のマストが建てられている。照明塔がなければ、外見からはオフィスビルのようにも見えるユトレヒトのスタジアム。現在の収容力は二万三七五〇人と規模は小さいが、スタジアムが完成するとレアル・マドリードのようなビッグ・クラブを含めて世界各国からの視察が殺到したという。

一九八〇年代以降、スタンド下をオフィスビルとして活用する例は増えていった。

地中海に面する小国モナコ公国のスタッド・ルイ・ドゥー。このスタジアムについてはすでに第四章で紹介したが、陸上競技のトラックと天然芝のピッチは地上五階に当たる人工地盤の上に造られており、スタンド下だけでなく、ピッチの下に体育館や水泳プールのほか四層の駐車場とオフィスビルが収められており、そこにはモナコ公国唯一の大学であるモナコ国際大学（ＩＵＭ）まで入居している。

スウェーデンの首都ストックホルム近郊ソルナ市にあったローズンダ・スタディオンにも、ユトレヒトのハルヘンヴァールトと同じようにスタンドのコーナー付近にオフィスビルが建設された。ただし、ハルヘンヴァールトの場合は三階建ての小さなビルだったが、ローズンダの場合、西側メインスタンドと南側サイドスタンドの間のコーナーに建てられたのは高さ八〇メートルの高層オフィスビルだった。

一九一二年のストックホルム・オリンピックでもサッカーの試合と射撃競技が行われた小さなスタジアムがあった場所に、一九三七年に造られたのがローズンダ・スタディオンだ。スウェーデン・サッカー協会（SvFF）が所有するサッカー専用スタジアムで、同国代表の試合の多くがここで開催されてきた。また、一九五八年のサッカー・ワールドカップ決勝戦もここで行われ、一七歳のペレの活躍によってブラジルが開催国スウェーデンを破って初優勝を決めた。また、一九九五年には女子ワールドカップの決勝も行われたため、ローズンダ・スタディオンは男子と女子のワールドカップ決勝をともに開催した最初のスタジアムとなった。

なお、二〇一二年にはローズンダから一キロほど北に新しいナショナル・スタジアム「フレンズ・アレーナ」（五万人収容）が完成。ローズンダは解体され、商業ビルおよび集合住宅として再開発されることになっている。

スイスの名門FCバーゼルの本拠地、ザンクトヤコブ・パルクも複合施設として有名だ。同国最大のスタジアムで、二〇〇八年にはスイスとオーストリアの共同で開催された欧州選手権（EURO）のスイス側のメイン会場となり、準々決勝と準決勝がここで行われた。

バーゼルはドイツ、フランス両国と国境を接する国際都市で、ザンクトヤコブというのはスタジアムのある郊外の地名。一四四三年にはスイスの内戦に介入してきたフランス軍との間で「ザンクトヤコブの合戦」があった古戦場でもある。当時はバーゼル市街からライン河を渡った南岸の田園地帯だったらしいが、今ではメインスタンド前にも路面電車やバスが走っており、交通の便はとても良い。さらに、バーゼル中央駅からスイス連邦鉄道（SBB）の列車で「バーゼル・ザンクトヤコブ」という臨時駅まで行くことができ、改札口を出ればそこはもうバックスタンドのコンコースという便利さだ。

この地は二〇世紀前半からFCコンコルディアの小さなグラウンドがあったが、一九五四年に初めて大規模なスタジアム、シュタディオン・ザンクトヤコブ（最大時で五万一八一六人収容）が建設され、同年のスイス・ワールドカップに使用され、準決勝など六試合が開催された。

二〇〇一年に完成した現在のスタジアムはスタジアム全体が巨大な複合施設となっていて、メインスタンドからグラウンド下にかけてショッピングセンターやレストラン、駐車場、さらには高齢者用住宅までが併設されている。スタジアムに高齢者用住宅が併設されている例は他にあまり聞かないが、入居している高齢者は若者たちに交じって試合を観戦することができるというわけである。

他の大陸でも進む複合施設化

これまで見てきたように、二〇世紀半ばまでのヨーロッパでは郊外に巨大なスタジアムを建設し、サッカーやラグビーなどのフットボール、陸上競技、自転車競技など多目的に使用するというのが一般的だった。だが、二〇世紀末以降は、都心に近いアクセスの良い場所にコンパクトな専用スタジアムを造り、そこにオフィスビルやショッピングセンターを併設し、競技に使用されない日にも収益を上げるというのがトレンドとなっている。

アメリカ合衆国でも、かつては郊外にビッグ・スタジアム（フットボール専用もしくはベースボール専用）が建設された。観戦者は自動車でスタジアムに向かい、周辺の広大な駐車場を利用することが多かった。スタジアムにとっては駐車料金も重要な収入源となっていたのだが、最近はアメリカでもやはり都心に近い便利な場所に比較的コンパクトなスタジアムを建設することが多くなっている。

一九六五年に完成し、世界で初めてのドーム型野球場として有名だったテキサス州ヒューストンのアストロドームが老朽化したため、メジャーリーグのヒューストン・アストロズは一九九九年シーズンをもって使用を中止し、ダウンタウンに新しく建設された開閉式屋根付き天然芝球場のミニッツ・メイド・パークに移転した。

ミニッツ・メイド・パーク
（World Stadiums）

都心に天然芝の野球場を建設するというのが、現在のアメリカのメジャーリーグの趨勢である。スタジアムが複合施設化しているのは二〇世紀後半以降のトレンドだが、実は東ヨーロッパやアジアなどでは昔から珍しいことではなかった。

第二次世界大戦後に社会主義政権が成立した東ヨーロッパでは、スタジアムが都心部の便利な場所に建設されることが多く、地方都市でもスタジアムは首都のスタジアムに倣って市内の中心部に置かれた。そのため、スタンド下は地元住民向けの商店やスポーツショップ、レストランなどとして使用されることが多かった。

また、東アジアのスタジアムでも多くの商店が店を開いているという例は多い。韓国のソウルの盛り場の一つ、東大門地区にあった東大門運動場のスタンド下にも多くの運動具店などが店を構え、敷地内にも屋台が店を出し、周囲の商店街と一体となっていた。そんな伝統は、新しいスタジアムが建設されてからも引き継がれているようで、二〇〇二年のワールドカップのために韓国に建設された大規模スタジアムの多くも、スタンド下は映画館やレストラン、サウナ、ウェディングホールなどさまざまな形で利用されている。

第九章　日本のスタジアムの将来像

1　国立競技場改築問題とは何だったのか

国立競技場改築問題の経緯

これまで、国内外の数多くのスタジアムの歴史を振り返り、スタジアムを巡るさまざまなエピソードを紹介してきた。第八章では最近の世界のスポーツ先進国におけるスタジアムのトレンドなどについても触れた。そこで、最後に日本のスタジアムの現状と将来について考えてみたい。

日本におけるスタジアム問題というと、二〇二〇年の東京オリンピックのメイン・スタジアムとして使用される国立競技場の改築問題に触れないわけにはいかない。

二〇一三年の九月一三日、アルゼンチンの首都ブエノスアイレスで開かれたＩＯＣ総会で、会長だったジャック・ロゲ伯爵（ベルギー）が「ＴＯＫＹＯ」のボードを掲げた。二〇二〇年オリンピック大会の東京開催が決まったその瞬間、日本中が歓喜に沸いた。

だが、その後の開催準備はけっして順調とはいえない。二〇一五年七月に大会エンブレムが発表されたものの、盗用の疑いのため一旦発表されたエンブレムが撤回されるという前代未聞の事態が発生。そして、メイン・スタジアムとなる国立競技場の建て替えを巡っても発表された計画が白紙撤回されるという事態になった。

東京都が二〇一六年大会招致に立候補した時には、メイン・スタジアムは東京都主導で沿海部の晴海に建設されることになっていた。立候補ファイルによれば収容力は一〇万人。大会後には八万人規模にダウンサイジング（減築）されることになっていた。だが、二〇一六年大会は南米大陸初のオリンピックとしてブラジルのリオデジャネイロでの開催が決まって東京は落選する。

二〇一一年の東日本大震災直後の東京都知事選挙で再選された石原慎太郎知事は、森喜朗元首相の働きかけなどもあって二〇二〇年大会招致に再び立候補。そして、この時の立候補案ではメイン・スタジアムは晴海ではなく、千駄ヶ谷の国立競技場を改築して使用することとされた。

当時、二〇一九年に開かれるラグビーのワールドカップを日本に招致する計画が進んでおり、二〇一一年二月には日本ラグビー協会会長（当時）の森元首相が中心となった超党派のラグビー・ワールドカップ成功国会議員連盟が「国立競技場の建て替え」を決議していた。一九五八年に建設され、一九六四年の東京オリンピックのために拡張された国立競技場を改修するのではなく、全面改築し、ラグビー・ワールドカップ決勝戦の会場とするという計画だ。そして、この方針を推進するため、二〇二〇年オリンピックでもメイン・スタジアムは晴海ではなく、新国立競技場を使用することとされた。

二〇一二年三月には国立競技場を運営する文部科学省の外郭団体「日本スポーツ振興センター（JSC、河野一郎理事長＝当時）」の下に「国立競技場将来構想有識者会議（委員長：佐藤禎一元文部次官）」が発足した。有識者会議内にはスポーツ（座長：小倉純二日本サッカー協会名誉会長）、文化（座長：都倉俊一＝音楽家）、建築（座長：安藤忠雄＝建築家）の三つのワーキンググループが設置され、スポーツ、文化の両ワーキンググループからの要望を建築ワーキンググループが取りまとめるという形で計画が進められた。

計画の主体である特殊行政法人日本スポーツ振興センター（ＪＳＣ）の前身は「特殊法人国立競技場」。一九五八年にアジア大会開催のために明治神宮外苑競技場を撤去して国立競技場が建設された時に設立された組織で、国立競技場の管理運営がその任務だった。その後、行政改革の過程で「日本体育・学校健康センター」となり、さらに二〇〇三年には現在の名称になった。二〇〇一年に本格的に始まった、日本プロサッカーリーグ（Ｊリーグ）の試合を対象としたスポーツ振興くじ（toto）の運営と助成金の分配を担当することになったことで、ＪＳＣは巨額の資金を管理し、諸団体に分配する団体となったため、スポーツ界に対する影響力は強大なものとなったが、もともと競技場建設のような大規模プロジェクトを運営した経験などない組織だった。そして、ＪＳＣは各ワーキンググループから出された要望を取捨選択することなく、次々と取り入れていってしまった。

文化ワーキンググループはコンサートなどを開くために開閉式の屋根が必要だとした。コンサートを開催することで新国立競技場の稼働率を上げて黒字化するのが目的だった。屋根がなければ、悪天候の場合にコンサートを開けないので、常設的なコンサート会場とするには屋根が必要だ。だが、一方でスポーツ・ワーキンググループは、将来、新国立競技場をサッカーのワールドカップの決勝戦の会場とするため、天然芝ピッチとすることを決めていた。だが、巨大な屋根を付けると芝生の養生は難しくなるし、コンサートなどの使用頻度が上がれば天然芝を傷つけることになる。

こうした、相矛盾した要求をすべて受け入れたため、新国立競技場の計画は巨大化していった。二〇一二年には安藤忠雄の提案で「新国立競技場基本構想国際デザイン競技」が実施され、一一月にはイラク出身の女性建築家ザハ・ハディドの案が最優秀作品として発表された。安藤はこのデザインを「圧倒的な造形性、祝祭性、シンボリックなデザイン」と評した。

国際コンテストに提示された条件によれば敷地は一一万三〇〇〇平方メートルで、予算は一三〇〇億円とされていた。二〇一二年に開催されたロンドン大会のメイン・スタジアムの建設費の四億八六〇〇万ポンド（約八〇〇億円）などと比べて、この当初の一三〇〇億円と言う金額も驚くほど高額なものだった。

だが、ザハ案は国際コンテストで指定された一一万三〇〇〇平方メートルの敷地をはみ出したものだったし、二〇一三年七月に設計業者が試算したところ、建設費は三四六二億円となった。つまり、国際コンテストの当初の条件にまったく当てはまらない作品だったのだ。

ザハ案に対する批判は、その高額な建設費と明治神宮外苑の景観問題の二点に集中した。屋根の高さが地上七〇メートル。つまり、旧国立競技場の照明塔よりさらに高く、あまりにも巨大な建造物は周囲に圧迫感を与え、明治神宮外苑の景観を損なうというのである。

そもそも、明治神宮外苑を所有していた宗教法人明治神宮（戦前は内務省の管轄）は、中心的な施設である聖徳記念絵画館（明治天皇の事績を描いた絵画が展示されている）を中心とした外苑の景観を損なうことを嫌っていた。そのため、一九一四年に竣工した明治神宮外苑競技場は自然の地形を利用して建設され、絵画館側は自然の窪地の斜面を利用した芝生席となっており、渋谷川沿いの低地に建設されたメイン・スタンドも絵画館側の台地面からは見えないように工夫されていた。一九三六年の東京オリンピック開催が決定した際に明治神宮および内務省が明治神宮外苑競技場の拡張に強硬に反対したのも、外苑の景観を損なうというのが最大の理由だった。そして、一九五八年に国立競技場が建設される時も、絵画館側に建設されるバックスタンドの高さは約八メートル以下に抑えるなど、景観に配慮して設計された。その後、一九六四年の東京オリンピックを前にバックスタンドが拡張されていたが、ザハ案のような巨大な建造物を建設することは、明治神宮外苑という土地の歴史を全く無視したものだった。

建設費が巨額になった原因の一つは、開閉式の大屋根をキールアーチで支えるという工法によるもので、キールアーチの建設だけで二四〇〇億円の巨費が投じられることになっていた。その後、縮小案が提示され、開閉式の屋根はオリンピック終了後に設置されるなどとされたが、それでも建設費は一六二五億円にのぼり、世論の反発は大きくなっていく。その結果、二〇一五年七月に安倍晋三首相が計画の白紙撤回を決定。その後、新たな案が公募され、大成建設・梓設計・隈研吾建築都市設計事務所共同企業体による案が採用された。

決定された新たな計画によれば三層式のスタンドの収容力は六万八〇〇〇人、総工費は一四九〇億円となった。また、問題が迷走したおかげで着工が大幅に遅れて完成も二〇二〇年にずれ込み、当初の目的だったはずのラグビー・ワールドカップには間に合わないこととなった。

第二次世界大戦前の一九四〇年にも東京オリンピックが開催されることが決まっていた。皇紀二六〇〇年を記念して開催する国家的な行事だったが、日中戦争の激化によって軍が協力を渋るようになり、最終的に政府もついに開催を断念することとなった。

その一九四〇年大会でもメイン・スタジアム問題は紛糾した。当初は当時の東京市が造成した沿海部の埋立地での開催が想定されていたが、技術的困難などのために断念。その後は明治神宮外苑競技場を改築して使用することとなったが、当時、外苑と競技場を所有していた明治神宮（＝内務省）はこの地に巨大スタジアムを建設することに猛反対。敷地が狭かったこともあって、最終的に東京市郊外にあった駒沢のゴルフ場跡に一〇万人を収容する巨大スタジアムを建設することとなった。この間、計画は二転三転し、ＩＯＣから再三の督促を受ける状況となっていた。二〇二〇年大会に向けたスタジアム問題の経緯を見ていると、一九四〇年大会を前にしたこのドタバタ劇を思い出さざるを得ない。

オリンピック・スタジアムのあるべき姿とは？

国立競技場問題は総工費を引き下げたプランが採用され、また、威圧的なザハ案のデザインが変更されたことによって、一件落着となったようである。

だが、巨費を投じて新たに建設するスタジアムがいったい何のための施設であり、将来どのように活用していくのか、そして、そのためにどのような施設を建設すべきなのかという基本コンセプトに関する基本的な議論がまったくなされないまま国立競技場問題は決着してしまった。

建設費の高騰を招いたのも、実はそうした基本コンセプトが欠如したまま計画が進められたのが原因だった。有識者会議の各ワーキンググループからのさまざまな要求について、本来ならば事業主体であるＪＳＣが優先順位を決めて取捨選択すべきだったのに、ＪＳＣは提出された要求をすべて盛り込んでしまったのだ。「何を作るのか」という視点が定まっていなかった。

そもそも、スタジアムというのは、オリンピック・パラリンピックとかワールドカップといったせいぜい二週間から一か月程度の大会のためだけに建設するものではない。その後、数十年にわたって使い続けていくものなのである。その間、多額の維持管理費がかかってくる。

たとえば、二〇一四年にブラジルで開催されたサッカーのワールドカップのために地方都市に建設された大規模で豪華なスタジアムは、大会終了後ほとんど活用できずに負の遺産となってしまっているという。「サッカー王国」として知られるブラジルではあるが、毎週数万人の観客を集められるのはリオデジャネイロやサンパウロなど大都市の人気チームだけだ。日本代表も試合をしたナタウやクイアバといった地方都市に四万人、五万人を収容するスタジアムを造っても活用することはできず、結局、維持費だけが嵩んでしまい、それは公費（税金）で賄われることになるのだ。

そのことは早くから指摘されており、あれだけサッカーの盛んなブラジル国内でも開催反対運動が盛り上がった。だが、ブラジル政府は、ＦＩＦＡが要求するヨーロッパ並みの贅沢な大規模スタジアムを建設してしまった。当然、その裏には利権が絡んでいたはずだ。

ブラジルの四年前にワールドカップを開催した南アフリカでもそうだったし、二〇〇四年にヨーロッパ選手権（ＥＵＲＯ）を開催したポルトガルの地方都市でも同じような問題が起きている。二〇〇二年ワールドカップのために日本でも多くの大規模スタジアムが建設されたが、その後、Ｊリーグのクラブのホーム・スタジアムとして活用されているスタジアムはまだしも、たとえば宮城スタジアム（宮城県利府町）や静岡スタジアム（エコパ＝静岡県袋井市）などでは多くの有料入場者を集めるようなイベントが年に数回しか行われていないのが現状だ。

スタジアムは、たとえ経営的に赤字だったとしても、十分に活用できてさえいれば、それは社会的コストと考えることもできる。だが、活用されていない施設はまさに無駄でしかない。

ヨーロッパのスポーツ先進国、たとえばドイツやフランス、イタリアで開かれたワールドカップではそのようなことは起こらなかった。なぜなら、スタジアムはワールドカップのために建設されたのではなく、基本的には毎週のリーグ戦のために建設されたスタジアムを利用して大会が開催されたからだ。たとえば、イタリアのミラノに八万人収容のスタジアムが存在するのは、一九九〇年にワールドカップが開かれたからではない。ミラノには二つの人気チームがあって、八万人規模のスタジアムでも年に何度も満員になるからこそ、スタディオ・ジュゼッペ・メアッツァが存在するのだ。ドイツでも、スペインでも、事情は同じである。それぞれの都市のクラブの人気度に応じて、スタジアムの大きさも決まる。ラグビーのワールドカップでも、その国のラグビー代表チームがいつも試合をしているスタジアムで決勝戦などが行われ、国内のクラブ・チームが使用しているラグビー用のスタジアムやサッカー用のスタジアムを使って大会は運営される。それなら、「後利用」などという問題は起こりようもない。

オリンピックの場合でも同じである。

オリンピックのメイン・スタジアムとは開会式・閉会式に使用されるスタジアムのことで、一般的には陸上競技場が使用される（一九五六年のメルボルン大会ではクリケット・グラウンドに陸上競技のトラックが仮設で設置されてメイン・スタジアムとなった。また、二〇一六年のリオデジャネイロ大会の開閉会式は、サッカー専用のマラカナンで行われた）。だが、陸上競技の盛んなヨーロッパやアメリカ合衆国でも、陸上競技の試合で五万人以上の観客が集まることは、あまりない。したがって、オリンピックのメイン・スタジアムとなった巨大な陸上競技場を、大会後にどのように活用するかはいつの大会でも大きな問題となるのだ。

一九七〇年代頃までは、陸上競技場のフィールドの芝生の上でフットボールの試合を行うのは普通の事だった。だから、オリンピックのメイン・スタジアムは兼用スタジアムとして陸上競技とフットボール（サッカー、ラグビー、アメリカン・フットボール）のために十分に活用されてきた。たとえば、一九三二年と一九八四年の二度のオリンピックでメイン・スタジアムとなったロサンゼルスのメモリアル・コロシアムは、当時は陸上競技とアメリカン・フットボールの兼用スタジアムだった（その後、フットボール専用に改装された）。一九六四年の東京オリンピックで使用された国立競技場では、世界陸上も開かれたし、サッカー、ラグビーなど数々のビッグゲームの舞台ともなった。

だが、今ではスポーツ先進国ではスタジアムは専門化され、フットボールはフットボール専用スタジアムで行うのが普通になってきている。

西ドイツのミュンヘンで開かれた一九七二年のオリンピックのメイン・スタジアムであるオリンピアシュタディオンは、その後、もちろん数々の陸上競技の大会にも使われたし、同時に西ドイツ最強の人気サッカー・チーム、バイエルン・ミュンヘンの本拠地となり、一九七四年の西ドイツ・ワールドカップや、一九八八年のヨーロッパ選手権では決勝戦の会場として使用されてきた。だが、今ではドイツはサッカー専用スタジアムの時代となっており、ミュンヘンにも二〇〇五年に新しくサッカー専用スタジアム「アリアンツアレーナ」が建設されたため、オリンピアシュタディオンは、自慢の大屋根が老朽化したという問題もあり、今ではほとんど活用されていないのが現状だ。

オリンピックのメイン・スタジアムが、その後、どのように活用されているかをまとめたのが表3である。

の大会後の使用状況と現状

の使用状況など（主なもの） DS＝ダウンサイジング	現　状
2004年大会でもマラソンのフィニッシュなどに使用	遺跡！
カー，ラグビーにも使用　現在も存在	自転車競技場
大学フットボールに使用　NFL に使用されたことも	フットボール
ッグレース等　1966W杯でも１試合開催　1985解体	解体
ユールゴルデンなどのホームとしても使用された	陸上・フットボール兼用
ーグチームのホームとして使用	陸上・フットボール兼用
グビーに使用　現在メインスタンド以外は撤去	陸上・フットボール兼用
カーに使用　1996に ArenA 完成以降は陸上競技専用	陸上専用
プロ野球　NFL にも使用　1984五輪で再び主会場	フットボール専用
装　2009世界陸上　ヘルタベルリンのホーム	陸上・フットボール兼用
五輪時に特設トラック設置　2007全面改築	サッカー専用
現在も当時のままの姿を留める	陸上・フットボール兼用
トラック　五輪後原状回復　オージーボール等	クリケット・フットボール
サッカー　1990W杯　ローマ，ラツィオのホーム	陸上・フットボール兼用
カー，ラグビーに使用　2020年五輪のため全面改築	解体
1986W杯　カレッジフットボール　サッカー	陸上・フットボール兼用
ンおよび1860の本拠地　2005に両クラブとも移転	陸上・フットボール兼用
エキスポズの本拠地（2004撤退）	野球場　現在使用なし
決勝等　サッカー国内リーグ　2018W杯決勝開催予定	陸上・フットボール兼用
ル　サッカーの国際試合等	フットボール専用
2002年W杯スタジアム完成後，ほとんど使用されず	陸上・フットボール兼用
ョールが使用も現在は別競技場に移転	陸上・フットボール兼用
（ターナーフィールド）　2016年を最後に閉鎖	野球場（閉鎖）
・クリケット場に改装　各種フットボール	フットボール・クリケット兼用
ーリーグ等	陸上・フットボール兼用
2020冬季五輪メイン・スタジアム	陸上・フットボール兼用
W杯　改装してウェストハムのホーム　2017世界陸上	陸上・フットボール兼用
フラメンゴ，フルミネンセのホーム，国際試合	フットボール専用

最近二〇年ほどのオリンピックを見てみると、スポーツ先進国では大会終了後にスタジアムを改装し、その国で最も集客力のあるスポーツに利用できるようにしている場合が多い。

一九九六年のアトランタ大会のメイン・スタジアム「センテニアル・オリンピック・スタジアム」は大会終了後ただちに野球場に改装され、メジャーリーグ（MLB）のアトランタ・ブレーブスの本拠地「ターナー・フィールド」（収容五万〇〇九一人）となった（ブレーブスは二〇一七年から

表3　近代オリンピック・メインスタジアム

開催年	開催都市	スタジアム名	完成	新/既	備考：五輪終了後
1896	アテネ	パナシナイコ	BC566	既存	古代のスタジアム
1900	パリ	ヴァンセンヌ	1884	既存	自転車競技場　サッ
1904	セントルイス	フランシス・フィールド	1904	新設	ワシントン大学所有
1908	ロンドン	ホワイトシティー	1908	新設	陸上，サッカー，ド
1912	ストックホルム	オリンピア	1912	新設	陸上，サッカー等
1920	アントウェルペン	オリンピス	1920	新設	現在サッカー２部リ
1924	パリ	コロンブ	1907	既存	陸上，サッカー，ラ
1928	アムステルダム	オリンピス	1928	新設	自転車，陸上，サッ
1932	ロサンゼルス	コロシアム	1923	既存	大学フットボール
1936	ベルリン	オリンピア	1936	新設	1974，2006W杯で改
1948	ロンドン	ウェンブリー	1923	既存	サッカー協会所有
1952	ヘルシンキ	オリンピック	1938	既存	1983，2005世界陸上
1956	メルボルン	MCG	1854	既存	クリケット場に特設
1960	ローマ	オリンピコ	1953	既存	1987世界陸上　改装
1964	東京	国立競技場	1958	新設	1991世界陸上　サッ
1968	メキシコ市	オリンピコ	1952	既存	UNAM 大学所有
1972	ミュンヘン	オリンピア	1972	新設	サッカー　バイエル
1976	モントリオール	オリンピック	1976	新設	DS　野球場に改装
1980	モスクワ	ルジニキ	1956	既存	2013世界陸上　CL
1984	ロサンゼルス	コロシアム	1923	既存	カレッジフットボー
1988	ソウル	蚕室綜合運動場	1984	新設	サッカー国際試合
1992	バルセロナ	オリンピア	1929	既存	サッカーのエスパニ
1996	アトランタ	センテニアル	1996	新設	DS　野球場に改装
2000	シドニー	ANZ スタジアム	1999	新設	DS　フットボール
2004	アテネ	オリンピック	1982	既存	97世界陸上　サッカ
2008	北京	国家体育場	2008	新設	DS　2015世界陸上
2012	ロンドン	オリンピック	2011	新設	DS　2015ラグビー
2016	リオ	マラカナン	1950	既設	既設のサッカー場

新スタジアム「サントラスト・パーク」に移転の予定）。二〇〇〇年のシドニー大会のメイン・スタジアムは一一万人収容から八万人収容にダウンサイジングしたうえで陸上競技のトラックを撤去し、可動式スタンドを設置して、オーストラリアで人気のある四つのスポーツ（リーグ・ラグビー、ユニオン・ラグビー、サッカー、クリケット）に対応できるスタジアムに生まれ変わり、この国ではラグビーが冬、サッカーとクリケットが夏のスポーツなので、年間を通して活用されている。

二〇一二年のロンドン大会のメイン・スタジアムは、二〇一七年の世界陸上にも使用される予定だが、ダウンサイジング（減築）され、また座席や屋根、照明塔、さらには陸上競技のトラックからピッチの芝生まで全面改装されて、二〇一六年からはサッカーのプレミアリーグ所属のウェストハム・ユナイテッドの本拠地として使用されている。

一方、スポーツ先進国以外の国では、オリンピックのメイン・スタジアムは改装されることなく、そのままの形で維持されているが、多くの場合でほとんど使用されないままになってしまっている。一九八八年のソウル・オリンピックのメイン・スタジアムだった蚕室主競技場は韓国最大のスタジアムだが、二〇〇一年にソウル・ワールドカップ・スタジアムが完成してからはサッカーの試合にほとんど使用されなくなってしまっており、使用頻度が激減したため建物の傷みも激しい（現在はKリーグ・チャレンジ＝二部リーグ所属のソウル・イーランドのホームであり、時折コンサートなどに使用されている）。また、二〇〇八年北京オリンピックのメイン・スタジアム、国家体育場（通称・鳥の巣）も、国家レベルのビッグ・イベントを除いて年間の稼働日はほんの数日というのが現状だ（二〇二二年には、冬季オリンピック北京大会のメイン・スタジアムとして使用される）。

こうしたソウルや北京の現状を考えれば、これから東京に建設される新国立競技場が将来どのように活用されていくのかについても不安を覚えずにはいられない。六万八〇〇〇人収容で、使用料も高いスタジアムで陸上競技が開催されることはほとんどないだろう。しかも、サブトラックが造られないとしたら、集客力のある大規模な陸上競技の大会を開くことは不可能だ。

サッカーの試合もそれほど開かれないのではないか。旧国立競技場はかつて「サッカーの聖地」と呼ばれており、二〇世紀の間はサッカーが開催できる唯一のビッグスタジアムとして多くの試合に使用されていたが、二一世紀に入ってからはワールドカップ予選など日本代表の重要な試合はほとんど、さいたま市の埼玉スタジアムで開催されてきた。理由は、もちろん埼玉スタジアムがサッカー専用だったからだ。

サッカーの試合は上から見下ろすように俯瞰的に見る必要がある。だから、陸上競技のトラックがあってスタンドがピッチから遠いと角度がなくなり、試合が見づらいのである。

ラグビーではゴールラインの後方に「インゴール」と呼ばれるスペース、つまりトライをする時にボールをタッチダウンするスペースが必要となる（二〇一五年にロンドンのオリンピック・スタジアムでラグビーのワールドカップが開催された時には芝生を延長するための工事まで行った）。まして、ラグビーの場合は国立競技場に隣接して秩父宮ラグビー場という立派な専用競技場があり、二〇一九年のラグビー・ワールドカップ開催を機にラグビー場もさらに整備されるはずだ。新国立競技場でラグビーの試合を行う必要はほとんどないのだ。

つまり、新国立競技場は陸上競技にも、サッカーにも、ラグビーにも十分に活用できない施設になってしまう可能性が大きいのである。

新国立競技場が着工された二〇一六年冬になって、オリンピック・パラリンピック終了後の後利用についての検討が始まり、トラックを撤去してサッカー専用とするか、トラックを維持するかが焦点になると報じられている。だが、そうしたことは本来設計の前に議論されるべき問題だったはずだ。

2　日本のスタジアム建設の現状と未来

都市公園法の枠組みの中のスタジアム

日本のスタジアムは歴史的に公園の中に造られてきた。横浜の外国人居留地の「彼我公園」の中に横浜クリケット・クラブのグラウンドができたのが明治の初年。神戸にも居留地在住の外国人のために東遊園地の芝生のグラウンドが造成された。東京で初めての西洋式公園となった日比谷公園にもグラウンドがあって、ラグビーやサッカーの試合にも使用された。そして、一九一四年には都内最大の西洋式公園として明治神宮外苑が造営され、その中に明治神宮外苑競技場が建設された。

阪神電鉄が建設した甲子園野球場のように、野球場は営利企業が建設する例がいくらでもある。静岡県静岡市の草薙運動場の歴史も、一九三〇年に静岡電気鉄道（現在の静岡鉄道）がここに野球場を建設した時にさかのぼる。当時、各地の鉄道会社は利用客増加のため、沿線にスポーツ施設を建設していたのだ。その後、野球場と周辺の土地が静岡電鉄から静岡県に寄付され、県は陸上競技場や庭球場、相撲場などを整備し、一九四一年に総合運動場が竣工した。

一方、野球ほど集客力のない競技用の施設、たとえば陸上競技場（兼サッカー・ラグビー場）は公費を投じて公園内に造られることが多かった。

大阪市が市域を拡大した一九二〇年代に、郊外に広大な公園地を指定。第二次世界大戦後に長居公園となり、長居スタジアムなど多くのスポーツ施設が建設された。一九三〇年代に名古屋市の東部の瑞穂地区の丘陵地帯の開発を担当していた瑞穂耕地整理組合などの三つの団体は、水の便が悪かったため農地開発には消極的になっていた。そんな時にベルリン・オリンピックが開催され、また一九四〇年大会の東京開催が決まったためにスポーツ熱が高まり、名古屋市のスポーツの聖地だった鶴舞公園周辺の地価が高騰。そこで、「公園を整備すれば鶴舞公園のように地価も上がるはず……」という思惑から三団体は公園用地を市に寄付し、これを受けて、名古屋市が「綜合運動場」の建設を決定。一九三七年度から四か年計画で公園と陸上競技場が整備され、太平洋戦争勃発直前の一九四一年二月に瑞穂公園が整備された。施設はかなり老朽化しているが、瑞穂公園は現在でも名古屋市のスポーツの中心的位置を占め、陸上競技場（一九八二年に全面改装。現在の収容力は二万七〇〇〇人）はＪリーグ名古屋グランパスのホームとして使用されている。

瑞穂公園の場合がそうだったように、第二次世界大戦前には空襲に備えた防空緑地を兼ねて多くの公園が整備された。一九四〇年の東京オリンピックのメイン・スタジアムの建設が計画されていた東京の駒沢地区（ゴルフ場跡地）も一九四二年に防空緑地に指定され、戦後になって運動公園となり、さらに一九六四年の東京オリンピック用の諸施設が建設されることになった。

こうして、日本の多くのスタジアムが「公園」の中に建設されていった。一九五六年に施工された「都市公園法」に基づいて設置された公園内にスタジアムを建設すれば、国から補助金も出る。

たとえば、広島市にあるビッグアーチは「広島広域公園陸上競技場」が正式名称だ。広島市が一九九四年に開催した第一二回アジア競技大会のメイン・スタジアムである。それまで東京やテヘラン、北京、ソウルといった各国の首都で国の威信を懸け、国費を投入して開かれてきたアジア大会を、広島のよう

広島ビッグアーチ

な人口約一〇〇万人の地方都市が開催するのは異例のこと。「施設はなるべく既存のものを使う」とされていたが、メイン・スタジアムは新設せざるをえず、広島市は安佐南区と佐伯区にまたがった広域公園を整備し、ここに都市公園法に基づいて陸上競技場や球技場などを建設することを決めた。

予定地の大半は山林地帯で、一九七〇年代には上下水道や道路など施設整備の遅れを理由に広島市が開発の凍結を決めたような地域だった。そのため、一九八六年四月に始まった用地造成は山林の伐採と調整池の建設から始まり、一四〇万立方メートルの土を削って低地に盛り土をして整地する大がかりな工事となり、造成完了だけで三年以上の歳月が必要となった。当初三万人規模という計画だった陸上競技場は五万人規模に変更され、一九九二年一〇月に完成。柿落としの大会として、サッカーのアジアカップが開催され、日本代表が強豪サウジアラビアを破って初優勝を決めた。

都市公園法は、日本の都市部にスポーツ施設、とくに野球場と違って採算を取ることが難しい陸上競技場などを建設するために大きな役割を果たした。ただし、公園法の規定によって敷地面積や建築面積などの上限が設けられているため、公園全体を使っていくつものスタジアムや球技場、体育館をいくつも建設することは難しい。従って、一つのスタジアムを建設して陸上競技とサッカー、ラグビーの兼用とすることが現実的な選択となるのだ。また、公園法によれば、公園内には大規模商業施設やホテルなどを設置することもできないことになっている。たとえば二〇〇二年ワールドカップの時に韓国に建設されたスタジアムの多くは、スタンド下に商店やレストラン、ウェディングホール、サウナ、ホテルといった施設を作って収益を上げているが、公園法に基づいて建設された日本のスタジアムはそのような利用ができないのだ。

都市公園法があったからこそ、都市内に広大な用地を確保し、また国の補助金を得て多くのスタジアムが建設されてきた。だが、スポーツ先進国に見られるような複合施設としてのスタジアムやプロ・スポーツの興行に相応しいスタジアムを建設するには、公園法だけに頼ってはいられないのだ。

新しいスタジアムの姿への試み

都市公園法の枠組みの中でも、各地の自治体で新しい試みがなされている。県や市などが所有するスタジアムの運営を指定管理者に任せることは、今では珍しいことではない。県や市の外郭団体などが指定されることもあるが、競技団体やＪリーグのクラブ、あるいは民間企業などが指定管理者になることも多い。

たとえば、二〇〇二年ワールドカップのために建設された神戸市のウィングスタジアムもそうだ。二〇〇二年ワールドカップの開催地に決まった神戸市は、御崎公園に新スタジアムを建設することを決定した。空襲で焼失した鐘淵紡績の工場跡地が、一九六八年に御崎公園となり、一九七〇年には専用球技場、神戸市立中央球技場がオープン。神戸市はその球技場を改築し、地域活性化のシンボルにしようとしたのだ。

神戸市は「公設民活方式」という方法を採った。設計から施工、運営まで一括した形で事業コンペを行い、完成したスタジアムは所有者である神戸市が民間企業に運営を委託する方式だ。運営主体が設計から運営まで一括してかかわるので無駄を排することができる。そして、入札の結果、神戸製鋼所と大林組のグループが受注し、一九九九年に建設を開始。二〇〇一年一〇月に一次整備が完成してからは、同グループの合弁会社「神戸ウイングスタジアム」が運営を行っている。ワールドカップ終了後にはゴール裏仮設スタンドが撤去され、アルミ製の開閉式屋根が取り付けられた。

このスタジアムは、試合が開催されていない日にも地域住民が利用できるようなさまざまな工夫が凝らされている。南側ゴール裏ピッチレベルにはレストランがあって、試合を見ながら食事ができ、結婚式などにも使われる。レストランのアイディアを出したのは、神戸製鋼ラグビー部総監督（＝元日本代表監督）の平尾誠二だったという。そのほか、スタンド下には研修施設やプール付き会員制スポーツクラブもあり、北側スタンド下は防災倉庫となっており、スタジアムは幅広く市民に活用されている。

神戸ウイングスタジアム

南長野運動公園総合球技場は、二〇一五年に全面改築されたフットボール専用（サッカー、ラグビーに使用）スタジアムだ。スタンド全面が屋根付きだが、南側サイドスタンドは日照を確保するために高さが一二メートルと低くなっており、ほかの三面は連続した「U字型」二層式スタンドで、二〇一六年には愛称も「長野Uスタジアム」と決まった。

南長野運動公園は、総面積二九・七ヘクタールの運動公園で、一九九八年の長野冬季オリンピックでは公園内に建設中の「多目的競技場（野球場）」で開会式が開かれた。当時は二万人収容の内野スタンドに加えて外野部分に三万人収容の仮設席が設置されていたのだ。そして、オリンピック終了後に仮設席を撤去して外野芝生席を建設し、三万五〇〇〇人収容の野球場としてオープン。公募で「長野オリンピックスタジアム」と命名された。オリンピック・スタジアムの後利用という意味では、よく考えられた計画だった。

長野オリンピックスタジアム

運動公園内には二〇〇二年にサッカー・ラグビー場も完成。サッカーの長野パルセイロなどが使用していたが、Ｊリーグ基準を満たすために全面改修が行われ、長野Ｕスタジアムが完成したのだ。

南長野にフットボール専用スタジアムを建設することができたのは、長野市北部にある長野運動公園内にすでに陸上競技場（一九七六年完成。一万七二〇〇人収容）が存在しており、また南長野にプロ仕様の野球場が建設されていたからだった。

二〇一六年には大阪府・吹田市の万博記念公園内に市立吹田サッカースタジアムが完成した。

Ｊリーグの強豪チーム、ガンバ大阪が主体となったスタジアム建設募金団体が寄付金などを集め、建設費約一四〇億円のうち、一〇六億円を企業やサポーターなど個人の寄付で賄った。完成後にはスタジアムを吹田市に寄付。そして、所有者となった吹田市が株式会社ガンバ大阪を指定管理者として契約して、ガンバ大阪が運営管理を行っている。建設段階から完成後の運営まで、すべてガンバ大阪がかかわることで使い勝手の良い専用スタジアムが建設できたのだ。

完成したスタジアムは、サッカー専用でピッチからスタンドが近く、四面すべてのスタンドが屋根に覆われているなど観戦環境が良く、最新式のＬＥＤ照明が採用されたすばらしいスタジアムとなった。売店やトイレなどの施設の不足や交通アクセスなどに問題点があるとしても、民間の寄付によって建設された吹田スタジアムは、今後の日本でのスタジアム建築の一つのモデルとなるのではないだろうか。

ただ、吹田のスタジアムでも公園法の規定によって複合施設化はできていない。スタジアム経営を黒字化させるためには、やはり商業施設などを含む複合施設化が必要だろう。日本のスタジアムの今後の課題である。

吹田スタジアム

そうした意味で注目されるのが、二〇一七年二月に完成した福岡県北九州市の北九州スタジアムだ。総工費九九億円のうち、スポーツ振興くじ（toto）の助成金を除く六九億円は市債を発行して調達して民有地に建設するスタジアムで、サッカーＪリーグのギラヴァンツ北九州のホーム・スタジアムとなり、ラグビーのトップリーグなども開催される。当初は一万五〇〇〇人収容で、将来は海側（東側）のバックスタンドを拡張して二万人とする計画も含まれている。ピッチに近く、四〇度もの傾斜のあるスタンドで観戦条件もすばらしいはずだ。そして、ＪＲ九州の小倉駅から徒歩圏内という好立地を生かして、試合開催日以外にも集客できるように「スタジアムプラザ」、「にぎわいプロムナード」などを設け、飲食店などが入るという。

このスタジアムも、都市型のスタジアム、二一世紀のスタジアムのモデルとなるはずである。

まだまだ不十分な部分が多いにしても、日本のスタジアム事情は確実に改善されてきている。なにしろ、Ｊリーグが始まった一九九二年当時には、野球場を除いて五万人以上を収容できるスタジアムは東京の国立競技場、神戸の神戸総合運動公園ユニバー記念競技場（一九八五年完成。完成当時六万人、現在の収容力四万五〇〇〇人）、そして広島の広域公園陸上競技場の三つしかなかったのだ。大きな球技専用スタジアムは存在しなかった。そのため、陸上競技場であるにも関わらず、国立競技場はＪリーグの試合や国際試合など、サッカーのビッグゲームのほとんどに使用され、まさに「サッカーの聖地」となっていた。

だが、Ｊリーグの定着や二〇〇二年ワールドカップの開催を経て、今では大規模な球技専用スタジアムの建設も進んでいる。

新国立競技場をはじめ、二〇二〇年の東京オリンピックに向けて建設される施設の「後利用」には大きな不安を感じざるを得ないが、無駄な資金をかけないで市民に親しまれるスタジアムを建設しようというさまざまな工夫も行われるようになっているのだ。建設時はもちろん、完成後も維持費が必要なスタジアムという施設。どうせ、それだけの費用をかけるなら、少しでも市民に親しまれ、多くの機会に活用でき、そして、採算が取れるスタジアムを造ってほしいものである。そのためには、小さな工夫の積み重ねとともに、どのようなスタジアムを建設するのかという基本コンセプトをしっかりと打ち出すことが必要だろう。

《著者紹介》

後藤 健生（ごとう・たけお）

1952年 東京生まれ。
慶應義塾大学大学院法学研究科政治学専攻博士課程修了。

現 在 サッカージャーナリスト。元関西大学客員教授。
1964年の東京オリンピックで初めてサッカーを観戦して以来，さまざまな形でサッカーと関わり続けており，現在，サッカー専門誌，スポーツ誌などに寄稿。「スカパー！」ではUEFAチャンピオンズリーグやセリエAなどの解説も務める。

主 著『サッカーの世紀』（文藝春秋，1995）
『世界サッカー紀行』（文藝春秋，1997）
『アジア・サッカー戦記――フランスW杯への長き道』（文藝春秋，1998）
『ヨーロッパ・サッカーの源流へ――プレミア，セリエA，フランスリーグ取材ノートから』（双葉社，2000）
『ワールドカップ――1930-2002』（中央公論新社，2001）
『日本サッカー史――日本代表の90年』（双葉社，2007）
『国立競技場の100年――明治神宮外苑から見る日本の近代スポーツ』（ミネルヴァ書房，2013）
ほか多数。

世界スタジアム物語
――競技場の誕生と紡がれる記憶――

2017年5月20日 初版第1刷発行 〈検印省略〉

定価はカバーに
表示しています

著 者 後 藤 健 生
発行者 杉 田 啓 三
印刷者 坂 本 喜 杏

発行所 株式会社 ミネルヴァ書房
607-8494 京都市山科区日ノ岡堤谷町1
電話代表 (075)581-5191
振替口座 01020-0-8076

 冨山房インターナショナル・藤沢製本

ISBN 978-4-623-07868-4
Printed in Japan

スタジアム索引

凡　例

1．スタジアム名には正式名称を掲げた。「別」は別名や愛称，「旧」は旧スタジアム名，「命」は命名権契約による呼称。また，ローマ文字（キリル文字を含む）または漢字，ハングル等で原語での表記も掲げた。「/」の後にラテン文字への翻字を示した場合もある。

2．所在地は原語表記で示したが，ラテン文字か漢字を使用した。

3．完成は，原則として最初のイベント（開場式，試合，コンサート等）が行われた日付とした。竣工日とは異なる。全面改築や大規模改修が行われた場合は，完成後初めてのイベント日も示した。

4．収容人員は改築や安全基準の改正（たとえば全座席化）などによって大きく変わる。また，収容人員は競技によって変わることもある。現存のスタジアムの場合，原則として現在のスポーツイベント時の収容人員を示したが，資料によって数字は微妙に違うのであくまでも目安としてご覧いただきたい。また，すでに取り壊されたスタジアムの場合，解体直前の収容人員としたが，例外的に完成時の数字を示した場合もある。

5．ホームクラブは，現存のスタジアムの場合は原則として現在ホームとして使用しているクラブのみ。取り壊されたスタジアムの場合は主なクラブを示した。

6．配列は各国毎に完成年の古い順。西欧→南欧→東欧→北欧→南米→オセアニア→アジア→日本の順に並べた。

西　欧

イングランド（ENGLAND）

ローズ・クリケット・グラウンド（Lord's Cricket Ground）

• 所在地：St John's Wood, London（ロンドン）

• 完成：1814年　• 収容人員：28,000人　• ホームクラブ：メリルボーン・クリケットクラブ，ミドルセックス　pp. 12，13

スタンフォード・ブリッジ（Stamford Bridge）

• 所在地：Fulham Road, Fulham, London SW6 1HS（ロンドン）　• 開場：

1877年４月28日　• サッカー場としての完成：1905年９月４日　• 収容人員：41,798人　• ホームクラブ：チェルシー FC　pp. 91–93, 95

ヴァレー・パレード（Valley Parade）

• 命：ノーザン・コマーシャルズ・スタジアム（Northern Commercials Stadium）　• 所在地：Valley Parade, Bradford, West Yorkshire BD8 7DY（ブラッドフォード）　• 完成：1886年９月27日　• 収容人員：25,136人

• ホームクラブ：ブラッドフォード・シティー　pp. 221, 224

グディソン・パーク（Goodison Park）

• 所在地：Goodison Road, Walton, Liverpool L4 4EL（リバプール）　• 完成：1892年８月24日　• 収容人員：39,572人　• ホームクラブ：エバートン FC　pp. 93, 94

クレーヴン・コテージ（Craven Cottage）

• 所在地：Stevenage Road, London SW6 6HH（ロンドン）　• 完成：1896年10月10日　• 収容人員：25,700人　• ホームクラブ：フルアム FC　pp. 90–93, 195

ヴィラ・パーク（Villa Park）

• 所在地：Trinity Road, Birmingham B6 6HE（バーミンガム）　• 完成：1897年４月17日　• 収容人員：42,682人

• ホームクラブ：アストン・ヴィラ FC　pp. 182, 218, 219

ローカー・パーク（Roker Park）

• 所在地：2–3 Grantham Rd, Sunderland SR6 9SN（サンダーランド）　• 完成：1898年９月10日　• 閉鎖：1997年　• 解体：1998年　• 収容人員：22,500人（閉鎖時）　• ホームクラブ：サンダーランド AFC　pp. 197, 198

ヒルズボロ・スタジアム（Hillsborough Stadium）

• 所在地：Owlerton, Sheffield S6 1SW（シェフィールド）　• 完成：1899年９月２日　• 収容人員：39,732人　• ホームクラブ：シェフィールド・ウェンズデー　pp. 112–114, 221, 228, 229

エアーサム・パーク（Ayresome Park）

• 所在地：Ayresome Park Road, Middlesbrough（ミドルスブラ）　• 完成：1903年　• 閉鎖：1995年　• 解体：1997年　• 収容人員：26,667人　• ホームクラブ：ミドルスブラ FC　pp. 196, 197

セント・アンドリュース（St Andrew's）

•所在地：St. Andrew's Stadium, Birmingham B9 4RL（バーミンガム） •完成：1906年12月26日 •収容人員：30,016人 •ホームクラブ：バーミンガム・シティー FC p. 183

ホワイトシティー・スタジアム（White City Stadium）

•所在地：White City, London（ロンドン） •完成：1908年4月28日 •閉鎖：1984年 •解体：1985年 •収容人員：93,000人 •ホームクラブ：なし pp. 8-10, 27, 47, 255

オールド・トラフォード（Old Trafford）

•所在地：Sir Matt Busby Way, Old Trafford, Manchester M16 0RA（マンチェスター） •完成：1910年2月19日 •収容人員：75,765人 •ホームクラブ：マンチェスター・ユナイテッド FC pp. 17, 19、30, 60, 181-183, 230

アーセナル・スタジアム（Arsenal Stadium）

•別：ハイバリー（Highbury） •所在地：Avenell Road, Highbury, London N5 1BU（ロンドン） •完成：1913年9月6日 •閉鎖：2006年5月7日 •収容人員：38,419人（閉鎖時） •ホームクラブ：アーセナル FC p. 193

ウェンブリー・スタジアム（Wembley Stadium）

•所在地：Empire Way, Wembley, Middlesex HA9 0DS（ウェンブリー） •完成：1923年4月28日 •解体：2002年 •新スタジアム完成：2007年5月19日 •収容人員：90,000人 •ホームクラブ：なし pp. 17, 29-32, 99, 230, 255

▍スコットランド（SCOTLAND）

セルティック・パーク（Celtic Park）

•所在地：95 Kerrydale St, Glasgow G40 3RE（グラスゴー） •完成：1892年8月20日 •収容人員：60,411人 •ホームクラブ：セルティック FC pp. 95, 96, 216, 217

アイブロックス・スタジアム（Ibrox Stadium）

•旧：アイブロックス・パーク（Ibrox Park） •所在地：150 Edmiston Drive, Ibrox, Glasgow G51 2XD（グラスゴー） •完成：1899年12月30日 •収容人員：50,947人 •ホームクラブ：レンジャーズ FC pp. 91, 95, 96, 196, 216-221, 231

ハンプデン・パーク（Hampden Park）

• 所在地：Hampden Park, Glasgow, G42 9BA（グラスゴー） • 完成：1903年10月31日 • 改修：1999年5月 • 収容人員：51,866人 • ホームクラブ：クイーンズパーク FC pp. 96, 97, 217

■フランス（FRANCE）

パルク・デ・プランス（Le Parc des Princes）

• 所在地：23 rue du Commandant Guilbaud, 75016 Paris（パリ） • 完成：1897年7月18日 • 第二次改築：1972年6月4日 • 収容人員：48,527人 • ホームクラブ：パリ・サンジェルマン FC pp. 26, 85, 86, 107, 119, 120, 122

スタッド・オランピーク・イヴ・ドゥ・マノワール（Stade Olympique Yves-du-Manoir）

• 旧：スタッド・ドゥ・マタン，スタッド・ド・コロンブ（Stade du Matin, Stade de Colombes） • 所在地：12 rue François Faber, 92700 Colombes（コロンブ） • 完成：1907年 • 収容人員：14,000人 • ホームクラブ ラシン・クルブ・ド・フランス・コロンブ92（サッカー），ラシン・メトロ92（ラグビー） pp. 24, 25, 47, 255

スタッド・ド・ジェルラン（Stade de Gerland）

• 所在地：393 Avenue Jean-Jaurès, 69007 Lyon（リヨン） • 完成：1920年 • 収容人員：41,842人 • ホームクラブ：オランピーク・リヨネ（2015年まで） pp. 110, 111

スタッド・ジャック・シャバンデルマス（Stade Jacques-Chaban-Delmas）

• 旧：パルク・ド・レスキュール（Parc de Lescure） • 所在地：Place Johnston, 33000 Bordeaux（ボルドー） • 完成：1924年3月30日 • 収容人員：34,694人 • ホームクラブ：FC ジロンダン・ボルドー（2015年まで） pp. 108-110, 112

スタッド・ド・フランス（Stade de France）

• 所在地：ZAC du Cornillon Nord, 93200 Saint Denis（サンドニ） • 完成：1998年1月28日 • 収容人員：81,338人 • ホームクラブ：スタッド・フランセ，ラシン・メトロ（ラグビー） pp. 85, 121-123, 234

■モナコ（MONACO）

スタッド・ルイ・ドゥー（Stade Luis-II）

・所在地：7 Avenue des Castelans, 98000 Monaco（モナコ） ・完成：1985年1月25日 ・収容人員：18,523人 ・ホームクラブ：AS モナコ pp. 131, 132, 240

■スイス（SCHWEIZ/SUISSE）

ザンクトヤコブ・パルク（St. Jacob Park）

・所在地： Sankt-Jakobs-Straße 395, CH-4052 Basel（バーセル） ・完成：2001年3月15日 ・収容人員：38,512人 ・ホームクラブ：FC バーゼル p. 241

■ベルギー（BELGIË/BELGIQUE）

オリンピス・スタディオン（Olympisch Stadion）

・所在地：Atletenstraat 80, 2020 Antwerpen（アントウェルペン） ・完成：1920年 ・収容人員：12,771人 ・ホームクラブ：FCO ベールスホット・ウィルレイク pp. 23, 24, 255

ボードワン国王スタジアム（Stade Roi Baudoin / Koning Boudewijnstadion）

・旧：スタッド・ドゥ・サンテネール，スタッド・ドゥ・エゼル（Stade du Centenaire, Stade du Heysel） ・所在地：Marathonlaan 135/2, 1020 Brussel（ブリュッセル） ・完成：1930年8月23日 ・収容人員：50,093人 pp. 221, 225, 226, 227

■オランダ（NEDERLAND）

オリンピス・スタディオン（Olympisch Stadion）

・所在地：Olympisch Stadion 2, 1076 DE Amsterdam（アムステルダム）
・完成：1928年5月17日 ・収容人員：22,288人 pp. 26-28, 127, 255

スタディオン・ハルヘンヴァールト（Stadion Galgenwaard）

・所在地：Herculesplein 241, 3584 AA Utrecht（ユトレヒト） ・完成：1982年8月21日 ・収容人員：23,750人 ・ホームクラブ：FC ユトレヒト pp. 239, 240

アムステルダム・アレナ（Amsterdam ArenA）

•所在地：ArenA Boulevard 1, 1100 DL Amsterdam（アムステルダム） •完成：1996年8月14日 •収容人員：53,052人 •ホームクラブ：AFC アヤックス pp. 28, 126, 127

ヘルレドーム（Gelredome）

•所在地：Batavierenweg 25, 6841 HN Arnhem（アーネム） •完成：1998年3月25日 •収容人員：21,248人 •ホームクラブ：フィテッセ p. 137

スウェーデン（SVERIGE）

ストックホルム・スタディオン（Stockholms Stadion）

•所在地：Lidingövägen 114 33, Stockholm（ストックホルム） •完成：1912年 •収容人員：14,417人 •ホームクラブ：ユールゴルデン IF pp. 19, 20, 99

ローズンダ・スタディオン（Råsunda Fotbollsstadion）

•所在地：Solnavägen 51, Solna（ソルナ） •完成：1937年5月17日 •収容人員：36,608人 •ホームクラブ：AIK ソルナ pp. 240, 241

ドイツ（DEUTSCHLAND）

ルドルフ・ハルビッヒシュタディオン（Rudolf-Harbig-Stadion）

•命：グリュックスガス・シュタディオン（Glücksgas Stadion） •所在地：Lennéstraße 12, 01069 Dresden（ドレスデン） •完成：1874年3月18日，1923年6月16日 •改修：2009年9月15日 •収容人員：32,085人 •ホームクラブ：1.FC ディナモ・ドレスデン pp. 183, 184

ドイッチェシュタディオン（Deutsches Stadion）

•所在地：Grunenald, Berlin（ベルリン） •完成：1913年6月8日 •閉鎖：1934年 •収容人員：64,000人 pp. 148, 149

ヘルタプラッツ（Herthaplatz Stadion am Gesundbrunnen）

•別：プルンペ（Plumpe） •所在地：Gesundbrunnen, Berlin（ベルリン） •完成：1924年2月9日 •閉鎖：1974年 •収容人員：35,239人 •ホームクラブ：ヘルタ BSC pp. 151, 200-202

ヴァルトシュタディオン（Waldstadion）

•命：コメルツバンク・アレーナ（Commerzbank-Arena） •所在地：

Mörfelder Landstraße 362, 60528 Frankfurt am Main（フランクフルト） •完成：1925年５月21日 •収容人員：52,300人 •ホームクラブ：アイントラハト・フランクフルト　p. 235

オリンピアシュタディオン（Olympiastadion, Berlin）

•所在地：Olympischer Platz 3, 14053 Berlin（ベルリン） •完成：1936年 •収容人員：74,649人 •ホームクラブ：ヘルタ BSC　pp. 148-152, 183, 189, 191, 201, 235, 255

オリンピアシュタディオン（Olympiastadion, München）

•所在地：Spiridon-Louis-Ring 27, 80809 München（ミュンヘン） •完成：1972年５月26日 •収容人員：69,250人 •ホームクラブ：バイエルン・ミュンヘン，1860ミュンヘン　pp. 81, 82, 118, 119, 235, 253, 255

ヴェストファーレンシュタディオン（Westfalenstadion）

•命：ジグナルイドゥーナパルク（Signal Iduna Park） •所在地：Strobelallee 50, 44139 Dortmund（ドルムント） •完成：1974年４月２日 •収容人員：80,552人 •ホームクラブ：ボルシア・ドルトムント　pp. 220, 235-237

アレーナ・アウフシャルケ（Arena AufSchalke）

•命：フェルティンス・アレーナ（Veltins-Arena） •所在地：Ernst-Kuzorra-Weg 1,45891 Gelsenkirchen（ゲルゼンキルヘン） •完成：2001年８月13日 •収容人員：61,973人 •ホームクラブ：シャルケ04　p. 138

南　欧

イタリア（ITALIA）

フラヴィウス円形闘技場（Amphitheatrum Flavium）

•別：コロセウム（Colosseum） •所在地：Piazza del Colosseo, 1, 00184 Roma（ローマ） •完成：80年 •収容人員：約50,000人　pp. 4, 5

スタディオ・ナツィオナーレ（Stadio Nazionale）

•別：スタディオ PNF（Stadio PNF） •所在地：Via Flaminia, Roma（ローマ） •完成：1911年６月10日 •閉鎖：1953年 •解体：1957年７月 •収容人員：47,300人 •ホームクラブ：SS ラツィオ，AS ローマ，ラグビー・ローマ　pp. 101, 102, 145

スタディオ・ジュゼッペ・メアッツァ（Stadio Giuseppe Meazza）
•別：サンシーロ（San Siro）　•所在地：Via dei Piccolomini 5, 20151 Milano（ミラノ）　•完成：1926年９月19日　•収容人員：81,277人　•ホームクラブ：AC ミラン，FC インテルナツィオナーレ　p. 6，105，106，252

スタディオ・レナート・ダッラーラ（Stadio Renato Dall'Ara）
•旧：スタディオ・リットリアーレ，スタディオ・コムナーレ（Stadio Littoriale, Stadio Comunale）　•所在地：Via Andrea Costa, 174, Bologna（ボローニャ）　•完成：1927年５月29日　•収容人員：38,279人　•ホームクラブ：ボローニャ FC 1909　pp. 105，143，144

スタディオ・アルテミオ・フランキ（Stadio Artemio Franchi）
•旧：スタディオ・ジョヴァンニ・ベルタ，スタディオ・コムナーレ（Stadio Giovanni Berta，Stadio Comunale）　•所在地：Viale Manfredo Fanti 4, 50137 Firenze（フィレンツェ）　•完成：1931年９月13日　•収容人員：43,147人　•ホームクラブ：ACF フィオレンティーナ　pp. 103，104，112，142

スタディオ・オリンピコ（Stadio Olimpico）
•所在地：Via Foro Italico, 00194, Roma（ローマ）　•完成：1953年５月17日　•収容人員：72,698人　•ホームクラブ　AS ローマ，SS ラツィオ　pp. 146，147，255

スタディオ・フラミニオ（Stadio Flaminio）
•所在地：Viale dello Stadio Flaminio, Roma（ローマ）　•完成：1959年３月19日　•収容人員：30,000人　•ホームクラブ：ラグビー・ローマ，カピトリーナ，ロディジャーニ，アトレティコ・ローマ，マーリンズ・ラツィオ　p. 147

スペイン（ESPAÑA）

メスタージャ（Mestalla, Camp del València）
•旧：エスタディオ・ルイス・カサノバ（Estadio Luis Casanova）　•所在地：Avenida de Suecia s/n. 46010 Valencia（バレンシア）　•完成：1923年５月20日　•収容人員：54,000人　•ホームクラブ：バレンシア CF　pp. 170，171

エスタディオ・サンティアゴ・ベルナベウ（Estadio Santiago Bernabéu）
•旧：ヌエボ・エステディオ・チャマルティン　•所在地：Avenida de Concha Espina 1, 28036 Madrid（マドリード）　•完成：1947年12月14日　•収容人員：81,044人　•ホームクラブ：レアル・マドリード CF　pp. 59-63，170

エスタディオ・ラモン・サンチェス・ピスフアン（Estadio Ramón Sánchez-Pizjuán）
•所在地：Calle Sevilla Fútbol Club s/n, 41005 Sevilla（セビージャ） •完成：1958年9月7日 •収容人員：45,500人 •ホームクラブ セビージャFC p. 172

エスタディオ・ビセンテ・カルデロン（Estadio Vicente Calderón）
•所在地：Paseo Virgen del Puerto, 67, 28005 Madrid（マドリード） •完成：1966年10月2日 •収容人員：54,851人 •ホームクラブ：アトレティコ・マドリード pp. 83, 84

■ポルトガル（PORTUGAL）

エスタディオ・ダス・アンタス（Estádio das Antas）
•所在地：Avenida Fernão de Magalhães, Porto（ポルト） •完成：1952年5月28日 •解体：2004年3月 •収容人員：55,000人 •ホームクラブ：FCポルト pp. 199, 200

エスタディオ・ド・ドラガオン（Estádio do Dorgão）
•所在地：Via Futebol Clube do Porto, 4350-415 Porto（ポルト） •完成：2003年11月16日 •収容人員：52,339人 •ホームクラブ：FCポルト p. 200

東　欧

■ポーランド（POLSKA）

スタディオン・オリンピスキ（Stadion Olimpijski）
•旧：シュポルトパルク・レアーボイテル，ヘルマン・ゲーリング・シュタディオン（Sportpark Leerbeutel, Hermann Göring Stadion） •所在地：al. Ignacego Jana Paderewskiego 35, 51-612 Wrocław（ヴロツワフ） •完成：1928年 •収容人員：35,000人 pp. 177, 178

10周年スタジアム（Stadion Dziesięciolecia Manifestu Lipcowego）
•所在地：Aleja Ks. J. Poniatowskiego 1,03-901 Warszawa（ワルシャワ）
•完成：1955年7月22日 •閉鎖：2008年9月6日 •収容人員：71,008人
•ホームクラブ：グヴァルディア・ワルシャワ，レギア・ワルシャワ，ポロニア・ワルシャワ pp. 158, 159

スタディオン・ナロドヴィー（Stadion Narodowy）

・命：PGE ナロドヴィー（PGE Narodowy）（ワルシャワ・ナショナル・スタジアム）　・所在地：Aleja Ks. J. Poniatowskiego 1,03-901 Warszawa（ワルシャワ）　・完成：2012年1月29日　・収容人員：58,500人　・ホームクラブ：レギア・ワルシャワ，ポロニア（ともに予定）　p. 157

■ブルガリア（БЪЛГАРИЯ/BULGARIJA）

ヴァシル・レフスキ国立競技場（Национален Стадион Васил Левски / Nationalen Stadion Vasil Levski）

・所在地：38 Bulevard Evlogi i Hristo Georgiev, Sofiya 1000（ソフィア）　・完成：1953年　・収容人員：43,230人　・ホームクラブ：なし　pp. 159, 160

■ギリシャ（ΕΛΛάζ/ELLÁS）

パナシナイコ・スタディオン（Παναθηναϊκό Στάδιο / Panathinaiko Stadio）

・所在地：Leof. Vasileos Konstantinou, Athina 116 35（アテネ）　・完成：紀元前566年　・再建：紀元前329年（大理石により再建）　・拡張：1869年　・収容能力：80,000人（1896年），45,000人（現在）　pp. 2, 3, 255

スタディオ・ゲオルギオス・カライスカキス（Σταδιο Γεώργιος Καραϊσκάκης / Stadeio Georgios Karaiskakis）

・旧：ネオ・ファイロ・ヴェロドローム（Neo Phaliron Velodrome）　・所在地：Possidonos Avenue, 185 47 Neo Faliro, Piraeus（ピレウス）　・完成：1896年　・改築完成：2004年6月30日　・収容人員：33,296人　・ホームクラブ：オリンピアコス CFP　p. 70

■ロシア（РОССИЯ/RUSSIA）

スタディオン・ルジニキ（Стадион Лужники / Stadio Luzhniki）

・旧：チェントラルニ・スタディオン・レニーナ（Арена Центрального Стадиона имени В. И. Ленина）（レーニン中央スタジアム）

・所在地：ul. Luzhniki, 24, Moskwa（モスクワ）　・完成：1956年7月31日

・収容人員：84,745人　・ホームクラブ：スパルタク・モスクワ　トルペド・モスクワ　pp. 153-155, 220, 221, 223, 255

■ウクライナ（УКРАЇНА/UKRAINE）

NSK オリンピスキ（НСК Олiмпiйський/ NSC Olimpiyskiy）

•旧：レフ・トロツキー赤色スタジアム，レプブリカンスキイ・スタディオン（Червоному Стадіон м. Л. Троцького, Республіканський Стадіон）等　•所在地：Velyka Vasylkivska St, 55, Kiev（キエフ）　•完成：1923年８月12日　•改装：2011年10月　•収容人員：70,050人　•ホームクラブ：FK アルセナル・キエフ　FK ディナモ・キエフ（ビッグゲームのみ）　pp. 156, 157, 174

ドンバス・アレーナ（Донбас Арена/ Donbas Arena）

•所在地：Chelyuskintsev St., 189E, Donetsk 83048（ドネーツク）　•完成：2009年８月29日　•収容人員：51,504人　•ホームクラブ：シャフタール・ドネーツク　pp. 179, 180

北　米

■アメリカ合衆国（U. S. A.）

フランシス・フィールド（Francis Field）

•所在地：St. Louis, Missouri（セントルイス）　•完成：1904年　•収容人員：19,000人（現在は4,000人）　•ホームクラブ：ワシントン大学ベアーズ　pp. 9, 255

ヤンキー・スタジアム（Yankee Stadium）

•所在地：161st Street and River Avenue, Bronx, New York 10451（ニューヨーク）　•完成：1923年４月18日　•閉鎖：2008年９月21日　•収容人員：58,000人（1923年）　•ホームクラブ：ニューヨーク・ヤンキース　pp. 32–35, 41, 45, 99, 233

ロサンゼルス・メモリアル・コロシアム（Los Angeles Memorial Coliseum）

•所在地：3911 South Figueroa Street, Los Angeles, California 90037（ロサンゼルス）　•完成：1923年５月１日　•収容人員：76,000人（1923年），92,516人（現在）　•ホームクラブ：USC トロージャンズ　pp. 35–38, 41, 253, 255

アストロドーム（Astrodome）

•命：NRG アストロドーム（NRG Astrodome）　•旧：ハリス郡ドーム・スタジアム（Harris County Domed Stadium）　•所在地：8400 Kirby Drive,

Houston, Texas 77054（ヒューストン） •完成：1965年4月9日 •閉鎖：2008年 •収容人員：54,816人 •ホームクラブ：ヒューストン・アストロズ，ヒューストン・オイラーズ pp. 132, 133

ポンティアック・シルバードーム（Pontiac Silverdome）

•所在地：1200 Featherstone Rd, Pontiac, Michigan 48342（ポンティアック） •完成：1975年8月23日 •閉鎖：2006年2月（その後，一時使用され2013年に最終的に閉鎖） •収容人員：80,311人 •ホームクラブ：デトロイト・ライオンズ pp. 134, 135

ユニバーシティ・オブ・フェニックス・スタジアム（University of Phoenix Stadium）

•所在地：1 Cardinals Drive, Glendale, Arizona 85305（グレンデール） •完成：2006年8月1日 •収容人員：63,400人 •ホームクラブ：アリゾナ・カーディナルス p. 139

ブラジル（BRASIL）

エスタジオ・ムニシパウ・パウロ・マシャド・ジ・カルヴァーリョ（Estádio Municipal Paulo Machado de Carvalho）

•別：エスタジオ・ド・パカエンブー（Estádio do Pacaembu） •所在地：Praça Charles Miller, Pacaembu, São Paulo 01234-010（サンパウロ） •完成：1940年4月27日 •収容人員：40,199人 •ホームクラブ：なし pp. 101, 102, 112

エスタジオ・ジョルナリスタ・マリオ・フィーリョ（Estádio Jornalista Mário Filho）

•別：マラカナン（Maracanã） •所在地：Rua Professor Eurico Rabelo, Maracanã, Rio de Janeiro 20271-150（リオデジャネイロ） •完成：1950年6月16日 •収容人員：78,838人 •ホームクラブ：フラメンゴ，フルミネンセ，ボタフォゴ pp. 114-117, 252, 255

エスタジオ・ゴヴェルナドール・マガリャエス・ピント（Estádio Governador Magalhães Pinto）

•別：ミネイロン（Mineirão） •所在地：Av. Antônio Abrahão Caran, 1001 - São José, Pampulha, Belo Horizonte 31275-00（ベロホリゾンテ） •完成：1965年9月5日 •改修：2012年12月21日 •収容人員：62,547人 •ホームクラ

ブ：クルゼイロ　pp. 116, 117

■アルゼンチン（ARGENTINA）

エスタディオ・リカルド・エチェベリ（Estadio Arquitecto Ricardo Etcheverri）

•所在地：Avellaneda 1240, Buenos Aires（ブエノスアイレス）　•完成：1905年1月2日　•収容人員：8,300人　・ホームクラブ：フェロカリル・オエステ　p. 69

■ウルグアイ（URUGUAY）

エスタディオ・センテナリオ（Estadio Centenario）

•所在地：Av Dr. Americo Ricaldoni, Montevideo 11400（モンテビデオ）　•完成：1930年7月18日　•収容人員：65,235人　•ホームクラブ：ペニャロール　pp. 39-41, 99

■チ　リ（CHILE）

エスタディオ・ナシオナル・フリオ・マルティネス・プラダノス（Estadio Nacional Julio Martínez Prádanos）

•所在地：Av. Grecia 2001, Ñuñoa, Santiago（サンティアゴ）　•完成：1938年12月3日　•収容人員：48,665人　•ホームクラブ：ウニベルシダー・デ・チレ　pp. 188-190

■ペルー（PERÚ）

エスタディオ・ナシオナル（Estadio Nacional）

•所在地：Jose Diaz s/n, Distrito de Lima 15046（リマ）　•完成：1952年10月27日　•収容人員：50,000人　•ホームクラブ：なし　pp. 219-221

オセアニア

■オーストラリア（AUSTRALIA）

メルボルン・クリケット・グラウンド（Melbourne Cricket Ground：MCG）

•所在地：Brunton Avenue, Richmond, VIC 3002（メルボルン）　•完成：

1854年9月30日　•収容人員：100,024人　•ホームクラブ：ビクトリアン・ブッシュレンジャーズ，メルボルン・スターズ（以上クリケット），コリングウッド，ホーソーン，メルボルン，リッチモンド（以上オーストラリアン・フットボール）　pp. 1，2，13-15，255

スタジアム・オーストラリア（Stadium Australia）

•命：テルストラ・スタジアム，ANZ スタジアム（Telstra Stadium，ANZ Stadium）　•所在地： Edwin Flack Avenue, Sydney Olympic Park, NSW 2127（シドニー）　•完成：1999年3月6日　•収容人員：83,500人　•主なホームクラブ：NSW ブルーズ，サウス・シドニー・ラビトース，カンタベリー・バンクスタウン・ブルドッグス（以上ラグビー・リーグ），シドニー・スワンズ（オーストラリアン・フットボール），シドニー・サンダー（クリケット），ウェスタン・シドニー・ワンダラーズ（サッカー）　pp. 15，49，50，255

アジア

韓　国（KOREA/대한민국）

東大門運動場（동대문운동장）

•旧：ソウル運動場（서울운동장）　•所在地：ソウル特別市中区乙支路7街1　•完成：1925年10月15日　•閉鎖：2003年　•解体：2008年3月　•収容人員：22,706人　pp. 202-204，205，243

ソウルオリンピック主競技場（서울올람픽주경기장）

•旧：蚕室綜合運動場オリンピック主競技場（잠실종합운동장올림픽주경기장）　•所在地：大韓民国ソウル特別市松坡区オリンピック路10　•完成：1984年9月29日　•収容人員：69,950人　•ホームクラブ：ソウル・イーランドFC　pp. 121，122，255，256

北朝鮮（D. P. R. K./조선）

金日成競技場（김일성경기장）

•旧：箕林里公設運動場，平壌公設運動場，牡丹峰競技場　•所在地：平壌直轄市中区域牡丹峰　•完成：1926年9月24日　•改築：1984年4月15日　•収容人員：50,000人　•ホームクラブ：牡丹峰体育団，平壌市体育団　pp. 164-166

綾羅島5月1日競技場（릉라도5월1일경기장/ Rungrado May Day Stadium）

•別：メーデー・スタジアム　•所在地：平壌直轄市中区域綾羅島　•完成：1989年5月1日　•収容人員：150,000人　pp. 165, 166

中　国（CHINA）

工人体育場（Gōngrén Tǐyùchǎng / Workers' Stadium）

•所在地：北京市朝陽区工人体育場北路　•完成：1959年8月31日
•収容人員：66,161人　•ホームクラブ：北京国安　pp. 63–65

シンガポール（SINGAPORE）

ナショナル・スタジアム（National Stadium）

•所在地：1 Stadium Drive, Singapore 397629（シンガポール）　•完成：2014年6月30日　•収容人員：55,000人（サッカー・ラグビー），52,000人（クリケット），50,000人（陸上競技）　pp. 82, 129

イラン（ĪRĀN）

エスタディヨム・アザーディー（Estadiyom Azadi）

•旧：アリヤメール・スタジアム（Estadiyom Aryamehr）　•所在地：Bolvar-e-Gharbi-ye-Estadiyom-e-Azadi, Tehran（テヘラン）　•完成：1971年10月18日　•収容人員：84,412人　•ホームクラブ：エステグラル，ペルセポリス（ピルーズィー）　p. 161

サウジアラビア（SAUDI ARABIA）

キング・ファハド・インターナショナル・スタジアム（King Fahd International Stadium）

•所在地：Ashaikh Jaber Alahmed Alsabah, Al Riyadh 13233（リヤド）　•完成：1987年　•収容人員：68,752人　•ホームクラブ：アルヒラル，アルナスル，アルシャバブ　pp. 63, 123–125

日　本

東遊園地

•所在地：兵庫県神戸市中央区加納町6丁目　•完成：1868年　•収容人員：

スタンドなし　pp. 205-207, 258

横浜公園

・所在地：神奈川県横浜市中区横浜公園　・完成：1876年9月　pp. 53, 208, 258

日比谷公園

・所在地：東京都千代田区日比谷公園　・完成：1903年6月1日（仮開園）pp. 46, 77, 208-210, 258

大阪市立運動場

・所在地：大阪府大阪市港区田中3-1-40　・完成：1923年4月1日　・改修：1951年7月16日　・供用停止：1959年10月31日　・収容人員：27,000人（最大時）　pp. 211-213

阪神甲子園球場

・所在地：兵庫県西宮市甲子園町1番82号　・完成：1924年8月1日　・収容人員：47,508人　・ホームクラブ：阪神タイガース　pp. 42-46, 51, 211, 233, 258

明治神宮外苑競技場

・所在地：東京市四谷区霞ヶ丘町（完成当時）　・完成：1924年10月25日

・解体：1957年1月10日　・収容人員：35,000人　pp. 20, 46-48, 74, 76, 77, 99, 101, 102, 130, 184, 185, 211, 247, 250, 258

甲子園南運動場

・所在地：兵庫県西宮市南甲子園一丁目　・完成：1929年8月26日　・閉鎖：1943年　・収容人員：20,000人　p. 45

名古屋市瑞穂公園陸上競技場

・命：パロマ瑞穂スタジアム　・所在地：愛知県名古屋市瑞穂区山下通5-1

・完成：1941年2月　・全面改築：1982年3月　・収容人員：27,000人

・ホームクラブ：名古屋グランパス　p. 259

大阪スタヂアム

・別：大阪球場　・所在地：大阪府大阪市浪速区難波中二丁目8-110　・完成：1950年9月12日　・閉鎖：1998年11月　・収容人員：31,379人　・ホームクラブ：南海ホークス，近鉄パールス　p. 211

国立霞ヶ丘陸上競技場

・別：国立競技場　・所在地：東京都新宿区霞ヶ丘町3-10　・完成：1958年3

月30日　•解体：2015年　•収容人員：54,224人　pp. 245-249

さいたま市大宮公園サッカー場

•命：NACK 5 スタジアム大宮　•所在地：埼玉県さいたま市大宮区高鼻町 4 丁目　•完成：1960年 4 月改修：2007年11月11日　•収容人員：15,300人　•ホームクラブ：大宮アルディージャ　p. 54

大阪市立長居陸上競技場

•別：長居スタジアム　•命：ヤンマースタジアム長居　•所在地：大阪市東住吉区長居公園 1-1　•完成：1964年10月20日　•全面改築：1996年 6 月　•収容人員：47,816人　•ホームクラブ：セレッソ大阪　pp. 65-67, 258

等々力陸上競技場

•所在地：神奈川県川崎市中原区等々力 1-1　•完成：1966年　•収容人員：26,530人　•ホームクラブ：川崎フロンターレ　pp. 58, 59

国立西が丘サッカー場

•命：味の素フィールド西が丘　•所在地：東京都北区西が丘 3-15-1　•完成：1972年 7 月22日　•収容人員：7,258人　•ホームクラブ：なし　pp. 78, 79, 87

神戸市立中央球技場

•所在地：兵庫県神戸市兵庫区御崎町　•完成：1970年 4 月　•解体：2000年　•収容人員：20,100人　•ホームクラブ：ヤンマーディーゼル　pp. 86, 261

横浜スタジアム

•所在地：神奈川県横浜市中区横浜公園無番地　•完成：1978年 4 月　•収容人員：30,234人　•ホームクラブ：横浜 DeNA ベイスターズ　pp. 53, 208

平塚競技場

•命：Shonan BMWスタジアム平塚　•所在地：神奈川県平塚市大原 1-1　•完成：1987年 3 月　•改修：1994年 2 月　•収容人員：15,200人　•ホームクラブ：湘南ベルマーレ　pp. 80

東京ドーム

•所在地：東京都文京区後楽 1-3-16　•完成：1988年 3 月18日　•収容人員：45,600人　•ホームクラブ：読売ジャイアンツ　pp. 133, 134

広島広域公園陸上競技場

•別：広島ビッグアーチ　•命：エディオンスタジアム広島　•所在地：広島県広島市安佐南区大塚西 5-1-1　•完成：1992年10月18日　•収容人員：

50,000人　•ホームクラブ：サンフレッチェ広島　pp. 259, 260

大阪市中央体育館

•所在地：大阪府大阪市港区田中 3-1-40　•完成：1996年 3 月　•収容人員：10,000人　p. 213

鳥栖スタジアム

•命：ベストアメニティー・スタジアム　•所在地：佐賀県鳥栖市京町812　•完成：1996年 6 月16日　•収容人員：24,490人　•ホームクラブ：サガン鳥栖　pp. 71-74

静岡県草薙総合運動場陸上競技場

•所在地：静岡県静岡市駿河区栗原 19-1　•完成：1996年 6 月16日　•収容人員：28,000人　•ホームクラブ：なし　p. 258

横浜国際総合競技場

•命：日産スタジアム　•所在地：神奈川県横浜市港北区小机町3300　•完成：1998年 3 月 1 日　•収容人員：72,327人　•ホームクラブ：横浜 F・マリノス　pp. 54-56, 132

東京スタジアム

•命：味の素スタジアム　•所在地：東京都調布市西町376-3　•完成：2001年 3 月10日　•収容人員：49,970人　•ホームクラブ：FC 東京, 東京ヴェルディ　pp. 77, 78

大分スポーツ公園総合競技場

•別：ビッグアイ　•命：九州石油ドーム, 大分銀行ドーム　•所在地：大分県大分市大字横尾1351番地　•完成：2001年 3 月　•収容人員：40,000人
•ホームクラブ：大分トリニータ　pp. 128, 129

札幌ドーム

•所在地：北海道札幌市豊平区羊ケ丘 1 番地　•完成：2001年 6 月 2 日　•収容人員：41,484人（サッカー使用時）　•ホームクラブ：コンサドーレ札幌, 北海道日本ハムファイターズ　pp. 134-137, 139

豊田スタジアム

•所在地：愛知県豊田市千石町 7-2　•完成：2001年 7 月21日　•収容人員：45,000人　•ホームクラブ：名古屋グランパス　pp. 56, 57, 257

埼玉スタジアム２〇〇２

•所在地：埼玉県さいたま市緑区中野田500　•完成：2001年10月 6 日　•収

容人員：63,700人　•ホームクラブ：浦和レッズ　pp. 54, 55, 257
御崎公園球技場
•別：神戸ウィングスタジアム　•命：ホームズスタジアム神戸，ノエビアスタジアム神戸　•所在地：神戸市兵庫区御崎町 1-2-2　•完成：2001年10月　• 2次整備完了：2003年3月　•収容人員：30,132人　•ホームクラブ：ヴィッセル神戸，INAC 神戸レオネッサ，神戸製鋼コベルコスティーラーズ　pp. 206, 261, 262
南長野運動公園総合球技場
•別：長野Uスタジアム　•所在地：長野県長野市篠ノ井東福寺字上組北 320　•完成：2002年（旧球技場）　•改築：2015年3月22日　•収容人員：15,491人　•ホームクラブ：AC 長野パルセイロ　pp. 262, 263
千葉市蘇我球技場
•命：フクダ電子アリーナ　•所在地：千葉県千葉市中央区川崎町 1-20　•完成：2005年10月16日　•収容人員：19,781人　•ホームクラブ：ジェフユナイテッド千葉　pp. 87, 88
市立吹田サッカースタジアム
•所在地：大阪府吹田市千里万博公園 3-3　•完成：2016年2月14日　•収容人員：39,694人　•ホームクラブ：ガンバ大阪　pp. 263, 264
北九州スタジアム
•命：ミクニワールドスタジアム北九州　•所在地：福岡県北九州市小倉北区津野 3-2-13　•完成：2017年2月18日　•収容人員：15,066人　•ホームクラブ：ギラヴァンツ北九州　p. 264